本书的出版得到湖北昭君旅游文化发展有限公司的资助

汉月边关万古情

——昭君与昭君文化

蒋方　著

商务印书馆
创于1897　The Commercial Press

2015年·北京

图书在版编目(CIP)数据

汉月边关万古情：昭君与昭君文化 / 蒋方著. —北京：商务印书馆，2015
ISBN 978－7－100－11077－8

Ⅰ. ①汉… Ⅱ. ①蒋… Ⅲ. ①王昭君（前55～?）－人物研究 Ⅳ. ①K828.5

中国版本图书馆CIP数据核字(2015)第029664号

汉月边关万古情：昭君与昭君文化

蒋方　著

商　务　印　书　馆　出　版
（北京王府井大街36号　邮政编码 100710）
商　务　印　书　馆　发　行
三河市尚艺印装有限公司印刷
ISBN 978－7－100－11077－8

2015年3月第1版　　开本 710×1000　1/16
2015年3月北京第1次印刷　　印张 17 3/4　彩插 8

定价：40.00元

昭君出塞　萧玉田画作

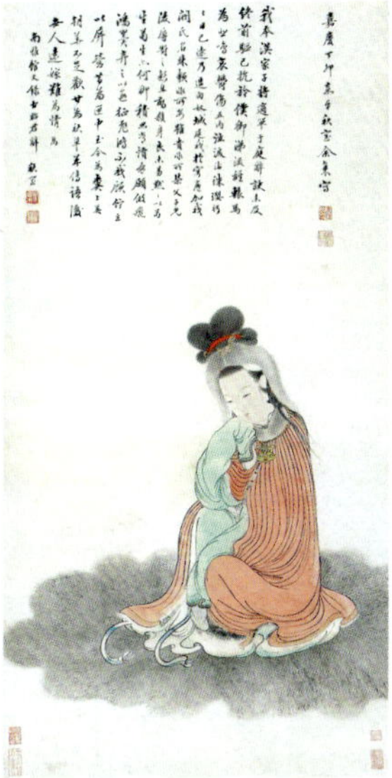

录石崇诗作昭君图
［清］余集画作

昭君出宫　［清］佚名画作

明妃出塞图 ［金］宫素然画作

旧彩拓昭君出塞

昭君出塞图 ［清］佚名画作

明妃出塞图　程芥子画作（《当代美人画选》，台北艺术图书公司 1984 年版）

昭君出塞　民国年画

昭君进宫图 〔日本〕佚名画作

昭君出塞 ［宋］赵伯驹画作

昭君图 ［清］佚名画作

昭君和亲 （高纪言编：《苏州桃花坞木版年画》，江苏古籍出版社 1991 年版）

昭君出塞图 ［清］康恺之画作

昭君出塞图 ［清］费丹旭画作

出塞图 ［清］恽冰画作

昭君出塞图轴 ［清］冷枚画作

昭君跑马　清代年画（张道一编选：《老戏曲年画》，上海画报出版社 1999 年版）

昭君出塞　［明］王行画作

民国上海沈鹤记书局石印本《绣像双凤奇缘传》插图

昭君出塞图 ［清］倪田画作

摹明唐寅昭君图 ［清］费以耕画作

出塞图　鲍少游画作

昭君出塞图　［清］华喦画作

汉宫春晓图（局部）［明］仇英画作

目 录

传说篇

影响篇

前言

王昭君是著名的历史人物，更是中国文学传播接受史上的著名人物，由此构成了一种文化的现象。

中国素有尊重历史的文化传统，历代王朝莫不重视史书的修撰，以资助政治，裨益教化。故而对于史家来说，无论是国家大事还是人物言行，凡是进入正史的记载，一要真实，二要详备。王昭君之所以载入史册，是因为她是汉朝送与匈奴的和亲女子，与需要真实记录的国家大事有关，至于她本人，则是轻微屑小而不足道者，故其言行事迹，史家或是忽略不记，或是语焉不详。但是，这位在史书中只是一笔带过的女子在中国的古代社会中所受到的关注之深广久远，所承载的文化内涵之丰富厚重，超过了许多在正史中立有传纪而叙事翔实的帝王将相、贤臣名士和英俊淑媛。这是因为，王昭君不仅仅是一位汉代女子，王昭君更是中国文学史上一个持续不衰的受到热情关注的重要题材。

早在西汉末年，距昭君出塞和亲这一政治事件发生不过才十数年的时间，社会上就流传着关于王昭君的民间歌谣。当时学者焦循作《焦氏易林》，就在书中采用了一些有关昭君的歌谣。当这类歌谣被采录进入朝廷的音乐机关——乐府进行演唱后，更引起了生活在社会上层的文人的兴趣，通过他们的模仿创作而形成了两个著名的乐府诗题:《王昭君》和《昭君怨》。这两个乐府诗题经魏晋历唐宋而入明清，始终受到文人的关注，或是依题创作，或是由此而生发新题，二千余年中，从未间断。这其中，不仅有个人的抒情写作，也有文人集会时的共同题咏。长期而又众多的创作者的参与，使题咏昭君的诗作数量蔚然可观。早在南宋时期，就有人注意到这一现象，开始汇集历代有关王昭君的诗作。如南宋陈民瞻曾收集昭君事迹与古今歌咏编纂成书，付梓刻印，并请当时著名文人吕午为之作序（见明程敏政《新安文献志》卷十八引宋吕午《王昭君辞序》)。可惜此书已散佚殆尽，不能知其面貌。现在可见的有清人胡凤丹所编纂的《青冢志》，汇集历代题咏昭君诗词及相关记载。据其目录所言，诸种资料之外，收诗已达五百零五首之多。而今人搜罗汇编的《历代昭君文学作品集》(可永雪、余国钦编纂，内蒙古人民出版社 2004 年版)，其中收诗八百六十四首，收词二十六首，收曲三十一首，总计九百二十一首。应该说，这并非全数，遗漏者还有不少。而诗词之外，在宋元以后兴盛发展的戏曲、说唱、小说等文学体裁中，“昭君出塞”也是一个重要的题材，唯惜搜罗不周，尚难以计数。

同为和亲政治中的著名女性，无论是汉代的乌孙公主刘细君，还是唐代的文成公主，她们的遭遇同样引起民众的同情，唤起文人的感慨，同样也是古人著文议论或诗词题咏的对象，但是，无论是题咏的数量还是关切的深度，都无法与王昭君相比。

王昭君与西施、貂蝉、杨玉环并称为古代的四大美女。四位女子的传说故事在民众中传播，她们本人又是文人诗词题咏的对象，更成为了古代文人绘画中的常见题材。自唐代以来，许多著名的画家，如阎立本、李伯时、仇英等，都曾画过昭君图，传世者已经成为国宝级的文物。虽然在四大美女的绘画中，未必一定是画昭君者居多，但是文人往往因画而诗，又因诗而画，以昭君为题的题画诗的数量，则在四大美女之中居于首位。

就现今保存下来的文献看，西晋名士石崇的诗《王明君》无疑是最早的题咏昭君之作，此后相沿。历代的名家大诗人，如唐代的李白、杜甫，宋代的欧阳修、王安石，金代的耶律楚材、元好问，明代的何景明、李攀龙，清代的沈德潜、袁枚等等，均有题咏昭君之诗。而在历代题咏昭君的作者中，除大量的文人士大夫之外，还有帝王、僧侣，还有不少的女性。

由此可知，以昭君为题的文学创作，不仅数量多，涉及到的文学体裁多，参与创作的人数多，覆盖了不同的社会阶层。虽然他们的地位不同，职业不同，但对昭君却有着共同的关注。显然，在古代社会里，“昭君出塞”是一个相当热门的话题。而在长达二千余年的时间里，无论历史发生了怎样的变化，这个话题的吸引力始终存在。无论是身处社会底层的百姓，还是自诩为社会精英的士大夫，这个话题总能激发人们的兴趣，引发人们的思考。这样一种文学现象在中国历史上是极为少见的。

考察昭君题材的文学创作流布，可以看到始终存在着两条分道并行而有所交流的传播与接受的路线，一者是在民间百姓之中，一者是在上层文人之中。

王昭君的出塞和亲，是汉匈边境数十年间和平安宁的象征。东汉的史学家班固在《汉书·匈奴传》中就此而发议论说：“是时边城晏闭，牛马布野，三世无犬吠之警，黎庶亡干戈之役。”关于昭君的歌唱最早起源于民间，如言“昭君守国，诸夏蒙德”，“交和结好，昭君是福”（《焦氏易林》卷十二），洋溢着赞美的热情。曾经长期遭受战乱之苦的百姓珍惜和平，感念昭君，用歌谣唱出了他们朴实而真诚的心声。尤其是，王昭君不是什么皇家贵胄，而是一位来自民间的女子，她之所去，则是长期以剽悍善于骑射而著称的匈奴，是困扰汉地边民使其心存畏惧的匈奴，是居住在遥远的荒烟大漠并难以测知其生活情景的匈奴，而她竟然成了单于的妻子；这里就包蕴了许多的可能性而激起人们的好奇与想像。正是这种源于民间的感情推动了昭君出塞的文学创作，从简单的谣讴而发展出有人物有情节的传说故事，从表达心情的歌曲发展为以娱乐教化为主的说唱与表演。“昭君出塞”在中国民间一直拥有大量的听众和观众，人们的接受热情带动了传说故事的传播与增色。

早期的民间传播接受的主要形式是口耳相传的讲述，如果没有文字的记载，口耳相传的传说故事就有可能湮没在时间长河的淘洗之中。而当魏晋时期的文人对传说故事发生兴趣而开始搜集记录它们时，昭君传说就以文字书写的小说形式而进入了文人的视野，与经由乐府而传播的《昭君怨》等乐曲发生了交集，简单的同情开始转向人生命运的思考，激发了文人的创作热情，题咏诗开始成为文人表达感情的主要形式，并为后世文人所承继发扬，这就有了上面说到的数目可观的以昭君为题材的诗词题咏之作。进入唐宋时期，汉族政权与周边少数民族的政治交往频繁而复杂；其后的元代与清代，又是少数民族执掌中央政权的王朝；这些因素都曾激发过文人的民族感情，不仅使他们保持了题咏昭君的兴趣与热情，也扩展了他们思考“昭君出塞”这一题材的角度与深度。这应该是文人题咏昭君的兴趣与热情在历史上不仅始终不衰而且呈现上升趋势的一个重要原因。

中国早期的文学形式以诗歌为主，从而奠定了诗歌这一文学体裁在中国文学史上的重要地位。用闻一多的话说，叫做“诗——抒情诗始终是我国文学的正统的类型，甚至除散文外，它是唯一的类型”（《文学的发展动向》）。不过，这是根据有文字记载的文献而做出的考察，并没有将因为没有得到及时记载而失传的民间文学包括在内。而今天的人们之所以还能察知一些古代民间文学的情况，正是拜托于文字的记载，拜托于古代文人或偶然或自觉的关注。因此对于民间的文学，文人关注与文字记载就是非常重要的一种生存方式。

民间文学深深地植根于民众的生活，“饥者歌其食，劳者歌其事”，现实生活的具体生动使民间的文学充满新鲜活泼的内容，现实生活的复杂变化也赋予了民间文学无限的创造力。鲁迅曾说："歌、诗、词、曲，我以为原是民间物，文人取为己有，越做越难懂，弄得变成僵石，他们就又去取一样。"（《鲁迅书信集·致姚克》）这种尖刻的批评道出了古代文学体裁的发展进程，也道出了文人通过采集记录活动在保存民间文学的同时，向民间文学学习的一种历史现象。因此，在中国，诗文的发展之早与小说戏曲的后起迟缓都是不争的事实；而文人文学总是通过向民间文学汲取营养而获得新的发展，这二者都是中国文学发展中的重要特点。以此来考察作为文学题材的"昭君出塞"，不仅可以印证这样的发展趋势与特点，而且还有超越之处，从而使"昭君出塞"在中国文学的传播接受史上具有了特别的意义。

首先，"昭君出塞"作为一种文学题材所受到的关注普遍而广泛，但是就现存文献来看，文人的题咏诗词不仅数量多，更因为其中名士大家多而影响大，形式与内涵都不断有新的开拓，成就卓著。民间的歌谣和传说故事出现的时间早，却限于记录，只是文人诗词题咏所参考的素材，在很长的时间里都没有新的表现。唐代以后，说唱艺术渐渐兴起，昭君出塞在民间的流传情况得到记录，今天的我们才能略窥一二。比如敦煌遗书中有六件文献以王昭君为题，包括《王昭君变文》、《王昭君怨诸词人联句》、《昭君怨》和三件同题为《王昭君安雅词》的文献（高国藩：《敦煌本王昭君故事研究》，《敦煌学辑刊》1989 年第 2 期）。其中，《昭君变文》是基于佛教的讲经宣教形式，但是有唐人吉师老《看蜀女转昭君变》一诗为佐证而可以知道，唐代民间讲唱昭君出塞故事已经具有了相当的影响，不仅走出寺院而进入了都市，不仅在西行的敦煌路上出现了文字纪录稿，其表演也为西南腹地的成都民众所喜闻乐见，于是才有吉师老的现场观感之作。但是，与数量庞大的诗歌相比，这时的变文说唱毕竟还是小巫。因此，虽然"昭君出塞"之成为文学题材的最早创作者本在民间，但从汉末以至唐宋，文人诗歌却是这一文学题材的最为丰盛的创作成果。

其次，宋代以后，小说戏曲的发展呈渐兴之势。当时一些在科举中落魄而沦落下层的文人出于谋生的需要而加入了小说戏曲的创作队伍，这就大大地促进了中国戏曲小说的兴盛，本来就为民众所熟悉的“昭君出塞”遂进入了小说戏曲的创作领域。尤其是元明清三代，“昭君出塞”成为戏曲表演的重要题材。元代戏曲家关汉卿写过《哭昭君》，吴昌龄写过《走昭君》，遗憾的是存留到今天的只有马致远的《汉宫秋》。明代有过陈与郊《昭君出塞》、陈宇鼎《宁胡记》、吴孝思《昭君归汉》、佚名作者的《青冢记》等，可惜保存完整的只有同样是失名作者的《和戎记》。清代以后更盛，如尤侗《吊琵琶》、薛旦《昭君梦》等，都在中国戏曲史上占有一席之地。而且在此基础之上，小说创作也迅速跟进，著名者如明代冯梦龙的《昭君》，清代署名雪樵主人的《双凤奇缘》等。这些主要是在民众中传播的戏曲小说，与同时处于创作热潮而数量庞大的文人题咏诗词一起，在元明清时期构成了昭君题材在文学传播接受史上的高潮。就昭君题材的传播与接受而言，相比于持续不衰的文人诗词，戏曲小说出现的时间虽然晚，却大大地改变了“昭君出塞”的题材面貌，情节变得曲折，人物关系变得复杂，人物形象也变得丰满起来。

第三，在昭君题材的文学传播与接受中，民间的传说故事为文人的文学创作提供了新鲜的材料，丰富了文人题咏诗词的内涵，如毛延寿这一人物的出现。魏晋以来记载的传说故事中，画工索贿是一重要的线索，它使昭君出塞的文人题咏从单纯的同情而走向了历史的思考和现实的批判，将善恶、忠奸一类的道德命题与怀才不遇的士人悲怨结合到一起，特别能够打动那些在专制社会中坚持理想追求的古代文人。他们爱读《昭君怨》，是因为心灵易被触动；他们爱写《昭君怨》，是因为感情受到激发。毛延寿的出现，开拓了文人题咏感怀的场域，开掘了文人题咏感怀的深度，它是“昭君出塞”成为说不完、道不尽的文学题材的一个重要原因。

事情不止于此。在最初的传说中，毛延寿只是可能索贿的画工之一，丑化昭君肖像者并不能确定就是毛延寿。但是，经过文人题咏诗词一遍又一遍的不断重复，在中国民众的眼里，毛延寿成为了千古历史罪人，人们认定就是他造成了王昭君的悲剧命运。因此，在“昭君出塞”这一文学题材的传播与接受史上，不仅是文人创作从民间文学中汲取着营养，而且文人作品也在民间文学的创作中发生影响，有所反馈，彼此之间形成了一种上下流动的交互影响。

这样的从文人诗词而进入民间戏曲的文学因素，并不止于毛延寿一例。比如，储光羲诗中所描写的温情体贴的单于与《昭君变文》中情义深挚的单于就有异曲同工之妙。学界通常认为《昭君变文》是中唐近于晚唐时期的作品，储光羲则生活在盛唐时代，在时间上至少要早几十年。在唐代，文人诗歌也常常通过演唱而在民间传播，从而在社会下层产生广泛的影响。如王维的诗《送元二使安西》就是通过民间艺人的传播而成为了中国古曲中的演唱名作《阳关三叠》。而从诗史上所流传的王昌龄、高适等人旗亭赌诗的佳话中，既可以看到民间艺人借文人诗歌而提升文化素质，又可以看到文人作者通过民间演唱树立声名，二者之间的交会则是以文人创作为基础。虽然没有实证材料，但是根据唐代民间艺人常常演唱文人诗歌的情况，根据储光羲的《明妃曲》与《昭君变文》之间的时间差距，让我们完全有理由推想，《昭君变文》中的单于有可能是受到了储光羲诗中描写影响的再创造。比如，最早在唐诗中出现的青冢只是民间传说中的昭君坟，与昭君的死亡方式并无联系。在经过文人的反复题咏之后，青冢成为真实的地名而被载入史册，成为了人们凭吊的历史遗迹，更与昭君的品格联系到一起，从思乡之情而提升到忠君爱国、贞节不屈的道德高度，成了昭君的自杀和掩埋之地。这样的意义提升就抹去了昭君曾嫁两单于的事实，将历史的昭君变成了文学的昭君。于是，本来在唐人记载中位于黄河北岸的青冢，在元代以后的戏曲小说中，位置就移到了黄河南岸，因为黄河之北是“番国地界”，一旦渡河，就有损昭君的忠贞形象。因此，青冢必须在南岸，表示昭君至死也是身在汉境而不曾踏上外番的土地。从唐诗宋词到明清戏曲小说，青冢从传说的位置不定到言之凿凿的黄河南岸，这同样是文人文学与民间文学交流互动的一个典型事例。

昭君题材在传播与接受的过程中所出现的民间文学与文人文学之间的互动交流，在中国文学史上是有所保存并且可以考察的一个比较罕见的事例。而这一点，也正是昭君题材在中国文学史上的特殊意义之所在。在中国文学史上，存在着一些不同时代的人们共同倾力抒写的文学主题，诸如“恋亲”、“思乡”、“悲秋”、“弃逐”等等。因为这些文学主题凝聚了人类共同的情感和价值观念，可以超越时空而长久地存在。而“昭君出塞”则是以一人之身而缩结起不同时代的人们的共同关注。在这里，汇聚了不同方面的主题，汇聚起各等各色的人物，更使文人文学与民间文学所代表的两个社会阶层在文化与情感的价值取向上有所互动交流。这样一种高度凝注的文学题材，在中国文学史上，除了王昭君，似乎还找不出第二人。

王昭君本来只是因为和亲而被载入史册的一位女子，由于人们对她保持了长期的热情关注，因她而创作了数量可观又内涵丰富的文学作品，记录了不同时代、不同社会地位包括不同民族的人们的思想认识和内心感情，既在传承中有异见，又在新见中有传承。因此，竟宁元年（公元前 33 年）的昭君出塞和亲，就像一个小小的雪核，在漫长的历史道路上被人们推拥着向前滚动，或快或慢，从未停止，或左或右，从未消失，于是越滚越大，最终形成了一个巨大的雪团而包蕴了复杂的意蕴。这里有文学，有历史，有政治，有外交，有个人的命运，有国家的安危；这里有诗歌，有词曲，有小说，有戏剧，有名士大家的抒情议论，有无名人氏的润色加工；这里有高尚与卑劣的品格褒贬，有贤良与忠奸的善恶斗争，有怀才不遇的人生遭逢，有舍身报国的赤胆忠心，有缠绵悱恻的爱情，有宁死不屈的坚贞，有恶有恶报的后果，有善有善报的结局。自汉末魏晋以来，这些因昭君而感动的人们，既是读者，又是作者，或留名，或佚名，都以各种方式而将自己对于社会、对于生活、对于现实、对于历史的种种认识和种种思考揉进了“昭君出塞”的话题之中。这样，“昭君”二字已经不再是单纯的人名而成为了一种文化的载体。人们在历史的昭君之外，又塑造了一位文学的昭君，也成就了一位文化的昭君。

但是，这也带来了一个问题，文学与历史的交织融会既构成了具有丰富内涵的文化的昭君，却也让人们往往不能分清，哪一位是历史上的昭君？哪一位是文学上的昭君？尤其是当一些作者为了申明观点，往往不顾史实，取传说为论证，以爱憎作判断，如明代陆次云的《明妃辩》，如清人昇寅的《汉明妃冢》，这就难免产生一些误导读者的结论。虽然说“诗无达诂”，文学阐释中，仁者见仁，智者见智，本来是正常而且值得提倡的态度与氛围。但是，文学就是文学，史学就是史学，学科性质不同，两者界限不可混淆。否则，历史失去了真实，文学也失去了想像。近些年来的昭君文化研究，因为与旅游文化的开发建设相关，受到大环境的影响，夸张其事，神化其人，热情有余而少了实事求是的精神，重视成果而少了认真探究的耐心，使得昭君研究中在古人那里就已经存在的文学与历史相混淆的现象变得更明显，更严重，不能不让人感到遗憾和忧虑。

本书的写作以昭君文化研究为研究对象，考察昭君主题的文学传播接受的历史过程，讨论其中呈现的问题及其文化意义，时间起止则限于古代。全书分为三个部分：史实篇从史实出发，在可能的条件下，理清昭君出塞的相关史事以及研究中出现的一些历史问题；传说篇考察民间的传说故事及其发展，以见其特色与演变；影响篇清理历代文人的题咏诗词，从接受角度、阐释类型与意蕴开掘三个方面进行讨论，以见其文化内涵。本书的写作宗旨是理清线索，划分界限，说明问题，因此也涉及到一些史料的考证。为了不影响阅读的完整感觉，故将这一类文字以延伸阅读的形式放在篇尾，以供读者选择是否作进一步的阅读。本书的写作力求深入浅出，既要保证严谨的学术性，言而有据，也希望做到表达流畅，雅俗共赏。做到与否，则有待读者的批评。

笔者一直关注昭君与昭君文化的研究，能有这样一个机会将多年的研读心得写作出版，非常感谢兴发集团总经理易行国先生的提议与大力支持。中国社会科学院研究员党圣元先生古道热肠，代为联系出版事宜，令我感动而要特别致谢。在写作过程中，早已毕业工作的学生刘睿、陈鑫、王阳、李小雨、方敏及刘赛都不吝时间和精力为我提供了许多事务及资料的帮助，兴山画家宁平先生也于百忙中帮助本书拣选图片，在此一并表示深心的感谢。

蒋　方

2014年9月5日写定

史实篇

在中国，王昭君的故事流传了二千多年，几乎可以说是家喻户晓。提起这位远嫁匈奴的女子，不能不感谢《汉书》和它的作者班固。如果班固没有在《汉书》中提到王昭君，那么，这位后来与西施、貂蝉、杨玉环并称为中国四大美女的年轻女子就像一滴晶莹的水珠，无论她有多么美丽，都会湮没在历史的长河中，连一点点的涟漪都不会泛起。那么，今天的我们也就无从知道这世界曾经有过昭君的故事，那会是多么令人遗憾的事情。

《汉书》是中国二十四史中排位仅次于司马迁《史记》的史书，而且是第一部官方认可的王朝断代史，在史学史上的地位很高。唐代著名历史学家刘知几称赞说："言皆精练，事甚该密。""自尔迄今，无改斯道"(《史通》卷一)，认为《汉书》是奠定官方史书体例的楷模，后来者无不效其法而循其道。所以在古代社会里，凡是读书人，少有不读《汉书》者。我们要说，正是《汉书》的重要地位和读者众多提升了王昭君的知名度，然而这却是无心插柳柳成荫的结果。

当初班固把王昭君写入《汉书》，并不是因为她本人的美丽，或是她的性格光彩照人，她的事迹曲折感人，值得提笔书写，载入史册，而是因为西汉王朝与匈奴和亲是一重大的历史事件，而昭君是汉元帝赐给单于的礼物，是汉匈关系的联结，是这一历史事件的见证。至于她本人，不过是一轻微女子而已。

这样，在史家班固眼中的小女子王昭君，既因为《汉书》而青史留名，也因为《汉书》的记载粗疏而留下一些历史的疑惑，比如，她的名字究竟是“王樯”，还是“王嫱”？“昭君”是她的名，还是她的字？史书所载就有不同，因而引出后人的考察，成为昭君研究史上的诸桩公案之一。

因此，要走进王昭君，首先就要理清她的历史真相，认识一个在历史的风烟中真实存在过的王昭君。这就是本篇定名为“史实篇”而想要完成的任务。物有出处，人有来历，要认识王昭君，就让我们从她的故里——昭君村说起吧。

第一章　昭君生养的小山村

昭君村一名，直到唐代中期以后才开始见于文人的记载。追源溯起，则与杜甫关系密切。公元766年，在战乱中漂泊流离的杜甫到了夔州，想回中原却无钱买舟，在夔州住了三年，写下一些感怀古人而寄寓自己情怀的诗篇，深受人们的推赞，其中就有歌咏王昭君者："群山万壑赴荆门，生长明妃尚有村"（《咏怀古迹》之三）；"若道巫山女粗丑，何得此有昭君村"（《负薪行》）。宋代以后，生前潦倒的杜甫以其诗歌成就赢得了越来越大的的名气，这也带动了昭君村的传播。此后，凡经过三峡的文人大都会联想到王昭君，昭君村的说法越来越受到关注，最终成为名人遗迹。试想昭君当年住在村里时，人尚未出名，村自然是不会以人而命名的。

不过，虽然当年没有昭君村，却一定有昭君住过的村庄。那么，这个生养昭君的小村庄在哪里呢？

这事儿还得从头说起。

一、王昭君的名与字以及官称

班固《汉书》中有两处提到昭君，一处是卷九《元帝纪》："赐单于待诏掖庭王樯为阏氏"；另一处是卷九十四《匈奴列传》："元帝以后宫良家子王墙字昭君赐单于”。唐代学者颜师古为《汉书》作注释，在《元帝纪》一句下，先引“应劭曰：王樯，王氏女，名樯，字昭君”，后引“文颖曰：本南郡秭归人也”。这就是史籍中关于王昭君最原始的个人资料。

但是，在晚于班固近三百年的刘宋人范晔所作的《后汉书》中，关于昭君的个人资料却写作“昭君字嫱，南郡人也”（卷八十九《南匈奴列传》），恰是将其名与字颠倒了过来，并将《汉书》所载之“樯”、“墙”写作了“嫱”。两书相互映证，昭君是南郡秭归人是没有疑问的，但是，昭君究竟是她的名还是她的字？是“樯”、“墙”还是“嫱”？却给后人留下了一个问题。

而这个问题是不能不弄清楚的。一个人行于世上，如果连最基本的名字称谓都不能被世人确认无误，那么她（他）就没有获得最基本的尊重。

我们今天说一个人的名字，指的就是名字，姓后面的一个字或两个字，只是与姓相区别而已。但在古人，名与字是两回事。汉家重儒学，儒学重礼仪。在儒家学者传授的古礼中，孩子出生三个月时，由父亲抱在怀中命名，到成年时，再由家族中的长辈赐字以示祝贺。三月命名，女孩子和男孩子一样，但行成年礼就不同了。古人认为，女孩成熟早，男孩成熟晚，故“女子十五而笄，男子二十而冠”。女孩子十五岁时要行笄礼，即将头发挽起，插上笄——用来固定发束的竹制长簪，表示已经成年可以嫁人了，这时就会拥有姓和名之外的字，以便夫家人用来称呼。男孩子则到二十岁束发戴冠，在冠礼上获得姓和名之外的字，以便在社会交往时通过不同的称呼来体现尊卑亲疏的礼节。

班固不仅是史学家，也是东汉著名的儒家学者，精通古礼。在他所撰著的《白虎通义》（又名《白虎通德论》）中就有“姓名”一节专门来讲述姓、名、字三者所分别代表的礼节。无论男女，姓是用来分别血缘、讨论婚姻的：“男女同姓，其生不蕃。”（《左传·僖公二十三年》）古人很早就发现血缘相同或相近的男女结婚后生下的孩子往往出现生理不够健康的问题，因此男女议婚的第一步就是辨姓，以避免血缘相近而造成后代的生理状况不佳。而名与字则主要用于称呼。就女孩子来说，出生三月获得的名代表幼年的娘家生活，笄礼之后获得的字则表示成年可以出嫁了。而当两家商议婚娶所行六礼之中，“纳采”之后，就要“问名”。纳采是男方向女方下聘礼，聘定之后就要行问名之礼，问的就是这女子的名和字。男方在获知女子的名和字后，要在家庙中用这女子的名和字作占卜来请问祖宗是否接纳，得到的卜兆是吉，两家的联姻就成功，得到的卜兆是凶，则婚姻不成，议婚中止，不再进行此后的仪式。得到祖宗认可的女子嫁入夫家后，夫家人也就以字来称呼她，因为字是她成年婚嫁的标志。而在此之前，“男女非有行媒，不相知名”（《礼记·曲礼上》）。所以，一个女子的名和字关乎她的家世，也关乎她的贞节。

知道汉代礼仪的意义后，我们就能明白，班固为什么在《元帝纪》中只写“王樯”而在《匈奴传》中要写“王墙字昭君”了。首先自然是因为《元帝纪》是帝纪，所记为一朝政治之事，称名是正式的文件式表达。其次，当昭君被赐之时，她尚未行婚礼，在汉即在娘家，故称名；到达匈奴之后，她已是单于之妻，结过婚的女人，故既称名又称字。并且《匈奴传》此后的记载不再称“王嫱”，而是一直以“昭君”为称，总计出现了九次。这种名与字在性质不同的场合的分别正表现了班固作为史学家在笔法上的严谨。

“王樯字昭君”，不仅是《汉书》的明文，而且还得到了稍晚于班固而同样是东汉著名学者的应劭的再度证明。况且汉人的名多是单字，字则多是双字，比如司马迁，字子长；汲黯，字长孺；班固，字孟坚；蔡琰，字文姬；从习俗上也可以证明班固和应劭的说法不错。错的是撰写《后汉书》的范晔。

那么，昭君的名究竟是“樯”、“墙”，还是“嫱”呢？眼下我们没有更多的史料来作判别，只能存疑。不过清人认为，《汉书》中的两字在读音上并无分别，汉代的“字典”——《说文解字》中没有“樯”，只有“墙”，而“樯”、“墙”与“嫱”三字读音相同，当时是可以通用的（见钱大昕《十驾斋养心录》）。而自《后汉书》出现后，大家都更愿意以代表女性美丽的“嫱”字来称呼昭君，习惯成自然，用的人多了，《汉书》中最原始的“王樯”与“王墙”不再出现在文献中，《后汉书》中的“王嫱”则后来居上，成为昭君之名，以至于人们不知道曾经有过的“王樯”和“王墙”。（详见延伸阅读一）

根据班固和应劭的记载，昭君在汉朝的身份是待诏掖庭和后宫良家子。掖庭是汉代对宫廷女子的居所的总称，设有官员掖庭令专职管理。掖庭中那些被皇帝召幸过的女子，大都赐有职号，而还没有被皇帝召幸过的女子就叫待诏。诏是皇帝的命令，待诏就是等待皇帝召见的命令。这是一种官称，也是一种地位。因为待诏的她们是在掖庭等候皇帝的召见，所以掖庭也称为后宫——皇帝的妻子和准妻子们居住生活的地方。

西汉宫廷中的女官是有等级有俸禄的。根据《汉书·后戚传》的记载，这些女官分为两类，一类是得到皇帝召见而有爵位职号的，在元帝增加昭仪一职之前，皇后以下有美人、良人、倢伃、充依等，共计十四等；另一类是没有得到皇帝召见的，有五官、顺常等，约有九种四等，其中最末一等称为家人子，其等级“视有秩斗食云”。即年收入不满百石，日收入为一斗二升，与政府中的佐史之职等同。颜师古注称：“家人子者，言采择良家子以入宫，未有职号，但称家人子也。”“良家子”即家世清白人家的女儿。因此，王昭君在宫廷中既然属于等待皇帝召幸的女子，自然没有职号，故称之为“待诏掖庭”；她的官位属于尚未召幸的家人子，所以又称她为“后宫良家子”。

那么，地处偏远的南郡秭归人昭君是如何来到汉朝皇帝后宫的呢？

二、王昭君怎样进入汉朝宫廷

颜师古《汉书注》引应劭曰：“郡国献女未御见，须命于掖庭，故曰待诏。”这就是说，王昭君是因为郡国献女而成为待诏掖庭的。

郡是汉代低于中央一级的地方行政区划，长官称太守。郡下设县，大县长官称县令，小县长官称县长，治理一地之民，并负责赋税的征收，徭役的调集。国是同姓诸侯的封地，行政级别与郡相当，接受中央的行政领导，财赋收入则由诸侯享用，不用上交中央。

依照汉代制度，地方长官的日常工作除处理赋税交纳和维护地方治安之外，还包括考察风俗以了解民情，考察贤良孝悌杰出之人以向朝廷举荐，而在春天则必须出行巡视所管辖的地区，督促耕播，勉励农事。到了岁末，郡守要派出专门的官吏去长安向朝廷上计——总报一年的工作成绩并向中央交纳赋税等，同时将举荐的人员一并送到长安。上计之事对于地方官员来说十分重要，因为这是中央考核地方官员功过大小以决定职位升降的重要依据。所以，地方官员在派出官吏去上计的同时往往还会带上地方特产以赠送中央的各级首长，包括皇帝。应劭所说的“郡国献女”，就是这种地方官员送给皇帝的美女。

西汉南郡太守的驻地在今天湖北省的江陵县，下辖的秭归县的县治在今天长江三峡大坝修建之前的老秭归城附近。县的令长是最低一级的地方官员，处理一地的日常事务，而要将发现的人才情况随时报告给郡守。一郡太守每到春季要巡行管辖之地，考察工作还是比较辛苦的，尤其是在交通不是很便利的条件下要到偏辟荒远的地区。不过，正是这种制度让郡守能有实地考察和亲自发现人才的机会，减少被下属蒙哄的可能，的确有利于地方的治理。

我们没有确凿的材料来证实昭君被发现而由地方官员献给皇帝的过程，但由汉代制度可以大致猜想，身处偏远之地的昭君可能就是在被县、郡两级地方官员发现之后而作为礼物献给皇帝的（详见延伸阅读二）。而她既有“昭君”之字，则已行过笄礼，这时的年龄应当已过十五岁。所以宋人郭祥正诗：“昭君十五入汉宫，自倚花艳如芙蓉。”（《青山续集》卷四）所谓“十五入汉宫”，这说法就是根据古礼而作出的推测。

三、“昭君”村名的由来

如果王昭君没有进京，没有出塞，就不会出名。那么，她自小生长的山村也会默默无闻地保留自己原来的村名，而不会以她的名字来重新命名。因此，昭君村之所以出现，完全是由于王昭君的名声。

按照汉代制度，凡在皇帝身边侍奉的人必须是家世清白的“良家子”。所谓良家子，即家庭中世世代代都没有人从事过巫、医、乐师、技工、商贾等职业，当然，也不曾有人犯罪受罚。昭君作为献给皇帝的礼物，虽然不能断定她那居住山村的父亲赖以为生的职业究竟是种地还是砍柴还是打渔，但至少三代以来都是自给自足的清白平民则是毫无疑问的。此外，她家有哪些人口，境况如何，也都无从考察。

昭君故里碑

不过，《汉书》记载昭君出塞之后，她的两个侄儿，王歙和王飒都因为她而封侯任官，并且明言“王歙者，王昭君兄子也”——那么，昭君是有哥哥的。虽然《汉书》也明言王飒是王歙的弟弟，但从古人同房兄弟依年龄排序的习惯，今天很难判断这二人是同父母的亲兄弟还是同祖异父的堂兄弟。所以，昭君有几个哥哥并不能据此确定。但是，对于考察昭君村村名的由来来说，这却是一条非常重要的材料。

当昭君从三峡中的山村走向京城长安而成为皇帝的准妃嫔，这在当地，无疑是一条重大的新闻而让朴实的山民们兴奋不已。接下来，这女子又出塞和亲而成为了匈奴单于的妻子，消息传来，在前一新闻彻底变成旧闻之前，山村里又一次地热闹起来，人们奔走相告："昭君和番去了！"以至于这传说在当地至今都还有人传讲。再加上她的侄儿们因为她而进京，封侯，任官，出使，光宗耀祖，这更是让周围的人啧啧称赞并羡慕不已。试想，这样接二连三的新闻在当时地处偏远又民俗简朴的山村中会产生何等轰动的效应，会带动多少添油加醋的传讲，会让多少外人对这个原本无闻的村庄刮目相看，从而让本村人突然找到了自豪感，即使以今天的世情来推断，应当都是不难想象、不难描绘的情形。于是，昭君的同村人放弃原来的村名而自称为昭君村，并为周边远近的乡亲们所接受，就是一件水到渠成再自然也不过的事情了。

昭君村的名字就这样经由昭君的村人而传讲开来，再由杜甫等来到三峡的文人而写入诗中，这一村名也就走出了三峡而进入了史册，流传千古，直到今天。

四、今天的昭君村

汉代出塞的王昭君只有一个，昭君村自然也只有一个。可是在今天的兴山，有三处昭君村遗址的说法，这是怎么一回事呢？

今天的湖北省兴山县是昭君故里所在，而自称是生养昭君的村子则有宝坪、七连坪和陈家湾三处，而且这三个村子中的王姓居民都有人自称是昭君的后裔。然而在经过实地调查之后，我们可以明确地说，这三个村子中的王姓居民其实都是在明代由江西迁入兴山的移民，与上溯一千多年以前就居住在这里的昭君之王姓并没有直接的血缘关系（**详见延伸阅读三**）。

我们不难推想，当这些外来的移民进入兴山居住，首先就面临着如何与当地的原住民和谐相处从而立足生根的大问题，而一个最简单的解决办法就是“文化嫁接”——将当地历史文化中的著名人物奉为自己的血脉所在，为移民的落地生根寻找既合理合法又通达人情的依据。这些从江西移民到兴山的王姓居民本来有着自己的宗族标志，说是八个兄弟离开江西时，将一口锅砸成八块，每人持一块而踏上移民之路，自号“锅八块”。有此名号，便是浪迹天涯海角也不忘本；有此名号，便是千秋万代也可以相认；“锅八块”的名号是一种不忘血亲的誓约，饱含着去乡远行的悲情。而为了“落地生根”，他们在来到兴山重新建立家园之时，一方面世世代代保留着自己“锅八块”的宗族名号，另一方面则不断地向世人宣称自己与兴山的王昭君有着血缘之亲，说明在众多的来自外地的各姓之中，自己这一支的王姓与这块土地有着天然的血亲联系。这种传讲，既为江西“锅八王”的徙居兴山寻得了历史的依据，又能求得原住民的理解和接纳。久而久之，随着历史长河的流淌，原住民中的王姓或是融入了外地迁徙而来的王姓，或是远行迁移去了他乡，或是自身消失断流而不知所往，总之在今天的兴山已经很难找到他们的踪迹了。而移入兴山的王姓虽然来自江西、河南等不同地方，移入时间也不尽相同，也不是一个宗族，但是“锅八块”的王姓因为与王昭君这位兴山的历史名人建立起了血亲联系，在兴山的诸个王姓之中自然是“锅八块”的影响最大。我们今天搜集到的有关昭君的民间故事和传说大部分就是来自这三个村子中的王姓居民。

虽然今天这三个村子中的王姓居民不是昭君的血脉后裔，但是昭君村这个地名却是自唐宋以来就一直有的历史记载，时间远在“锅八王”迁入兴山之前。那么，这个史书上记载的昭君村今天在何处呢？这三个今天自称为昭君生养处的村子与史书上的昭君村有没有联系呢？

从现有的历史文献来看，昭君村这个名字最早见于唐诗，一是蒋冽的《巫山之阳香溪之阴明妃神女旧迹存焉》，二是杜甫《咏怀古迹》五首之二和《负薪行》，三是白居易《过昭君村》和《题峡中石上》。蒋冽的诗远不及杜甫和白居易的影响大，但就地理考察而言，最值得关注，因为他在诗题中宣称“旧迹存焉”，显然是人到此地有感而作，同时又清楚地表明，在巫山之南的是神女庙，在香溪之南的是昭君村。因此，香溪南岸应当是昭君村之所在的一个明确的指示。

查《宋史·地理志》，归州下属三县之一的兴山是人口稀少的下等县，记载说兴山县治在“开宝元年移治昭君院，端拱二年又徙香溪北。”（《宋史》卷八十八）这条文献记载表明，北宋开宝元年（公元968年）曾将唐代的兴山县治搬到了昭君院，到了端拱二年（公元989年），又搬到了香溪的北岸。那么，这宋代的昭君院是不是就是唐代的昭君村，不能确知，但是，它与唐代的昭君村同在香溪南岸，又都是因为昭君而建，可以无疑。而要考知昭君村的位置，则除在香溪南岸以外，据此记载，我们又知道了村子与在香溪北岸的县治相距不远。

兴山县治所在，唐代曾有数次搬迁，宋代以后就基本上稳定在罗镜山下，香溪北岸。我们所能见到的宋代以后的地志之书，不仅用罗镜山和香溪来说明县治所在，还往往用昭君村或昭君台等相关遗迹来说明彼此的位置。如：明嘉靖二十八年（公元1549年）所修《归州志》记兴山有昭君村，注曰：“治南一里。”有昭君台，注曰：“治南一里，详见邑人陈丕善记。”陈丕善的《重修昭君台记》写在明弘治十二年（公元1449年），文章说：“兴山治南半里许，有山秀出，屹然奇异，即昭君村之后峰也，世遂以昭君台名之。”（《天一阁藏明代方志选刊续编》）

清雍正十一年（公元1733年）修撰的《湖广通志》卷七七：“兴山县，昭君台在县前南山之阳。《图经》：在兴州山南。汉掖庭待诏王嫱，字昭君，

南郡秭归人。邑人悯昭君不回，立台以祭，今有昭君村。”（台湾商务印书馆1986年影印《文渊阁四库全书》）

乾隆二十九年（公元1764年）修撰的《大清一统志》卷二七三：“宋史地理志，归州兴山，开宝元年移治昭君院。端拱二年又徙香溪北。县志：宋末县令郭永忠迁今治。”又记：“郭永忠，福建人，知兴山县。甫下车，睹山川险要及士民疾苦，请迁县治于罗镜山下。”（见台湾商务印书馆1986年影印《文渊阁四库全书》）

光绪十年（公元1884年）修《兴山县志》卷十五记县治所在：“昭君院，故城。《宋史地理志》：‘开宝元年移治昭君院。’《一统志》：‘昭君村在兴山县南，有昭君院，又有昭君台。’今县南一里妃台山即其地也。”（台湾成文出版社1977年《中国方志丛书》）

依据这些历史记载，可以清楚地知道，一直到明清时代，兴山还保留着昭君村的地名，位置就在香溪的南岸。此地有妃台山，山上有昭君台，山下有昭君村，以及昭君院及昭君祠等，与香溪北岸、罗镜山下的县治相距一里左右。以今天的地理考察，这个古村确实与陈家湾的位置相近，而宝坪与七连坪则可以排除在外。

香溪河　吴佑忠摄影

陈家湾在香溪南岸，妃台山下，隔溪便是老高阳镇，兴山老县城的所在，镇后即为罗镜山，完全符合古籍记载的条件。但是，毕竟史地有变迁，妃台山又有四方八向，“县南一里”的范围还是比较大的，所以我们并不能确凿地肯定陈家湾就是古代的昭君村。但是，古代的昭君村与现在的陈家湾

兴山昭君台

相近，就在这一区域是可以断言的。流年似水，时世变迁，现在的陈家湾已是以陈姓为主。而兴山县城则因为长江三峡筑坝，江水上涨，已经在2002年搬迁到了香溪上游的古夫镇。兴山人对旧地有眷恋之情，就在原来的地方回填重建了高阳镇。地基提高了二十余米所建的新镇，现在已经改名为昭君镇了。

而宝坪村在香溪上游的支流白沙河边，村后山岭原名烟墩坪（一说烟袋坪）。这村子在古县治的西北，相距三十余里，而且是在白沙河的北岸，完全不符合上面所引这些古籍所记载的条件。村中的王姓居民都是明代江西移来的“锅八王”，与昭君所出的王姓原住民本无血亲联系。但是在数百年的历史讲述中，他们都自称是昭君的后裔，村中又有老人特别长于讲说昭君的传说。1980年兴山县政府开发旅游事业，将昭君纪念馆建在了宝坪，于是村中的楠木井等历史遗迹便与昭君的传说糅合到一起，更增强了此地“锅八王”与昭君的亲缘关系。来这里的参观者既多，传说讲述也更加丰富，渐渐地人们就直接将这里叫作了“昭君村”。习惯成自然，今天宝坪的行政村名已正式改称昭君村，除当地的年长者还依然称这里为“宝坪”之外，一般人都称这里为“昭君村”了。尤其是外地来的游客完全不知其中原委，径直以为这里就是自古相传的“昭君村”，在旅游经历中不断地称道。传播广，影响大，三十余年来，昭君村的名声越来越响亮，原来的村名“宝坪”正在慢慢地被人们遗忘。也许参观昭君纪念馆的人们更愿意相信这里就是历史上的昭君村，但就尊重历史和保存历史的真实而言，我们有必要对宝坪村变身为昭君村一事加以辨别和说明。

至于七连坪，它远在距宝坪尚有数十里的高山上，除了上面谈到的多为王姓居民之外，别无其它条件与古籍所载的昭君村相关，应当完全排除。

五、昭君进京的杜撰之说

需要补充的是，关于昭君的乡里和进宫，还有另一种说法，这就是《琴操》的记载："昭君，齐国王穰女。端正闲丽，未尝窥门户。穰以其有异于人，求之者皆不与。年十七，献之元帝。"（《乐府诗集》卷五十九引《乐府解题》）这段记载言之凿凿，把昭君的家庭情况和入宫缘由都交代得既详细又清楚，但是并不可信。

首先，《琴操》一书署名为东汉蔡邕，却是一部伪书。编撰《四库全书》的纪昀等学者推测，该书应是东晋人孔衍所作。而东晋正是昭君传说兴盛的时期，当时流传的这种类似小说的讲法不止一种。故，书既是伪托之书，事自然也难为实事。

其次，《琴操》记载的都是与琴曲相关的故事，因为有琴曲《昭君怨》，所以就收录这一故事来说明琴曲《昭君怨》的产生。琴曲《昭君怨》与通过汉代乐府机关采录保存下来的乐府《王昭君》分属于两种音乐，曲调不同，故事也有明显的区别。

早在西晋，石崇根据汉曲《王昭君》所填写的《王明妃》，是一首五言体，而不是《琴曲》所载的四言体。从中国诗歌发展史来看，汉晋时期，四言是文人熟悉的传统诗歌形式，五言则是汉代从民间兴起的新的诗歌体裁。那么，就其时间而言就有两种可能性：一是两曲同时诞生，都产生于西汉末东汉初，不过，五言《王昭君》是民间音乐，而琴曲《昭君怨》是文人音乐。

二是五言《王昭君》的时间要早于四言琴曲《昭君怨》。西汉末年，民间就已经出现了与昭君出塞有关的歌谣，焦延寿曾採录而载入《易林》。虽然《易林》所载昭君歌谣是四言，却不等于说民间就没有其他形式的歌谣，而五言正是这时流行于民间的歌谣形式。文人写昭君，就目前材料来看，以石崇之作为最早。石崇所作《王明君》是五言而不是四言，不仅证明通过乐府而进入文人阶层的民间音乐《王昭君》原为五言，而且在当时的影响还比较大，所以引起了石崇的拟作兴趣。再说，《琴曲》故事以昭君不肯再嫁而自杀为结局，与石崇《王明君》的依据史实而作抒写的基调完全不同。如果西晋时琴曲《昭君怨》就已经有了相当范围的传播和影响，石崇拟作为什么不取代表文人文化而品味高雅的琴曲《昭君怨》呢？尤其是对于昭君在呼韩邪死后不得不嫁给新任单于的命运，石崇即使在诗歌形式上取了新体五言，恐怕在内容上更容易被《琴曲》故事的新奇所吸引，在评价上更容易与透着文人情调的《琴曲》保持一致，他会跟着《琴曲》所定的调子来赞扬昭君的守贞自杀，而不是坚持史书记载，承认她的再嫁事实：“父子见凌辱，对之惭且惊。”其实石崇不但不取自杀之说，还对于昭君的再嫁满怀同情，在诗末替她表白说：“传语后世人，远嫁难为情。”石崇的《王明君》表明：《琴操》所载昭君故事，西晋时不说尚未出现，也至少并无影响，鲜被文人相信与接受。因此，在当时文人的心目中，历史所记载的昭君出塞还不曾受到传说的影响。

据此可以断言，《琴曲》所记昭君故事，正如翦伯赞先生所言，确实属于杜撰一类。

[延伸阅读一]“嫱”非官名

关于昭君名嫱一事，宋代就有学者提出过不同看法，今人也有讨论和支持，认为“嫱”不是人名，而宫女之阶名。此说可参考王瑞来《昭君名嫱考辨》(载《江汉论坛》1985年第9期)。

我认为，“嫱”虽然是周代女官之一种，但是《汉书·外戚传》记汉代皇宫之中皇后之下的女官名号有十四等，其中并没有“嫱”这一称号。因此，不可以用周之制度来考证汉朝情况。况且，以“嫱”为宫女阶名而冠于王昭君，不仅缺乏直接的文字证据，而且也不能从情理上作出推论，因为《汉书》不是写作“墙”，就是写作“樯”，并不以“嫱”为称。在历史考察中，当我们不能明文考证或者合乎情理地作出推论时，不如遵从旧说，而保留探讨的空间。故本书在以“嫱”为昭君之名的同时，也将这一不同的说法存录于此，供有兴趣的读者继续探讨。

[延伸阅读二] 昭君入宫不是通过“选秀”

关于昭君的入京，《后汉书·皇后纪序》称“汉法常因八月算人，遣中大夫与掖庭丞及相工，于洛阳乡中阅视良家童女，年十三以上，二十以下，姿色端丽，合法相者，载还后宫，择视可否，乃用登御”，张传玺据此认为昭君也是通过这种选择而进入宫中的（《关于王昭君的几个问题——读翦老王昭君家世年谱及有关书信》，载《北京大学学报》1982 年第 6 期）。

但是，这种说法有四个问题不能解决：

一、后起的东汉制度能否用来证明此前的西汉制度，这是要打问号的。

二、《后汉书》这段文字说得很清楚，选择宫女不是全国之事，而只限于洛阳乡。这显然是因为洛阳是东汉的京城，居住者以官僚富豪为多，故其挑选包括了门第及其文化教养等因素的综合考虑，并不仅仅限于容貌。如果汉家选童女，连长安、南阳一类大都市都不在其挑选的范围，那就更不要说偏在一隅的南郡了。

三、如果以昭君为皇家所选的民女，如何解释应劭的“郡国献女”说？而应劭为东汉中期人，如果昭君是以《后汉书·皇后纪序》所言的方式入选，应劭为何不承当时制度而要另起炉灶，别创一说？

四、昭君是“待诏掖庭”，并非一般宫女，这一点《汉书》说得非常清楚。如果了解秦汉的官制就能知道，“待诏”在秦汉是一种官名，只是没有具体的职务，要等待皇帝的任命。如叔孙通在秦代就是待诏博士，及至刘邦为帝时方得重用；如公孙弘做过汉武帝的丞相，封为平津侯，但其初入朝廷，则为博士待诏金马门。所谓待诏，就是等待皇帝命令而后授以官职。当时待诏者的种类也不是一种，如本草待诏是医生，待诏射声士是武士，等等。所以昭君既称待诏，说明她在掖庭中是有一定地位的，而非“择视可否，乃用登御”的备选者。

因此本书不取这种说法，而以汉代太守的春巡制度作为一种新的解释路径。唯学术讨论本以开放为宗旨，故录张传玺的看法于此，以供有兴趣的读者进一步探讨。

[延伸阅读三]昭君村调访记要

2013年9月3日至8日，在阅读与清理了大量已有资料后，笔者到兴山再作关于昭君村与昭君后人的调查。为节省本书篇幅，此处仅录经过整理的调查笔记之要点：

1. 调查小组成员：蒋　方，湖北大学教授；

蔡长明，兴山县昭君文化研究会原秘书长；

谢　娟，兴发集团昭君旅游公司办公室主任。

2. 采访对象：王作章，男，农民，83岁，住宝坪。

国家非遗项目王昭君传说的省级传承人。

王清菊，女，农民，83岁，住陈家湾。

国家非遗项目王昭君传说的市级传承人。

王作珊，男，农民，74岁，住百羊寨。

王君祥，男，农民，70岁，住百羊寨。

刘金祖，男，农民，63岁，住七连坪。

王君舟，男，农民，85岁，住七连坪。

万婆婆，女，王君舟的妻子，77岁。

3. 访问要点记录：

问题1：王姓来历。

宝坪的王姓出自三槐堂，从江西迁来兴山。离开家乡江西的时候，兄弟八个将一口锅砸成八块，每人拿一块，以便后世确认血缘，所以号称“锅八王”。解放前每年族中都要举行清明会。即到清明节这一天，族长召集大家聚到一起，行仪式，祭祖宗，申排行，惩罚违犯族规的人。“锅八王”的行辈总计四十个字。

问题2：宝坪村名的历史。

宝坪村原来叫烟燉坪（一说烟袋坪），传说后来发现一棵老桐树上有窝，窝中盛满桐油，放上灯捻点燃后，一直不熄。大家认为是宝物，是吉兆，就改名叫宝坪。这个村子有千年以上的历史，从来都叫宝坪，从来没有其它的名字。到1979年政府征地，在这里建了昭君纪念馆。1992年，又把村里的楠木井申报了省级文物保护。渐渐地大家就把这里叫成了昭君村，现在已经是行政村名了。

问题3：宝坪王姓与百羊寨和七连坪以及陈家湾的王姓的关系。

百羊寨和七连坪的王姓都是从宝坪搬过去的，同宗不同房。宝坪是大房，七连坪是二房，百羊寨是幺房。关于陈家湾的王姓，一说与宝坪是同辈，但是不同宗；一说是王昭君的母家，那里有昭君台，但是与宝坪的王姓没有关系。

问题4：记得小时候听过王昭君的哪些传说？

王作章是国家非遗项目王昭君传说的省级传承人，可以讲述许多昭君故事。其余人的回答大体是：小时候就知道王昭君与洄水沱，其它故事没怎么听人讲过。

第二章　从兴山到长安

昭君的山村在今天的湖北省兴山县，这已是学界的共识。然而汉代并没有兴山这一县名，所以严格来说，以今天的兴山来讲述汉代的昭君，也确实难免让人生出隔膜。不过，沧海桑田，人事难言，而土地则是实实在在的存在，不会消失，变化的只是地上的事物与名称。本书为了便于叙述，也为了便于今天的读者访古问亲，这一章的标题我们取“兴山”之名来讲述昭君如何前往汉朝京城长安的事情。而在此之前，自然先要说明《汉书》和《后汉书》中的南郡秭归人的王昭君是如何成为今天的兴山人的。

一、南郡·秭归·兴山

公元前278年，秦将白起率大军南下，攻占了楚都郢城——今天的湖北荆州，又西上焚烧了楚先王坟墓之所在的夷陵——今天的湖北宜昌，然后向东占领了竟陵——今天湖北潜江西北，并继续向西南夺取了楚国的巫县和黔中。在此形势之下，楚国的王庭被迫向东北迁徙，以陈县（今河南淮阳）为都城。于是秦将这一片占领的楚地收入了秦国的版图，大体上以长江为界分划行政区域来治理。江北为南郡，治所设在江陵；江南为黔中郡，治所设在临沅——今天湖南常德。公元前221年，秦统一中国，地尽为秦地，人尽为秦人。

公元前206年，秦亡汉起。汉代仍设有南郡，治所仍在江陵。而经过了百余年的休养生息，经济发展，人口蕃衍，财税增多，事务加重，原来秦代的南郡下面不过六七个县就可以管理的设置，这时已经管理不过来了。汉代就根据南郡的人口和地理情况加以调整划分，增设了若干个县。这样，汉代的南郡就从秦代的六七个县变成十八个县，其中一个就是秭归。这是秭归设县之始，并且这种设置一直沿续到东汉都没有变化。颜师古《汉书注》所引文颖是东汉末年人，所以，他就称昭君为“南郡秭归人”。

东汉末年，战乱频仍，军阀割据，天下大乱，持续近六十余年。到公元220年后，魏、蜀、吴三国鼎立，各据一方，民众这才得以有相对的安宁，地方政府的运作才得以有效地进行。原来汉的南郡此时已称荆州，被魏、吴两国所分，各有治所。魏的荆州治襄阳，吴的荆州治江陵。汉代的江南还是偏荒之地为多，汉末动乱中许多人避乱中原而来到江南，带动了江南的开发，渐有兴荣气象。吴国建立，为便于管理而增设地方行政机构，就从原来的秭归分出界北的土地设立了兴山县，时间是吴景帝孙休的永安三年，公元260年。这是兴山县第一次出现在历史的记载上。

此后直到唐代的四百余年间，兴山县时而立，时而撤。唐设归州与巴东郡后，兴山也时而属于归州，时而属于巴东郡，起伏变化，县制不很稳定。到了唐肃宗李亨乾元元年，也就是公元758年，兴山再一次划到了归州属下。此后的宋元明三朝，兴山县的领属虽然仍有变化，但基本上是在归州的制辖之下。到了清代雍正十三年（公元1735年），兴山又划归宜昌府管辖。也就是说宋代以后，兴山归属虽有变化，却远不如以前频繁，说明这一时期，兴山县的建制已经逐步地稳定下来了。此后历民国一直到今天，兴山都隶属于宜昌。

二、昭君村与兴山

因为杜甫曾居夔州而作诗咏及昭君村，有人就认为昭君村当属夔州。这是将诗人的想象当成了历史的事实。杜甫在夔州住了三年，从他留下来的诗作来看，他显然没有到过昭君村，只是因为夔州就在三峡之口，因而想到“南郡秭归人”的昭君及其命运，有感而言罢了。

那么，我们说昭君村在兴山县的依据是什么呢？

前面已经说到，昭君村的说法起于中唐以后，主要见于诗文。最早的地理书的记载则见于宋初人编撰的《太平寰宇记》。地理书与诗文创作的不同之处就是以记录为本，要讲实地之证。我们不妨引出文字来看一看。

《太平寰宇记》卷一四八“归州”条下写道：“元（原）领县三：秭归、巴东、兴山。”而记“兴山”则说：“本汉秭归地。三国时，其地属吴，至景帝永安三年，分秭归县之北界立为兴山县，属建宁郡。隋废之。唐武德三年又置。香溪在邑界，即王昭君所游处。（有）王昭君宅。汉王嫱，即此邑之人，故曰昭君县村连巫峡，是此地。”作者在追溯兴山县之设置变化的历史之后，直接以昭君宅和昭君村作为此县名胜，更以香溪为证说明昭君与兴山的联系。这里的记载不仅更确切地指出了昭君村宅的所在地，把范围从原来的秭归缩小到兴山，而且完全符合秭归与兴山两县的历史地理和行政区划的沿革变化，翔实而可信。

宋代是文人歌咏昭君最为集中的一个时代，也是兴山县的设置已趋稳定的时代，许多到过三峡的文人都会提到昭君宅或昭君村等名胜，其中或沿旧说指向秭归，但大都以兴山为言。如：

北宋晁补之《和东坡先生梅花诗》：“幽闲合出昭君村，芳洁恐是三闾魂。”（《鸡肋集》卷十四）将昭君与屈原相并，因为二人同出于三峡秭归。这是指的大秭归。

南宋王十朋《昭君村》：“十二巫峰下，明妃生处村。”（《梅溪集》后集卷十五）诗下作者自注：“按《图经》：昭君村在归州兴山县。”引所读过的地图之书为证，明确地称昭君为兴山人。

南宋诗人范成大从蜀地乘船下行回吴地去，逐一记录所经过的地方风情，著有《吴船录》。在过三峡时，他写道：“己未，泊归州。……属邑兴山县，王嫱生焉。今有昭君台，香溪尚存。”又有诗题曰：“昭君台在兴山界中，乡人怜昭君，筑台望之，下有香溪。”都清楚地说明昭君是秭归下属的兴山县人。

乾道六年（公元1170年）五月，南宋诗人陆游从家乡绍兴乘船沿长江上行去奉节任官，以日记形式记录每天的经历，留下了一部《入蜀记》。十月十五日这一天，他写道：“过白狗峡，泊舟兴山口。肩舆游玉虚洞。去江岸五里许，隔一溪，所谓香溪也，源出昭君村。”同样将香溪与昭君联系到一起而称她是兴山人。

北宋的《舆地广记》与南宋的《方舆胜览》，都是著名的地理书，也都以昭君为兴山人。为节省篇幅，这里就不一一引用了。

这种亲历其地的文人记录，不同于诗中的感怀之言，是值得我们重视的地理考证的依据。杜甫之后的白居易从江州司马赴任忠州刺史，乘舟沿长江上行，过三峡，作有《过昭君村》诗：“灵珠产无种，彩云出无根。亦如彼姝子，生此遐陋村。”（《白氏长庆集》卷十一）诗题下有自注：“村在归州东北四十里。”这“归州东北四十里”的方位与距离正指向兴山县。诗中还说“村中有遗老，指点为我言”，如果此言当真，那么白居易是确实到过兴山，还进了昭君村，不然，何以言之凿凿，说得这样亲切？

总结一下吧：当汉人说昭君是秭归人时，那时的秭归县是包括今天的兴山县在内的。唐代的归州管辖三个县：秭归、巴东、兴山，但兴山时而属归州，时而属巴东，所以唐人以秭归人或巴东人甚至巫山人来说昭君，都是在情理之中的。宋代以后，文人多以昭君为兴山人，与这时兴山的县制已渐趋稳定有着密切的关系，所以这时的地理书、类书等也多称昭君是兴山人。而随着雕版印刷和活字印刷的技术推广，宋人读书远比前人方便，知识的传播远比前代便捷，文人自然会以更加精准的兴山来说昭君而不再泛称她是“南郡秭归人”了。

后来的地志之书，如明代的《一统志》，清代的《一统志》以及《湖广通志》，都是由官府主持修撰的重要的行政区划之书，在著录兴山县的情况时，都会沿袭旧志而提到昭君村，或是昭君台，或是昭君祠。今天还能见到的明清时期所修的《归州志》或《兴山志》等，也概莫例外的以昭君为兴山人。

当我们追源历史地理的沿革变化，就能明白其中的道理：一个地方的行政区划是随着其开发的程度而变化的，开发的程度越来越高，区划就会越划越小。因此，原来的南郡后来分出了秭归县，原来的秭归县后来又划出了兴山县，于是原来的“南郡秭归人”王昭君，也就成了今天的兴山人。（详见延伸阅读四）

三、秦楚大道的开拓与发展

接下来要讨论的问题是，身处南方偏远山区的昭君是如何前往地处西北关中的京城长安的呢？

以今天的眼光来看，二千余年前的古人出行是非常不方便的。且不要说没有火车、飞机这样便利的长途运载工具，即使是驾车驶船，甚或徒步远行，山高岭峻，总得有路可走，江流湍险，总得驾船有术，实在不是一件容易的

汉代陶车马

事情。何况昭君是一位女性，长途跋涉有诸多的不便，其间的艰苦与艰难，显然不是今天的人们所能轻易想象的。而从兴山出来，先得穿过古有天险之称的三峡，还得越过“云横秦岭家何在”的秦岭，行程超过二千里，如果以每日百里的速度测算，也要走上二十多天——假设在天气、路况以及身体各方面均能保证连续不间断地行进的情况下，如若不然，行程时间就会大大延长。那么，这一路上如何解决住宿的问题，如何解决运力补充的问题，如何克服风雨霜雪，如何战胜泥泞颠簸，如何应对各种难以预料的临时难题，当时技术水平的限制，自然不可以用今天的知识去推测。因此，我们要知道昭君如何从今天的兴山去往当时的京城长安，即今天的陕西西安，当时的道路建设如何？路况设施如何？交通工具如何？就是我们首先要了解的情况。

兴山虽然山岭崇峻，偏在一隅，却是远古居民曾经留下过足迹的地方。大约在夏之中期前后（约公元前 1800 年左右），楚之先祖开始由中原南下。周灭商以后，成王封楚之首领熊绎为子男，居丹阳，统领江汉流域被称之为南蛮的诸族。楚人自述：“我先王熊绎辟在荆山，筚路蓝缕，以处草莽。”

(《左传·昭公十二年》)熊绎率领族人从荆山开启立国的事业，曾到达长江边的秭归，在那里建了丹阳城。今天的秭归还留有楚王城的遗迹。然后楚人沿着长江向东开拓，在宜昌留下了楚先王的陵墓。然后继续向东发展，文王熊赀时在今天的江陵建郢城，立为国都。此后楚国的实力越来越强盛，疆土越来越辽阔，所谓“西起巴蜀，东至于海”，长江以南，北至淮河，尽为楚国所有。直到公元前278年，秦人攻下了郢城，这座建城四百余年的古都的陷落标志着楚之国运走向了衰亡。

楚人在南下时，曾与当地的原住民庸人和濮人有过冲突和战斗，楚人取得胜利。庸人活动在今天的湖北竹山、房县一带。濮人的活动范围则由房县向西南直到今天重庆的巫山。而荆山则由今天湖北的保康绵延至南漳。由此推测，楚人的南下是经由今天的房县、保康及南漳而穿越荆山，到达长江北岸而建立丹阳城，而兴山就处在房县、保康与长江之间。那么，他们极有可能从今天的兴山过境，跋涉山林，开辟草莽，最终到达长江。这是一项何等艰苦而伟大的事业，后来的郢都之楚就是从这里起步。在今天的兴山还保留着高阳城的古地名，而高阳是楚之先祖颛顼氏的名号，高阳的地名存在就是不断地在向后人提示着楚国的先民曾从这里经过的遗事。

郭沫若先生题写的王昭君纪念馆馆名

兴山昭君纪念馆　李明摄影

兴山一带既是楚之先民活动过的区域，他们的南下是开启山林而进，东去则沿着长江而行。地上原无路，走的人多了，路也就形成了。但那时这南下和东去的路一定非常简陋，非常艰难，完全倚仗脚步的踩踏和丈量。

春秋后期，当楚国逐渐吞并江汉流域的小国而强盛起来，楚王开始率军北上，问鼎中原。战车是当时主要的战争工具，战车在战争中的重要性带动了南北道路的拓展。那时从郢城到中原的北上之路，基本上是沿着汉水上行到达邓邑，即今天湖北的襄阳，然后继续北行到达宛，今天河南的南阳。从南阳或继续向北至洛阳，或向东进入陈、蔡诸国的领域，进而远及齐、鲁更加辽阔的区域。

虽然没有材料说明当时的道路情况，但我们知道当时的战车宽近三米，套上马后的长度也会达到三米，一辆战车约占九平方米的路面，如果道路没有一定的宽度，路面不够坚实平整，显然成百上千辆战车就无法出行。公元前606年，楚庄王率军讨伐陆浑之戎，曾在洛水边摆开阵容而作阅兵式，以炫耀武力。前一年，楚伐宋而获战车五百乘，此时庄王率领战车多少虽不可知，显然远在五百乘以上。因此，楚庄王的陈兵检阅让居于洛阳城中的周天子深感威胁，于是派王孙满前来慰问，缓解紧张的形势，并告诉楚庄王：周所拥有的九鼎，传自夏商，据以天命，楚当存敬畏之心。可以推想，当楚庄王统帅军队北上之时，就已经有了一条可以容纳浩大的战车队伍行进的道路，不然，庄王如何能“观兵周疆”而“问鼎中原”？所以，春秋末年楚国强盛之际，已经开拓了由郢都北达中原的道路，路况也相当可观。

进入战国时期，随着秦楚之间争霸战争的频繁，秦楚之间的道路有了更大的发展。秦都咸阳，即今天的陕西咸阳，南下入楚有三条通路，一条南下蜀地而后顺江东下，二条直达楚都郢城。这二条直达郢城的路线是：第一条从关中秦岭出发，经褒谷，到南郑（今陕西汉中东），然后沿汉水谷地东行，出汉中，经栒阳（今陕西旬阳）、锡穴（今陕西白河），到达楚之邓邑和郢城。第二条以关中咸阳为起点，沿灞水，越秦岭，出武关，南过汉水谷地，到达楚的邓、鄢（今湖北宜都），然后可达郢城。这后一条路，行程较短，更加实用，历来被称为“秦楚大道”。

战国后期，秦楚之间的战争更加激烈，丹、淅一带曾是主要战场，其中公元前 278 年的那次战争持续的时间长达一年以上。在这种情况下，兵力的调动，粮草的运输，都是战争取胜的关键，而运输的关键则在于道路，这就推动了这条大道的发展。尤其秦楚之间的战争，秦国是主要的胜利者，故从咸阳出武关而至于楚国的道路，因为秦国的需要而有进一步的发展。这条路上重要的关隘——武关就是秦国为防备楚军而修筑的，所以这条秦楚大道又被称为“武关道”。

秦始皇在统一中国之后，曾数次出巡全国，几乎行遍前六国的都城，为的是张耀皇帝的武威。据《史记·秦始皇本纪》，始皇二十八年（公元前 219 年），秦始皇东出咸阳，直达山东，然后过彭城（今江苏徐州），渡淮水，到达楚国旧都郢城——秦之南郡，今天的江陵，然后北行，取道武关而回到咸阳；始皇三十七年（公元前210年）十月，他由咸阳出武关，南行至云梦，抵南郡，然后沿长江而下，至钱塘，临浙江；走的还是这条秦楚大道。不过，这时的秦楚大道已经是今非昔比。

众所周知，秦始皇的统一中国还包括书同文、车同轨等一系列制度的建立。其中的车同轨，就是取秦的车轨宽度统一原来六国各自的车轨宽度，这自然就涉及到道路的修建和拓展。而为了出巡，秦始皇又下令修建了供皇帝本人专用的驰道。这种道的中间部分供皇帝的车马行驶，称为驰道；两侧称旁道，供臣民通行。据汉人说，这中间的专用道"广五十步，三丈而树"(《汉书·贾山传》)，即每隔三丈就种上青松作为路标，区分驰道与旁道。五十步约合今天的三丈，即驰道宽九米，加上旁道，路面的总宽度恐怕会在十五米以上。驰道的路面要堆土隆高，用铜椎夯实，既平整，又不积水。这种多车道的道路完全可以与今天的高速公路媲美，其畅通程度可以想象，其耗费财力之巨大也可想而知。

秦楚大道由江陵上行至樊邓，过武关而入咸阳，既是秦始皇两次出巡的路线，自然也是这种规模的驰道。汉代以后，不仅保留了秦所修筑的道路，而且汉武帝也爱好出巡，凡所经过的道路又经过进一步的维修和扩展。汉的都城在长安，即今天的西安。武帝刘彻在元封五年（公元前106年）的出行路线就是由长安出发，自武关南行，过南阳而至南郡，然后向东到今天的安徽，自浔阳过江，继续东行，再北上去祠祭泰山。走的还是这条秦楚大道，但显然再度经过修护，才足以保证汉武帝的舒适和安全。

经此考察，我们知道由长安所在的关中到南方长江边的兴山，道路的开发时间可以上溯到楚之先人的南下，这是一条艰难的山路。而历春秋战国到秦汉，从咸阳或长安南下江陵，已逐步发展出一条宽广平坦的秦楚大道，交通已经相当便捷。昭君出兴山之后，自然是取这条秦楚大道，由江陵去长安最为方便。

四、汉代的驿传制度

在古代以车马为主要交通工具的情况下，即便有了道路通达的便利，如果要行千里长途，事情仍然比较复杂，远远不像自备干粮走上个一天二天就可以到达目的地的短途那样简单。在这漫漫长途之上，必须要解决人的住宿饮食之需，必须要解决车马运力的接续和修护，而这一切又不是携带可以解决。古人为此而建立了驿传制度。

驿和传都是运输之名。简单来说，驿是骑马而行，传是乘车而行。与驿传相配合的还有邮、亭等路途上的站点，为乘车或骑马的远行者提供食宿，解决各种路途之需。

驿传制度，据典籍记载，西周时已经粗具规模。《周礼·地官》说："凡国野之道，十里有庐，庐有饮食；三十里有宿，宿有路室，路室有委；五十里有市，市有候馆，候馆有积。"据此可知，那时的庐、宿、市都是国家设立的馆舍，为来往的使者提供饮食和休息之便。这种馆舍由国家设立，使者只要出示节符，即受命出行的凭证，就能在此享受服务。

春秋战国以后，兼并战争越演越烈，国家政令的上传下达，各地兵力的输送转出，以及外交使节的频繁往来，都促进了长途运力的发展。各国之间，各地之间，馆舍的设立已经相当普遍，驿传之名也频频见于记载。这时大体上是三十至五十里设一传舍，供往来者使用，并设有官吏负责食宿粮秣、转运换乘等日常事务。

秦朝统一中国之后，全国分设郡、县进行地方管理，长官由中央直接任命。偌大的国家，三十六个郡，一千多个县，中央如何统领？驿传制度成为了中央与地方之间最重要的联系纽带。中央由丞相总管其事，地方则由郡守和县令兼司其职。中央政令到地方，由郡而县，一级一级下传；地方报告到中央，由县而郡，一级一级上达。驿传的政治功能如此重要，秦王朝为此不惜财力物力和人力，大肆开辟道路，修建邮亭传舍，在全国构造了便利捷达的通运网络。

驿车　汉画像砖

两汉承继秦代，除因耗费财力过多而有所减省之外，基本上保留了秦代的驿传制度。就地方驿传而言，提供运力和路途之需是其主要功能，所以传舍中不仅建有居室厨房，还备有车马厩所，为过往官员及各种承命赴京的人员提供食宿和替换的车马，并负责道路的维修和养护。这样，汉代各种承命出行的官员以及各种应命入京的人员，由于有了沿途传舍的设置，无论去往多远的地方，都不会有路途之忧。汉代的交通要道之上，五十里设一传舍，出行者就可以根据需要安排行程，在哪里换马，在哪里歇午，在哪里过夜，以保证行程的顺利和安全。一旦中途出现车损马疲或者人员伤病的紧急情况，也前后都有传舍或驿馆可以求援，不至于茫茫然而无所投奔。有时传舍驿馆因为过往官员多而所备马匹不够替换，就可以随时征召路过的私人牛马，以解官员之需。

汉武帝打通西域之路以后，西域的各种牲畜输入内地，尤其是骡子和毛驴，前者力大，后者价廉，在汉地的推广相当迅速。特别是毛驴，不仅易养，又适宜于羊肠小路和山地上的运输，很快便在全国普及开来。这无疑也更加充实和增强汉代长途运行的动力。

汉代的郡设有督邮之官，管理一郡的传舍，县的传舍仍由县令兼管。各级传舍都设有“传舍啬夫”、“厩啬夫”等官员各司其事。因为传舍驿馆是官

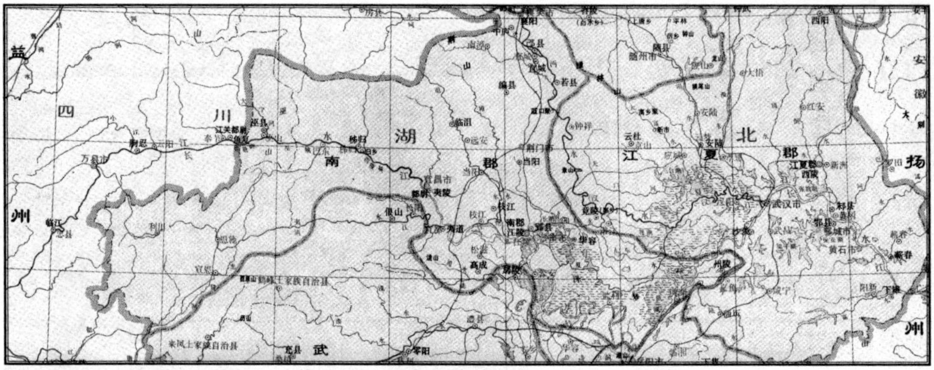

西汉南郡

方机构，所以过往的官员必须出示传信以明身份，才可以在这里享受不同等级的服务。汉代已经有私人传舍，但数量、规模以及质量显然不可以与财力充足的政府传舍相比。

汉代出行以车为主，有牛车和马车两种。牛车负重，主要用于拉货；马车主要用于载人。马车以速度称者为“驰传”，套马可以从四匹增加到七匹，一般用于传送紧急公文。一般人乘传车则或套四马，或套两马。若是老人，则用一匹马拉的安车，并用蒲草包裹车轮以减轻路上的颠簸，人在车上则可以坐也可以卧。汉代传车的车厢或为轿式，或为敞篷，也都具有坐和卧的两种功能。

按照东汉应劭的解释，王昭君进入汉元帝的后宫属于“郡国献女”，是官方行为，自然应当由地方官安排行程，并沿途护送，而发展相当完备的汉代驿传制度就为她的北上之行提供了保证。如果王昭君到达江陵，乘传车而北行经樊、邓至南阳，然后一路向西，过武关，入长安，虽然路程有千里之遥，但路为驰道——国家级的“高速公路”，平坦坚实；车为传车——国家提供的运输工具，坐卧两便，足以减轻疲劳；沿途又有传舍驿馆解决食宿和运力的替换以及车辆的维护修理；这样，尽管路程远，而交通工具有保证，沿途食宿无担心，长途的旅行条件还是比较便捷的。她身为女子，出身于民间，此时却已经属于“官物”，这一路的行程都会有人照顾，这迢迢远行虽然艰苦，却是可以承受的。

王昭君所在的兴山，当时的秭归，汉代属于南郡，治所在今天的江陵，因此，她从家乡起程，要由当地官员护送，先到郡治“报到”，然后再换由郡所官员护送，北上长安。那么，她又是怎样从兴山的村子而到达江陵呢？

五、从兴山到长安

王昭君是“郡国献女”。南郡郡治，即今天的江陵是她进入长安前首先要去“报到”的地点。因此，当年王昭君要北上长安，首先就要从今天的兴山前往南郡的治所——江陵。

前面已有考证说明昭君村在香溪南岸，临近溪水。在今天的兴山民间，就流传着昭君乘船沿香溪下行而进入长江的传说。香溪由多条山水汇聚而成，上游有两大支流，一条是建阳溪，在东；另一条是南阳溪，在西。两溪由北而南，从东西两个方向流到原兴山县城所在的高阳镇的南面汇合，然后继续南流，进入长江。罗镜山前的高阳镇，自宋代以来就是兴山的县治所在。高阳镇以下的溪水，在北魏郦道元的《水经注》中称为“乡口溪”，明清时代的史书地志则称为“县前河”，而在唐宋以来的诗文中，这条溪水就叫做香溪，也都明确地指出是因为王昭君的缘故。显然，乡口溪也好，县前河也好，二者都是以地点来命名流经的溪水，但是，这样普通的名称岂能与王昭君的名气相比？况且洗手染香的传说又是那样的美丽而浪漫，久而久之，香溪就成为人所习知的名称而完全淹没了乡口溪和县前河的旧名。两溪汇聚后的香溪，水量大，水势急，滩险弯多。虽然充满险情，却依然是从高阳镇去往长江的一条水道，可以行船，故又叫香溪河。香溪南流汇入长江的地方就叫做

昭君离乡　石夫、姚耐绘（《昭君出塞》，福建人民出版社 1983 年版）

香溪口。

不过，在兴山当地还一直流传着昭君乘马的传说，甚至还有一处叫做上马墩的遗迹，说昭君是乘马沿着香溪边的小路出兴山的。从香溪边的昭君村到长江边的香溪口，路程大约四五十里，如果步行，一天可到。所以，沿香溪边的山路乘马去往长江边，也不无可能性。而无论是乘船水行还是乘马陆行，都离不开香溪。据范成大《吴船录》等宋人记载，秭归县治南二里处建有明妃庙。这县南二里处应当就是香溪口。兴山香溪畔有昭君庙，秭归香溪口又有明妃庙，想必因为昭君是沿着香溪走出家乡而从此再也没有回来，乡亲们怜悯她，思念她，故在香溪的头尾两处都为她立庙，表示纪念。

那么，昭君启程之际，告别了父老乡亲，在官员的护送之下，或是乘船沿香溪下行，或是在溪边踏石上马，沿香溪边的小路骑马向南，总之，她都要先到达长江边的秭归城，因为这里是县治的所在。推想她在谒见县里长官之后，择好日子，乘上县里备好的船只，由秭归顺长江下行，穿过西陵峡，一直航行到南郡郡治所在的江陵。

自古以来，三峡就是天险，航道充满危难，故而也是人与自然相互挑战的地方。就历史记载看，三峡航道的开辟可以上溯到西周早期，而三峡船只的航行至少在战国时期就已经颇有规模了。

《战国策》记张仪到郢都，劝楚王退出六国的合纵联盟，加入秦国的连横联盟，利诱之后，以秦的强大作威胁，说是秦已经西有巴蜀之地，要攻打楚国，不过是“方船积粟，起于汶山，循江而下，至郢三千余里”，是很方便的。汶山，即岷山。这段航程正是顺流而过三峡。既是为了作战，顺流而下的应是具有相当数量的船队，不然，不足以进行攻战。张仪说，如果一船载兵五十人，带上干粮，顺水而行，一日行三百余里，计算下来，不过十天，秦军就可以进入楚地。如果秦再举甲出武关，南下的陆军与西下的水军相应夹击，楚之“危难在三月之内”。楚王被如此严重的形势分析所震慑，于是放弃合纵而加入了连横。张仪说秦国兵船由三峡顺流而下，显然有现实的依据，不是空话，不然楚王不会相信。所以我们知道，三峡的航道开辟既早，发展到战国秦楚争雄之时，已经是攻防地位十分重要的航线，船行过三峡已经不再是“难于上青天”的绝望。

蜀中气候温润，田土肥沃，是著名的粮仓，因此往往是国家赈灾济难的调运之地。而调运蜀粮，靠的就是船行，走的就是三峡，这无疑更加促进三峡船运的发展。如汉武帝元鼎二年（公元前 115 年）江南遭遇水涝，时近寒冬，民无食粮，于是下诏以船“下巴蜀之粟，致之江陵”，并派出官员巡行江南各地，分粮赈灾。可见到了汉代，船下三峡而至江陵已是一条相对成熟的水道。

毕竟三峡是险地，船过三峡，必须要做检修。出峡之船经过检修，才能继续进行以下的航程；入峡之船经过检修，才能应对峡中的危险。这就使

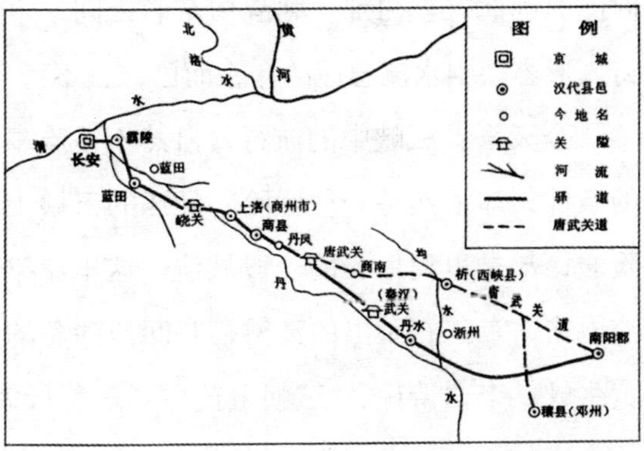

武关道

得三峡口上的夷陵（今湖北宜昌）和出峡后的江陵，秦汉以来一直是重要的船舶建造基地和检修维护的码头。

过三峡，仅仅船只坚固是远远不够的，熟悉水道而有应对经验的船工更是三峡航行的大宝。因此，那些船行要过三峡的人们，上行就必须在江陵或夷陵更换专门过峡的船工，下行就必须在巫山、巴东、秭归换上有过峡经验的船工。这种情况一直到宋代都没有改变。范成大的《吴船录》和陆游的《入蜀记》对此都有记载。

王昭君由兴山到秭归是陆行，到秭归后则要换船，顺江下行到江陵。在她的时代，三峡航道虽然艰险，但开发已久，相对成熟；她又是下水之行，比上水要相对容易；秭归既在峡中，当地船工自然熟悉水道；过峡的诸种条件大体具备，所以她乘船下行到江陵还是比较顺利的一段路程。

据学者研究，杜甫在大历三年（公元 768 年）正月由夔州出峡，三月里才到达江陵，费时近两个月。除去沿途拜访朋友以及因病停船靠岸的时间，杜甫顺流出峡也要费时半个月吧？唐代的造船水平和航运技术一定胜过西汉，尚需时间十五天左右，西汉时期的昭君乘船出峡，不说多过半月，至少也与半月相当。峡中水势危险，船工驾驭航行，必须是谨慎又谨慎，小心又小心，既要考虑天气的因素，更要顾忌水情的变化，自然比平常水行要多费许多的时间。因此，李白那“朝辞白帝彩云间，千里江陵一日还”的名句，不过是诗人形容峡中水流急速的夸张而已，且不可当作事实来看待。

今天来看三峡中的航行，自然不是难事，但在古代，尽管航行具备一定的条件，却依然是一种冒险。长江的三峡中，西陵峡虽然不及巫峡和瞿塘峡险峻，却是里程最长的一段峡流。这里崖壁陡峭，水道曲折，崩涛急浪，奔流电击，有江石杂出的清滩，有回流湍急的莲沱，更有三朝三暮都驶不出的黄牛峡。李白诗说：“三朝上黄牛，三暮行太迟。三朝又三暮，不觉鬓成丝”（《上三峡》）；杜甫诗说：“黄牛峡静滩声转，白马江寒树影稀。”（《送韩十四江东省觐》）可知到唐代，这里都还是船工谨慎、行人畏惧的险途，何况昭君身在比李杜诸人要早上八百年的汉代。王昭君以一年轻女子之身而乘船过此险要，令人敬佩她的勇敢。

当昭君到达江陵，便可以登岸换车，沿着秦始皇、汉武帝都曾经驾车驶过的驰道北行到达今天的南阳，然后西行入武关，沿秦楚大道而进入长安，最终完成她由兴山出发的历史性征程的第一段。

这段征程费时多少，无从考证。若以唐代《元和郡县志》所记载的里程测算，江陵至襄阳四百七十里，襄阳至长安一千二百五十里，总计一千七百二十里。以传车一日行百里计算，所需时间在十七天以上。再加上出峡的半月左右，再考虑到路途的休息调整，风雨耽搁，昭君从兴山到长安，路程至少也需要三十五六天，行程则在一个半月左右。

[延伸阅读四] 王昭君的乡贯

关于昭君的乡贯所在，在归州、巴东、巫山、夔州四说之外，还有学者考证说昭君为蜀人（祁和晖：《王昭君籍贯族属异说》，载《西南民族学院学报》1985 年第 1 期），一时还颇有影响。其实作者既拿诗词当实证，又无视历史的沿革，而将古人的记载与今天的行政区划对比，没有沿着历史的进程来作讨论，为立“异说”而作异说，不仅说法不可取，其研究方法与态度也不可取。

第三章　汉元帝刘奭的胜利

在今天中国的五十六个民族之中，人口占绝对多数的汉族之所以得名为“汉”，就源于刘邦在公元前206年所建立的汉朝。汉族的发展历史其实是与周边少数民族的发展交织在一起，在经济互通、武装斗争、政治联姻等不同形式的交往过程中，一些少数民族融合进了汉族的队伍，汉族则像一条融纳诸水的长河一样不断壮大，既成为了统一国家的众多民族中的主体民族，也与少数民族一起缔造了统一的中华民族国家。

但当历史回到刘邦建立汉朝之时，活动于北方大漠的匈奴就是与汉朝关系最为密切的少数民族，也是最令大汉帝国头痛烦恼的少数民族。

匈奴问题之棘手，早在战国时期就是如此。当时秦、赵、燕三国的北部边境常常苦于匈奴骑兵的掳掠，又应战无力，就在各自的边界修起长城作为防御。公元前221年秦始皇统一六国之后，派将军蒙恬率数十万大军北击匈奴，收定黄河以南的土地（今黄河河套南内蒙古伊克昭盟一带）。然后以黄河为界，筑城四十四座，徙民入居，以为防守。并修通直道，自云阳（今陕西淳化西北）直达九原（今内蒙古包头西北），以便紧急时刻可以迅速调集兵力，开往前线。同时又征发民夫，凭山依险，将原来属于三国的长城进一步修缮联结，构成了一座西起临洮（今甘肃岷县，一说今甘肃临洮）东至辽东的万里长城。诸种措施并举，这才阻止了匈奴人的南下，使北部边境得到安宁。

秦始皇建立的统一政权，不过十五年就灭亡了。刘邦在群雄逐鹿的抗秦斗争之后，又与项羽进行了五年的楚汉战争。长城以内，战火连绵，长城之外，匈奴趁机再起。当刘邦立国，内未安定，外有纷扰，内乱与外忧交杂在一起，所谓安内攘外，他不得不首先面对汉与匈奴如何相处的问题。这就揭开了汉与匈奴交往史的序幕。而这，也是我们书中主角王昭君登上历史舞台的机缘。

一、高祖刘邦与匈奴的和亲

刘邦与项羽争夺天下之际，宽待将领，收暖人心，攻下原韩王所守的阳城之后，就封自己手下的韩裔将军韩信为韩王。史家为区别刘邦手下以带兵“多多宜善”而著名的大将淮阴人韩信，称此韩信为韩王信。

自秦末战火燃起，原来被徙守边郡的人们趁机逃散，前往各地谋取生路，边地空虚。而原来被阻挡的匈奴人在冒顿单于的统领下也就趁机南下，再度进入河套地区，掳掠汉民，驱夺牛羊，成为了汉朝的边患。

韩王信的国都本在颍川（今河南禹州）。刘邦认为颍川是天下兵锋交刃的要冲，对韩王信在此不太放心，就将他移徙到太原郡，都晋阳（今山西太原西南），让他去防御匈奴。韩王信则请求将国都移到更北边的马邑（今山西朔州），打的旗号则是为了更加有效地防卫匈奴。然而韩王信与匈奴之间的相互往来引起了刘邦的猜疑和不安，就派出使者去严加谴责，结果韩王信索性投降匈奴，并带领匈奴人向南入侵太原郡，兵临晋阳城下。时间是汉高祖六年，即公元前 201 年的秋天。

于是刘邦亲自率大军北上，大破韩王信，驻军晋阳，韩王信则逃入匈奴地盘。在晋阳的刘邦派人侦察后得知，冒顿单于驻在代谷，就有意扩大战果，擒杀单于，以绝后患，因而不顾娄敬的劝阻，率军三十二万继续向北进发。谁想这就恰中冒顿单于的诱敌深入的计策。这时正是严冬，兵士行进困难，手指被冻掉者“十之二三”。当刘邦与先头部队到达平城（今山西大同），后续部队还在路上，就被冒顿单于的四十万大军包围得如铁桶一般。刘邦等被困在平城东南十余里的白登，七天七夜，无水粮，无救援，陷入绝境。最后是通过陈平的奇计，匈奴人才解开了包围圈的一角。汉兵将箭扣在弦上，手持弓弩外向，护卫刘邦从这解开的一角逃逸出来，回到平城。这时，汉军的大部队也赶到了。匈奴见汉军势力增强，于是解围而去。

陈平用什么样的奇计解白登之围，西汉的史籍讳之莫深。东汉的应劭有一说法：陈平派人给冒顿单于的阏氏送去丰厚的礼物和一幅美人图，声称汉有美女如此，现皇帝被围急迫，欲献美女以求解围。阏氏因此而担心单于会宠幸新人而疏远自己，于是收下礼物，劝说单于解围。

白登山

事实是否真的如此，现在已不得而知。但经此一役，刘邦认识到不可轻视匈奴的实力，必须认真处理汉与匈奴的关系，再不可轻敌好胜。尤其是汉政权始建不久，还面对着诸多不安定的政治因素，加之长期战争造成的财政困窘，民生凋敝，与其两面作战，多方应对，不如缓和与匈奴的关系而集中力量来解决国内的政治问题。这样，刘邦采纳了娄敬与匈奴和亲的建议。

高祖九年（公元前 198 年），汉以同宗刘姓的女儿为公主，出嫁匈奴单于，派娄敬为送亲使者，带着非常厚重的礼物去匈奴与单于订下了和亲盟约。盟约申明汉与匈奴结成兄弟以相亲好，规定汉朝每年赠送匈奴锦、绣、酒、食及财物的数额，约定长城以北为匈奴游牧之地，长城以南为汉人耕织畜牧之所。

和亲之策为刘邦赢得了国内治理的时间。此后他连续平定了彭越、英布、韩信、陈狶以及卢绾等异姓诸侯势力，巩固了刘氏政权。

但是，和亲之策并没有真正平息汉与匈奴之间的争斗，边境汉人遭受匈奴掳掠之事仍然时有发生。刘邦之后的惠帝、吕后、文帝、景帝，同样需要时间来稳定政权，恢复经济。虽然和亲奉献颇让大汉帝国的尊严有损伤之感，虽然汉朝头痛于匈奴反复无常，并不严格地遵守和约，但是和亲的代价毕竟要小于战争，尤其是当国力尚不足以支撑之时。故在刘邦之后，经过争议，汉朝最后决定还是继续执行和亲政策，希望以公主和财物来换取两个民族之间尚可维持的相安无事。

这里根据《汉书》和《资治通鉴》的记载，整理出高祖至景帝近五十年间汉与匈奴的和亲记录如下：

高祖九年（公元前 198 年）冬，取家人子名长公主以妻单于。

惠帝三年（公元前 192 年），以宗室女为公主，嫁匈奴冒顿单于。

文帝六年（公元前 174 年），冒顿死，子老上单于立。文帝遣宗室女翁主为单于阏氏，使宦者中行说为使者送翁主至匈奴。

文帝后元二年（公元前 162 年），匈奴连岁入边，杀掠人民畜产甚多。文帝乃派使者送信到匈奴以申明盟约，单于亦回信致意，于是汉复与匈奴和亲。

景帝元年（公元前 156 年），景帝派御史大夫陶青至代城下，与匈奴和亲。

景帝二年（公元前 155 年）秋，与匈奴和亲。

景帝五年（公元前 152 年），遣公主嫁匈奴军臣单于。

从这份简单的记录可以看出，这一时期汉与匈奴的相处，基本上是汉持委屈求全之姿，以财物和公主向匈奴表达愿意结盟友好的善意。无论是汉朝还是匈奴，在帝位更迭之时，维系和亲盟约而求得和平都是首要之事。尤其是汉朝的皇帝，因为对游牧民族的匈奴在缔结盟约后并不坚守盟约而深有忧虑，缺乏信任，故无论是自身的即位，还是遇上新即位的单于，这时都特别需要重申和亲，保持友好的关系。因此，尽管在此期间不断发生匈奴进入汉境的掳掠事件，但是汉朝皇帝总还是以和亲为宗旨，以柔和的姿态来处理与匈奴的关系。这是一。

第二，从这份记录可以知道，史书所载“和亲”，并不单指嫁公主为单于阏氏这一件事情。和是和睦，亲是亲近，“和亲”是指汉朝与匈奴结为兄弟而能有和睦亲好的关系，虽然嫁公主为单于妻是和亲政策中重要的一环。因此，《汉书》等所记载的“和亲”，每一次的使者必携带丰厚的财物，却并不是每一次都要送公主去作单于的妻子。

第三，汉与匈奴的和亲结盟本是“结为兄弟”，但是每次汉朝嫁与单于的阏氏，总是以宗室之女充当公主，顶戴着皇帝女儿的名义。这样，虽然名义上两族是结盟为“兄弟”，而依汉人的文化习俗，实际上将匈奴单于置于女婿辈的位置，使汉朝皇帝在辈分上占着优势，两个政权在伦理上并不具有兄弟般的平等。

二、武帝刘彻与匈奴的战争

公元前140年，景帝死，太子刘彻即位做了皇帝，谥号武帝。自高祖刘邦建立汉朝，政权的稳定一直是朝廷的首要。刘邦在位时期平定了异姓诸侯之乱。惠帝、吕后之后，清除擅权的吕氏，最终安定了刘氏天下。景帝时期，平定了吴、楚等同姓诸侯的叛乱，权力集中于皇帝。当武帝登上帝位，进一步以分恩等制度巩固了这些政治成果，汉朝的中央政权空前强大。

而在这五六十年里，汉朝廷一边紧张地处置权力的纷争，一边奉行清静无为、与民休息的思想政策，恢复经济，发展国力，取得了很大的成功。史书描述汉初社会的凋敝状况是一石米要卖到五千钱，“人相食，死者过半，高祖乃令民得卖子，就食蜀汉”。皇帝竟然允许百姓以售卖子女所得为路费，移民到蜀地去讨生活——由此事可知百姓之贫困，政府之贫困，都已悲惨到山穷水尽的地步。而在经过五六十年的休养生息之后，到武帝即位，则是地方官府的粮仓囤囤满溢，以至于场院里都堆积着粮食，“陈陈相因，腐败不可食”。中央国库里装满了铜钱，累积好几百万万，以至于穿钱的绳索都朽烂了，散落在地上的钱都无法计算。当然这时的百姓家也是食财丰足，路不拾遗，夜不闭户。汉初时大臣上朝都没有马车可坐，现在则是“众庶街巷有马，乘牸牝者摈而不得会聚”，即百姓出门乘的都是健壮的雄马，如果有谁骑一匹老母马，就会被人轻鄙地赶出聚会之所。《汉书·食货志》中这些对比鲜明的记载充分表现了武帝即位时汉代社会所达到的富裕程度。

在这五六十年里，汉朝之所以常常以忍让态度来处理与匈奴的关系，不仅仅是需要时间来处理好国内的问题，还有一个重要的原因就是匈奴以骑兵作战，而汉朝马少，以步兵为主。据古兵书《六韬》说：步骑交锋，在平地，“一骑当步卒八人，八人当一骑”；在险地，“一骑当步卒四人，四人当一骑”。二者战斗力悬殊之大，步兵自然不可与骑兵相抵挡。平城之战时，刘邦带兵三十二万，冒顿是四十万，数字的相差并不巨大，但冒顿是四十万骑兵，刘邦却一半都是步兵，自然队伍行进迟缓，冲锋又无斩获之力，所以才在白登被围受困。在经过五六十年的休养生息而到武帝即位，财力已经充足，文帝和景帝两朝都积极发展马匹的饲养，“马之来食长安者数万匹”（《史记·平准书》）。这时不仅是民间“众庶街巷有马”，政府还辟有专门的养马之地，以“官奴婢三万人，养马三十万匹”（《汉书·景帝纪》如淳注）。这就为武帝开启与匈奴的大规模作战提供了非常重要的基础。

匈奴是北方大漠上的游牧民族，活动于东起今天东北的大兴安岭、西到今天新疆的阿尔泰山的辽阔地域。北方大漠的东西战线虽长，却为善于骑马射箭的匈奴人提供了驰骋进退的场域，来之如风，去亦如风，打得赢则南进，打不赢则北逸。而汉军本以农家子弟为主，即使马匹数量增加，战斗的实力却未必一定能胜过善于马上作战的匈奴人。尤其是战线越长，就越难以获知情报，越难以接应支援以追击敌人，后勤补给的运输成本更是巨大。因此，当汉武帝下定决心要与匈奴开战，便派出使者去西域联络乌孙、康居、大夏等游牧民族，与它们建立联盟。这样，在汉与匈奴作战之时，即使它们不能出兵与汉军相呼应，至少也不会站到匈奴一边，助长匈奴而损伤汉军。所以，汉武帝一边断绝与匈奴的和亲，一边两次将宗室女作为公主嫁与乌孙王，借以开展与西域诸多少数民族的友好外交。事实证明武帝的谋略是明智的，在汉与匈奴的战争中，这种“断匈奴右臂”的政策确实发挥了功用。

元光二年（公元前 133 年），武帝下诏问朝臣：“朕饰子女以配单于，金币文绣赂之甚厚，单于待命加嫚，侵盗无已。边境被害，朕甚悯之。今欲举兵攻之，如何？”（《汉书·武帝纪》）武帝即位时才十六岁，朝政大权实际上还把握在祖母窦太后的手中。建元六年（公元前 135 年）五月，窦太后过世，已经年满二十岁的武帝这才开始尝试以自己的意志来处理国家政务。元光元年（公元前 134 年），武帝下诏举贤良，著名的儒家学者公孙弘、董仲舒等进入朝廷，标志着汉朝改变了以清静无为的道家学说为主导的政治思想，举起了儒家学说的旗帜，开始了积极有为的政治方略。这次的诏问就在尊崇儒学的第二年，显示了武帝已经下定决心要与匈奴开战。他的决心也获得了一些朝臣的响应。通过前辈的积聚，武帝拥有了丰厚的物质基础，在政治、经济、军事等方面都已具备充足的实力，于是宣布要以战争来解决与匈奴之间的长期纷扰，断绝和亲。这是年轻的汉武帝执政之后在外交方面采取的第一个重大的政治决策，从此汉朝与匈奴之间开始了长达八十余年的战争。

汉武帝

双方的第一次交手是公元前 133 年秋天的马邑之战。当时汉人以假降为诱，将三十余万大军埋伏在山谷两旁，企图一举擒获匈奴单于。单于进入汉境之后，察知情况，迅速退出，丝发无损。这次战役，汉军不仅一无所获，还公开撕毁了与匈奴的和亲之约。自此，匈奴便无所忌惮地不断入侵汉的边境，驱夺牛羊，掳掠民众，而汉朝则一次又一次地派大军出击，试图消灭匈奴。据《汉书·武帝纪》统计，武帝在位期间，就从这一年开始，汉与匈奴共计进行了二十余次大的战斗，小的冲突磨擦则不计其数，双方互有输赢。在这些战斗中，汉朝凭借四次重要的战役重创了匈奴。及至武帝末年，受到重创的匈奴也因为自身遭遇的复杂情况，不得不归还扣留的汉朝使者，作出友好的姿态来表达善意，试图恢复和亲，激烈的战争状况才有所缓和。我们不妨将四次大战的基本情况介绍于下，以见汉朝与匈奴的战争中双方所遭遇的艰难与残酷：

元朔二年（公元前127年）春，匈奴入上谷（郡治在今河北怀来东南）、渔阳（郡治在今北京密云西南），杀略吏民千余人。武帝令将军卫青、李息出云中（郡治在今内蒙古托克托东北），西进直到陇西，击败匈奴下属楼烦王和白羊王，杀死数千人，得牛羊百余万，收复黄河以南之地。战斗告捷，武帝大加封赏以为鼓励。

元朔六年（公元前123年）春二月，大将军卫青率六将军十万余骑兵出定襄（郡治在今内蒙古和林格尔西北），进击匈奴，取得杀敌三千余人的胜利。于是武帝大赦天下以为庆祝，并令士卒在定襄、云中、雁门（郡治在今山西右玉东南）三郡境内作休整。 夏四月，卫青率六将军再出定襄击匈奴，这次斩获万余人。但是，右将军苏建和前将军赵信所率三千骑兵在与匈奴的交战中却遭遇失败，赵信带领剩余的八百汉军投降了匈奴。

元狩二年（公元前121年）春，骠骑将军霍去病率万余骑兵出陇西，击匈奴，转战六日，行过焉支山千余里，杀折兰王，斩卢侯王，捕获浑邪王子及其相国都尉等，杀敌八千九百余人，收休屠王祭天金人而还。这年夏天，霍去病再率数万骑兵出北地（郡治在今甘肃庆阳西北），行过居延（今内蒙古额济纳旗东南），直到祁连山，捕得单桓王等首领及降者二千五百余人，斩杀三万余人。此时，匈奴攻入雁门，杀略汉境吏民数百人。而受令出击的汉朝将军李广在途中与匈奴四万骑兵相遇，日夜搏战，斩敌三千余。获接应后，李广单身破围而还，却尽失其军士四千人。

元狩四年（公元前119年）夏，卫青与霍去病各以五万骑兵分头出汉境攻击匈奴，后属接应的步兵达数十万人。卫青由定襄出千余里，在漠北包围了单于，单于逃逸，汉军一直追到阗颜山（今蒙古国杭爱山南），斩获一万九千余人，大胜而归。霍去病由代郡（郡治在今河北蔚县西南）出二千余里，越过大漠，与匈奴左贤王激战，俘获匈奴王侯等八十三人，斩获七万余人，于是登狼居胥山（今蒙古国境内肯特山）祭天庆功，刻石纪念，大胜而归。这是汉军一次最大规模的出击，取得的战果也相当可观。然而汉军也为这次越过大漠的远征之战付出了惨重的代价，史载："两军之出塞，塞阅官及私马凡十四万匹，而复入塞者不满三万匹。"（《资治通鉴》卷十九）即回来的马匹连四分之一都不到，人员伤亡也就可想而知了。

武帝一面与匈奴进行持久的战争，一面根据战争情况来构筑边防。这种战略支持了汉军的出击，巩固了汉军获得的胜利。如元朔二年当卫青等收复黄河以南之地，武帝于是建立朔方郡（郡治在今内蒙古杭锦西北）和五原郡（郡治在今内蒙古包头西北），并召募内地民众十万人徙居朔方，以为边防。如元狩二年的秋天，匈奴昆邪王杀休屠王而带领四万余部属投降汉朝，武帝在昆邪王和休屠王原来的领地设武威郡（郡治在今甘肃武威）和酒泉郡（郡治在今甘肃酒泉），而将昆邪王带领降汉的徒众迁徙而分居于陇西（郡治在今甘肃临洮）、北地、上郡（郡治在今陕西榆林）、朔方、云中故塞之外，命为五属国，以守汉境。然后从内地徙民数十万人居武威和酒泉等地以巩固边防。因此，尽管终武帝之世汉与匈奴的战争并未停息，双方各有胜负，但是汉朝的边地防守逐步得到加强，而匈奴则失去了不少的属众和领地，活动范围在不断缩小。这时东边的乌桓已经降汉，西域诸国也大半被汉朝收纳，匈奴不仅因为战争而人员和牲畜都损失巨大，又遇上了天灾人祸，力量确实大大削弱，不得不退居漠北，养伤蓄锐以图恢复。武帝元鼎六年（公元前 111 年），汉将公孙贺与赵破奴分头出塞进击匈奴，行有二千余里，却没有遇见一个匈奴人，于是撤军还朝。此后，武帝鉴于匈奴已经北去，边地相对稳定，就将武威和酒泉之地分出再置张掖、敦煌两郡，从内地徙民入居，充实和加强了西北边境的守卫，下令"毋乏武备而已"（《资治通鉴》卷二十二），不再派军出塞征战。

三、宣帝刘询的政策调整

武帝时期的战争，北征匈奴，南伐南越，既讨朝鲜，又开西域，国家耗费巨大，人员牺牲惨重。汉军的战斗胜利虽然逼迫匈奴退居漠北，增强了边境的防卫和安全，但是，汉朝实力也因此大大削弱。《资治通鉴》卷十九记武帝在位时年年征发十余万兵士进击匈奴，又以赏赐黄金来刺激将士奋勇杀敌，数年间兵士马匹死者十余万，国家经费竭尽不支。元朔六年（公元前 123），武帝不得已向全国发布诏令，允许民众以钱买爵位或赎罪刑，借以筹措经费三十余万金来继续战争。及至武帝末年，“海内虚耗，户口减半”（《资治通鉴》卷二十二），汉朝社会不再是刘彻即位时的富庶模样。

这样，武帝死，昭帝即位；昭帝死，宣帝即位。昭宣两帝在位期间都调整了政治治理的指导思想，再次采取“与民休息”的政策，薄赋税，减徭役，再次与匈奴一面作战，一面修复和亲，借以养民聚财，恢复国家实力。尤其是宣帝刘询对匈奴的绥靖和柔之策取得了显著的成绩。

宣帝刘询是武帝的曾孙，婴儿时因为家庭的变故而陷于监狱，后又流落民间。在长大成人的过程中，他亲身体察过百姓的赋税徭役之苦，即位以后，能够以克制的政治态度和灵活的外交手段来处理战争之事，表现出与武帝不一样的政治姿态。他在即位的第四年曾下诏罪己：“朕既不德，不能附远，是以边境屯戍未息。今复饬兵重屯，久劳百姓，非所以绥天下也。”（《汉书·宣帝纪》）于是，宣帝宣布罢去部分边境上的屯守，使兵士重返家园。

宣帝在处理与少数民族关系时，并没有完全停止使用战争手段。当时汉与匈奴、莎车、西羌等打过几次大仗。因有前期战争的声威在，加以指挥得法，这些战斗都取得了程度不同的胜利。如宣帝即位的第二年（公元前 72

年）的秋天，先是匈奴连年侵扰汉境，这时又欺凌乌孙，乌孙向汉求救，于是汉朝调发五将军集结兵力十五万余人，分路出塞进击匈奴。匈奴闻知汉军大出，便驱赶牛羊远遁而去。这次出击，汉军保护了乌孙，赶走了匈奴，斩获的数量不是太多，但分路而进的冯奉世之击莎车，赵充国之击西羌，汉军都是全面胜利，凯旋而归。因而汉军在西域可谓声威大振。

汉宣帝

而对于可打可不打的仗，宣帝则宁可不打。如元康二年（公元前64年）匈奴攻击车师，汉朝西域都护郑吉率军救援，却被匈奴围困。报告传来，宣帝就准备出兵攻击匈奴的右方以解车师之围，并将匈奴彻底赶出西域。大臣魏相则举出了三条理由表示反对：一、匈奴所争者是车师之田，不是汉朝土地，故不是与汉为敌；二、匈奴近年来不断向汉朝释放善意，愿意重讲和亲，汉朝应当接受而不要再开争衅；三、汉境边民困乏，人怀愁苦，也不利于开战。结果宣帝接受了魏相的意见，改变原来出击匈奴右方的作战部署，而决定派出将军去解围，救出郑吉等人，另立车师太子为王，徙其民于渠犂，再建一个车师国，而将原来的车师之地让与匈奴。宣帝这样的处置，不仅避免了大规模战争所造成的杀戮，保护了汉在西域的属国车师，维护了汉在西域诸小国中的威信，也缓解了汉与匈奴的紧张关系，更为重要的是让匈奴知道汉军可打而不打，从而感怀汉朝的宽大与友好。当然，这样的处置也避免了汉朝要为战争所付出的代价。

宣帝的政策改善了汉与匈奴的关系。当武帝在连续取得打击匈奴的胜利之后，曾在元封元年（公元前110年）率骑兵十八万巡行北方诸郡，出长城，登单于台，以宣示汉朝的威严，并派出使者劝说匈奴单于“南面而臣于汉”。结果，单于大怒，杀了引见汉使的匈奴官员，扣留汉使而流放于北海之上。后来武帝又派出使者至匈奴，劝单于以太子入长安为质，与汉朝重开和亲，同样招致单于愤怒的拒绝：“令吾太子为质，无几矣！”（《史记·匈奴列传》）声言“这是不可能的”。及至宣帝时，宣帝的姿态缓和了汉与匈奴的仇恨，而这时的匈奴内部也正处于纷争攘扰之中，接连有部属南下降汉，于是单于不仅愿意与汉和亲，更主动派出自己的子弟入长安朝见，并留住长安，奉侍皇帝，成为名义上的客人和实质上的人质。此据《汉书》及《资治通鉴》的相关记载整理宣帝在位时期匈奴派遣使者进入长安朝见的纪录如下：

神爵二年（公元前 60 年），匈奴虚闾权渠单于派题王都犁胡次等入汉奉献，贺正月。

神爵四年（公元前 58 年）五月，匈奴握衍朐鞮单于派其弟呼留若王胜之入汉朝见。

五凤四年（公元前 54 年）春，匈奴单于称臣，派其弟谷蠡王入侍。（《资治通鉴》卷二十七《考异》：“时匈奴有三单于，不知此单于为谁也。”）

甘露元年（公元前 53 年）春，匈奴呼韩邪单于派其子右贤王铢娄渠堂入侍。

同年冬，匈奴郅支单于也遣其弟左贤王来朝贺，并以其子右大将驹于利受入侍。

甘露二年（公元前 52 年）冬十二月，呼韩邪单于到五原塞下，表示愿奉珍宝到汉朝贺正月。

甘露三年（公元前 51 年）春正月，匈奴呼韩邪单于来朝，赞谒称藩臣而不名。这一年郅支单于也派出使者奉献汉朝。

甘露四年（公元前 50 年），呼韩邪和郅支两位单于都派出使者入汉朝奉献，呼韩邪的使者则受到汉朝的优待。

黄龙元年（公元前 49 年）春正月，匈奴呼韩邪单于来朝正月，二月返回匈奴。

据此记录可以看出，在宣帝时期，匈奴与汉朝的关系是越走越近，朝拜的次数是越来越频繁，尤其是呼韩邪单于，态度殷勤，礼数有加，更是获得汉朝的好感。而从甘露元年开始的朝正月之举，表示匈奴单于愿意接受汉人礼俗，到长安朝拜元旦，庆贺汉朝皇帝的新年。这就是当年武帝想做而没有做到的事情：匈奴成为汉朝的藩国，以汉为正统，"南面称臣于汉"。因此，班固在《汉书·宣帝纪》末称赞说："遭值匈奴乖乱，推亡固存，信威北夷，稽首称臣"，充分肯定宣帝的政绩而以他为汉朝的中兴之主。

四、元帝刘奭的胜利

宣帝死于黄龙元年（公元前49年）十二月，其子刘奭即位，谥号元帝。元帝继续宣帝的外交政策，政治姿态更加柔和。如初元三年（公元前46年）春，武帝时发兵征服而纳入版图的南方珠崖郡再次反叛汉朝，大臣们主张出兵镇压，但是元帝最终采纳了贾捐之的意见，宁弃珠崖之地，不屠民众生命。而在元帝即位的当年（公元前48年），匈奴呼韩邪单于上书称民众缺粮，向汉朝求援。而这一年关东等地遭遇水灾，也需要转运他地粮食来作救援。就在这种粮食调运紧张的情况下，元帝依然应允了呼韩邪单于的请求，下令从云中、五原两郡转运粮食二万斛供给匈奴，以活其民众，解其危难。

这时匈奴内乱，呼韩邪单于与郅支单于两相对峙，呼韩邪得到汉朝的支持较多，郅支不满，于是请求元帝送还在长安作侍子的儿子。元帝没有采纳大臣中主张拒绝的意见，依然派出谷吉为使者去送郅支之子。当谷吉送单于之子进入匈奴后，郅支却杀死了谷吉，然后率部徙往西域，在那里与康居联合。郅支在西域，既离叛汉朝而态度傲慢，又欺凌周边小国，强迫它们献纳财物，行为十分霸道而残忍。公元前36年，汉朝西域都护甘延寿与其副手陈汤发兵斩杀郅支单于，割下他的头颅，传送到长安。

已经迁到漠北单于庭的呼韩邪听说郅支被杀，又喜又惧，喜的是对手已经消灭，此后的草原大漠就是自己的天下；惧的是汉朝威力强大，自己必须小心行事以避免郅支的下场。于是上书请求到长安去朝见汉元帝。公元前33年春正月，呼韩邪单于到达长安，主动提出愿作汉朝女婿以加强两族的感情。于是元帝以"后宫良家子王嫱字昭君赐单于"（《汉书·匈奴传》），而改年号为竟宁。

汉代皇帝十分重视年号，视之为天意的象征，标志着政治的安危，每每因为吉凶征兆而更变年号。元帝所改年号之"竟宁"，其意思有两种解释：一说"竟"作边境讲，意为从此边境安宁；一说"竟"作终于讲，说是汉与匈奴多年的争乱至此终于结束而得到永久的安宁。其实这两种解释都符合字面意思，意义都很好，并不发生矛盾，完全可以并存。

此前汉朝嫁与匈奴的女子，名义上都是皇帝的下一代，嫁为阏氏后，依照汉朝礼节，皇帝就是匈奴单于的岳父，而单于就成了汉朝皇帝的女婿，彼此是岳父与女婿的上下两代的关系。如果汉公主为单于生子，而又继位作了单于，这单于就是汉朝皇帝的外孙，彼此就是外祖父与孙儿的关系。这正是

汉元帝　石夫、姚耐绘（《昭君出塞》，福建人民出版社 1983 年版）

当年娄敬为刘邦设计和亲之策时的想法："岂尝闻外孙敢与大父抗礼者哉！"然而娄敬有所不知，尊卑有别，上下有礼，故卑不敢犯尊，下不敢犯上，这只是汉人的伦理道德，匈奴人是不理睬这一套的。匈奴人愿意和亲，图的是汉朝的财物和美女，并不在乎汉人所谓尊卑上下的辈分。而汉朝虽然后来也明白了匈奴礼俗是不拘辈分的，但是汉朝却不能不讲这辈分，毕竟和亲多多少少有损汉朝尊严，所以一定要借此来维系大汉天子的地位和自尊。因此，自刘邦开始的和亲，嫁与匈奴的女子也好，嫁与乌孙的女子也好，汉朝皇帝都是以父亲的身份出现，而以匈奴单于、乌孙国王为儿子辈。

自汉朝而开启的和亲政治，后来的王朝均有所继承与发扬，如唐太宗时有文成公主嫁吐蕃赞普松赞干布，而元清时代的和亲事例更多，已是处理民族关系的一项重要政策。不过，但凡中原政权与他族和亲，皇帝们都同样遵循刘邦所建立的模式，不管是嫁以亲生的女儿，还是另选他人充作自己的女儿，都是冠以公主之称，这样就使得中原皇帝始终居于岳父的尊位，而以嫁予者为子辈。只有汉元帝刘奭没有遵行旧规。

这一次和亲，虽然呼韩邪单于主动提出遵行汉人之例而愿意作汉朝皇帝的女婿，但是汉元帝却打破陈规，不再是以下一辈的公主嫁与单于，而是从自己的后宫中选出那注定要成为自己妻子而还没有实践夫妻行为的女子送给了呼韩邪单于。元帝此举，是给予了呼韩邪单于兄弟般的尊重。如此一来，汉与匈奴不再是翁婿的两辈人，而是平等的兄弟手足，真正实现了约为兄弟的盟誓。这是自汉与匈奴和亲长达百余年以来，汉朝皇帝第一次以平等的态度，以兄弟的情谊，来对待匈奴单于。元帝这一前所未有的举动令呼韩邪单于非常感动，非常高兴，他上书表示愿意为汉朝守卫边防，从东边的上谷起，直到西边的敦煌以外，保证汉朝北部数千里的边境安宁无事，"以休天子人民"，愿匈奴与汉朝友好，世世不衰，传之无穷。虽然元帝出于警惕没有接受呼韩邪的建议，却还是一方面大大地奖励呼韩邪单于的"乡慕礼义，所以为民计者甚厚，此长久之策也”（《汉书》卷九十四下），另一方面则好言劝慰宽释，免得呼韩邪单于因好意被拒而生出疑忌，破坏了这种友好亲睦的关系。

总之，汉朝与匈奴，从高祖刘邦时的被迫和亲，到武帝时的激烈战争，而经过宣帝时期的绥靖安抚，至元帝而终于实现了两族的和睦友好。这一政治成果经历了百余年的时间才终于完成，其间多少艰辛，多少曲折，多少鲜血洒在那东西跨度数千里的土地上，又有多少不能回家的幽灵飘泊在那东西跨度数千里的时空里。现在，两族实现了和睦亲好，也就足以告慰这些飘泊的幽灵，而让友谊之花在曾经淋洒过鲜血的土地上盛放。这是一件伟大而卓绝的历史功绩，值得人们永远铭记。

王昭君，这位从偏远的兴山来到长安皇宫的女子，亲身参与了这一重要的历史事件，成为汉朝与匈奴的历史关系转折点上的见证人。此时，她将要再度踏上征途，继续北上，从繁华的京城长安走向茫茫草原，浩浩戈壁，去到一个完全陌生的环境里，穿皮衣，饮奶浆，住毡房，去做匈奴单于的阏氏。

第四章　匈奴呼韩邪单于的胜利

匈奴是一个古老的游牧民族，曾被称为“猃狁”、“荤粥”等。匈奴民族没有自己的文字。经过长期的混战，一部分匈奴人进入了中原，他们崇敬汉族的文化，学习汉语，并直接采用汉字，甚至以汉化为自己民族发展的方向，致使他们的民族名称最终淹没在中国历史的长河之中，而那西行远去并进入欧洲的一支匈奴人则开始重新书写自己的民族史。因此，我们今天要讨论王昭君与呼韩邪单于的结亲而追述匈奴的史事，依据的基本上都是汉人的典籍记载。

西周时期，当时被称为“猃狁”的匈奴就已经与生活在黄河流域的农业民族有了比较密切的往来，而战争则是他们与农业民族交往的主要方式。这个马背上的民族，剽悍、雄健、豪爽，善于骑射，常常从大漠南下去掳掠黄河流域的农业民族，夺其财物为己有，驱其民众为奴隶。那时黄河流域的农业民族以华夏族为主，他们是后来汉族的先民。每当受到游牧民族的进犯时，华夏人就不得不拿起武器来捍卫家园，也因此而破坏了日常平静的田园生活。在他们的歌唱中，一面是战斗豪情的抒发：“猃狁孔炽，我是用急”；“薄伐猃狁，至于太原”（《诗经·小雅·六月》）；一面则是离别悲伤的怨诉：“靡室靡家，猃狁之故。不遑起居，猃狁之故。”（《诗经·小雅·采薇》）因此在早期的华夏与猃狁的交往过程中，华夏族基本上都处于这种被动的交往状态。

虽然与猃狁之间的交往居于被动状态，但经历了春秋而进入战国时期的华夏各国一直处在走向统一的历史进程之中，其政治、经济、军事力量伴随着统一进程而不断地上升，不断地加强，也不断地以先进的文化吸引着四方的少数民族加入华夏的队伍，直到公元前 221 年秦始皇最终实现中国的统一。于是，原来的华夏改称为“秦人”，进入汉朝以后渐渐改称为“汉人”，原来的猃狁、荤粥也被称作“匈奴”。而在当时诸多的少数民族中，匈奴的东边有乌桓、鲜卑、林胡等，西边有乌孙、月氏、康居等，他们的地盘彼此交错，实力不相上下，冲突不断发生，交战更是常事，自身的社会发展进程基本上停滞不前，也就难以与实现了统一的秦朝争锋。当秦始皇派蒙恬以三十万大军进击匈奴，改变了长期以来的被动状态，并赢得了胜利，匈奴人也就向北迁徙，与汉境隔离有十余年的时间。当秦亡而楚汉战争的烽火燃起时，他们在新的领袖冒顿单于的率领之下，再度驱马南下，鞭指黄河，与汉族之间揭开了交往的新篇章。

一、冒顿单于与匈奴的崛起

据《史记·匈奴列传》记载，匈奴族的历史虽然可以上溯到夏商时代，但可以明其年代、理其世系的历史则始于头曼单于。

公元前三世纪时，深受头曼单于宠爱的阏氏生了儿子，头曼单于想废掉原来的太子冒顿而扶持幼子，就把冒顿送到月氏去作人质。等冒顿到达月氏之后，头曼却急速发兵去攻打月氏，被激怒的月氏首领就要杀掉人质冒顿。然而身处险境的冒顿却偷得月氏人的骏马逃回了匈奴。性情豪爽的头曼单于并不因为废立计划失败而懊恼或担心，反而欣赏冒顿的英勇机警，给了他一万骑兵去做统领。

冒顿拥有了这一万骑兵以后，就训练他们必须绝对服从自己的命令。他用一种射出后在空中飞行而发出呼啸声的鸣镝箭为号令，要求部下：凡鸣镝之所向，万箭齐发，不从者即斩。他曾以鸣镝射自己的爱马，射自己的爱妻，来训练统辖的骑兵，只要有人不随其鸣镝所射，当即杀掉。当确信部下对他的命令在任何情况下都能做到绝对服从之时，冒顿便乘打猎之时，将鸣镝箭射向了自己的父亲——匈奴单于头曼，而他的部下紧随其后放箭齐射，于是头曼死，冒顿成为单于。即位后的冒顿单于尽杀其后母、弟弟以及不愿服从的大臣，将匈奴的统领权抓到了自己的手中。这一年是公元前 209 年。

杀父即位的冒顿深知自己既缺乏匈奴内部贵族们的拥戴，又面临着周边众多不同部族的威胁，因此，巩固自己的权力与发展匈奴的的势力其实是同一问题的两个方面。这时的东胡族势力强盛，趁冒顿初任单于而地位未稳，派出使者向冒顿索要头曼单于的千里马。冒顿询问大臣意见，众臣都说不可给，因为这是匈奴的宝马啊。可是冒顿说：“与人作邻居，岂有因一匹马而伤和气的？”就将这匹千里马送给了东胡人。东胡的首领因此认为冒顿软弱，再次派出使者来到匈奴，说是想得到单于的一位阏氏为妻。冒顿又征求诸位大臣的意见，大臣们非常愤怒，认为这是对匈奴的侮辱，应该出兵攻打以申威雪耻。可是冒顿却说：“与人作邻居，岂有因一女子而伤和气的？”就将自己所宠爱的一位阏氏送给了东胡。于是东胡的首领更加傲慢，便向西推进侵犯匈奴边境，并派出使者要求冒顿退出两族边境之间的中间地带，而宣称此处的全部土地都归属于东胡。冒顿又征求诸位大臣的意见，有的大臣主张不可退让，有的大臣却主张让出算了：“本来就是弃置无人的土地，让给东胡也无所谓啦。”冒顿闻言大怒：“土地是国家之本，岂可让与他人！”于是尽斩主张让地的大臣，号令国中所有能骑马征战者迅速集合，落后者斩。冒顿跃身上马，亲自率领集合起来的大军连夜奔驰而袭击东胡。向冒顿索要宝马和美女而轻易获取的东胡，以为这次同样能够不费吹灰之力而得到土地，因此松懈惰怠，对匈奴全无戒备。等到冒顿兵至，东胡一击便破，东胡王被杀死，其民众和畜产被全部掳为匈奴所有。冒顿首次出战即大获全胜。

借着战胜东胡的凌厉气势，冒顿又向西击破月氏，向南吞并了楼烦王和白羊王的部属，并将当年蒙恬所夺取的河南之地悉数收回，率领匈奴再度回到阴山之南的旧地。此后冒顿单于领属控弦之士三十万，继续向北征服了浑庾、屈射、丁零等小国，并使生活于西域的诸多弱小民族，如楼兰、乌孙、呼揭以及旁近的二十六国，都成为匈奴的附属（《史记·匈奴列传》）。在那里，匈奴设置了僮仆都尉，强令诸多的小国向他们交纳赋税和贡品。在冒顿单于的统领之下，匈奴成为北方大漠上的强国，控制地域向东伸向今天的辽河，向西至于葱岭，向北到达贝加尔湖，向南则可出入汉境的长城。于是匈奴贵族无不佩服冒顿，对他尊敬无比，认为他是匈奴单于中的贤能之王。

冒顿时代的匈奴空前强大，他们回到了阴山南部的旧地，不时越过长城，进入汉朝的边郡，掳获民众，抢劫财物。而汉高祖刘邦先是忙于与项羽争夺天下，后是忙于平定诸侯，巩固权力，顾不上应对匈奴人在边境上的扰掠。而白登之围则使刘邦意识到，无论是对内还是对外，都不能轻视匈奴这个北方强敌。既然汉朝还没拥有对付这个马上民族的实力，刘邦就最终采取了与匈奴和亲的政策，以退让来换取和平。而这种退让无疑更强化了冒顿单于的威武权力。刘邦死，吕后执政，冒顿单于写信给吕后，对丧夫的吕后表示同情，并建议说，自己

单于金冠饰　宁平摄于昭君博物院

生长于平野牛马之地，愿意游览物质富饶的中国，既然吕后现在是单身一人，何不两国君主一起来乐一乐呢？吕后读信大怒，与大臣们商议要斩杀匈奴使者，出兵匈奴，申威雪耻。然而汉朝正是国君新丧、诸事待定之时，不能分兵于外，君臣商议的结果是，无须与不懂礼仪的匈奴计较。吕后于是派出使者携带着作为礼物赠送的车马与一封辞气婉微的信件去回答冒顿，主张两国继续实行和亲政策，继续以财物和美女安抚匈奴，为汉政权的巩固换取时间。

冒顿单于在位三十五年，死于公元前 174 年。其子稽粥即位，号老上单于，在位十五年。公元前 158 年，老上单于死，子军臣单于立。

在冒顿单于所创立的事业基础上，老上和军臣两代单于继续扩张匈奴的活动地域，匈奴的势力越来越强大。老上单于进攻居住在今天河西走廊的月氏，斩其君主，割其头颅，治为酒具，逼迫大月氏离开世代生活的地域，向西迁移到大夏的地盘，重新建立家园。势盛力强的匈奴更是不断地越过长城，进入汉朝边境，视掳掠为迅速增殖财富的捷径。虽然汉朝与匈奴早已签订和亲之约，但是匈奴并不以和亲为约束，而是将和亲作为掳掠之后修补、缓和与汉朝关系的政治手段，便于掳掠之时就径直掳掠，不便掳掠之时就开和亲之议，二者同以获取汉地财物为目的。吕后执政时，匈奴三入陇西，攻城屠邑，驱掠畜产，使汉地民气大丧。文帝在位期间，老上单于多次侵入汉朝北境，云中、辽东两郡遭遇最为惨重，杀掠往往多至万余人。文帝十四年（公元前 166 年）冬，匈奴十四万骑兵从朝那萧关（今甘肃固原东南）攻入汉境，杀死北地郡的都尉，大肆掳掠人民畜产，并派出奇兵烧毁汉之回中宫，先锋直驰抵达雍之甘泉山，战火逼近长安。后元六年（公元前 158 年）冬，军臣单于派出三万骑兵入上郡，三万骑兵入云中，烧杀掳夺，烽火直通长安告急。景帝中元六年（公元前 144 年），匈奴骑兵从雁门进入，直至武泉，再入上郡，闯入汉朝的国家养马场掠夺马匹，攻卫之间，汉朝吏卒战死者二千余人。匈奴之于汉境，正所谓“小入则小利，大入则大利”（《汉书》卷四十九），使得汉朝政府深感威胁和困扰。虽然汉的朝廷之上也曾数次商议出兵之事，最终还是迫于国内安稳未定，慑于匈奴威猛强悍，只能重申和亲之议来求得短暂的和平。

从冒顿单于而经老上和军臣两代单于，匈奴的发展达到鼎盛。军臣单于时期，匈奴既拥有了前所未有的强势，却也出现了一些麻烦的端倪，透现出盛极必衰的征兆。匈奴历史的转折由此而开始。

二、单于庭的北迁

根据匈奴史学者的研究，王昭君嫁呼韩邪所去的单于庭在今天蒙古国境内乌兰巴托附近。但是，这并不是匈奴初始的单于庭之所在。匈奴的单于庭是以单于所在为标志，但也有相对稳定的地点。经过文献的梳理与考察可以知道，匈奴的单于庭随着匈奴与汉之关系的变化而有一个迁移的过程。这事儿还得从冒顿单于说起。

冒顿单于是匈奴的英雄。他不仅开拓了匈奴发展的前景，也使匈奴的组织形式更加严密而为匈奴的强大奠定了基础。匈奴人活动于东西跨度数千里的大漠之上，为便于统领，以单于为首，分为三部：单于居中央之地，建有单于庭。东部由左贤王统领，西部由右贤王统领，左贤王的地位要高于右贤王。单于和贤王之下，分别设有左右谷蠡王、左右大将、左右大都尉、左右大当户，左右骨都侯。自左右贤王以下到当户，大者统领万骑，小者统领数千骑，一共有二十四位长官，立号称“万骑”。同样是左王领属其部众活动于东部地区，右王领属其部众活动于西部地区。这些官职都是世袭的贵族之职。诸多匈奴贵族之中，以呼衍氏、兰氏及须卜氏三姓最为高贵。

匈奴士兵骑射

如果以汉朝边境为参照，单于庭所对地域即汉境的代郡、云中郡一带。左贤王所统领的东部相对于汉境的上谷和辽东两郡向东延伸，右贤王所统领的西部则相对于汉境的朔方郡和北地郡向西延伸。每年正月，各地王侯要小会于单于庭；五月则大会于茏城祭祀天地鬼神和祖先；秋九月则大会蹛林，总计一年来人口和牲畜的增减，庆祝丰收。对于活动于广阔地域又游牧不定的匈奴人，这种例行的会集一方面建设和巩固着民族的文化传统，一方面也维系和加强着单于对分居辽阔地域的各级部属的统治。因此，会集单于庭是匈奴人的一件大事。单于庭既是匈奴政治权力的最高代表，也是匈奴族文化历史传统的象征之地。

在头曼单于时期，阴山之南是匈奴人活动的重要地带。阴山是大青山和狼山的总称，东西走向，长约千里有余。山北是辽阔无边的大漠，山南是草原和谷地，山脉间的宽谷则成为南北的通道。这里水草丰茂，树林苍郁，禽兽盛聚，无论是放牧牛羊，还是制造弓弩，都是一块取用方便又材料丰富的资源之地。倚仗阴山，善于骑射的匈奴人，既有资源之利，又有地形之便。

向南可直接进入河套地区去掳掠，被追赶时则可越过阴山进入大漠，摆脱不善骑射的汉朝追兵。还在战国末年，这里就已经是匈奴与华夏相互争夺的地带。《史记·匈奴列传》记载：秦置“陇西、北地、上郡，筑长城以距胡”；赵武灵王北破林胡、楼烦，“自代至阴山下至高阙为塞，而置云中、雁门、代郡”；燕国修长城，“自造阳至襄平，置上谷、渔阳、右北平、辽西、辽东郡以距胡”。东西相连的秦、赵、燕三国都为阴山下的匈奴所困，只能以长城这样的防卫工事来阻挡匈奴的进攻。当蒙恬奉秦始皇之命率三十万大军出击匈奴时，被打败的头曼单于率领族人离开阴山，向北迁徙七百余里，十余年的时间里不敢南下牧马。

当冒顿单于率领匈奴重返阴山之南，这里就是单于庭的所在。阴山向南与汉境相接，无论是匈奴进入汉境，还是两国间办理外交事宜，往来都很方便。如公元前200年冬，刘邦率大军出征投降匈奴的韩王信，驻在晋阳，前后派出十余批使者去责备收纳韩王信的冒顿单于，其实都是借机侦察敌情。如果双方的距离远至千里以上，十余批使者往返所需要的时间就会很长，自然不可依据这样的情报来判断敌情。而刘邦之所以在白登被围，就是由于相信了这些使者的报告，被一步一步地引诱北进。而当时冒顿单于所居的代谷，正是沿着阴山道南下而进入的桑干河谷。如公元前156年春天，景帝初即位，便派御史大夫陶青作为汉朝使者与匈奴军臣单于和亲，地点是“代下”——即与单于庭方位相当的代郡边城。后来当呼韩邪单于请求为汉朝守边而希望撤除边境上的汉军时，郎中侯应所提出的诸条反对理由中就曾说到：“臣闻北边塞至辽东，外有阴山，东西千余里，草木茂盛，多禽兽，本冒顿单于依阻其中，治作弓矢，来出为寇，是其苑囿也。”（《史记·匈奴列传》）明确指出冒顿时代的单于庭就在阴山之南。冒顿的继承者老上单于和军臣单于，他们的单于庭自然也在这里。

当汉武帝开始以征伐进击来解决匈奴问题时，与之交手的先是军臣单于。

匈奴武士

公元前126年，军臣单于死，其弟左谷蠡王伊稺斜自立为单于，发兵打败军臣单于的太子於单。於单投降了汉朝。而这时正是汉与匈奴激烈交战的时期，内部政治变故的发生显然不利于匈奴凝聚各个部属的力量，这是匈奴后来逐渐衰落而败于汉军的一个重要原因。

另一个重要的原因是，汉朝与匈奴的战争虽然双方互有胜负，而汉武帝所采取的策略严重打击了匈奴的西部力量。

匈奴所分三部之中，东部的活动范围是有限的。因为东部的延伸线只能止于大兴安岭以西，一旦进入山林，匈奴就失去了骑射的优势，这是一方面原因。另一方面，东部的乌桓本来就很强大，武帝时与汉朝关系不错，汉朝在此设有乌桓都尉以便两方联系，加之鲜卑族正在兴起，上升势头凶猛，他们都是阻止匈奴向东推进的力量。因此，匈奴与汉朝作战，打得赢就打，打不赢就跑，而逃逸的方向只能是向北或者往西。西部地域辽阔，多大碛沙漠，适宜于骑兵奔驰，加之西域的众多小国本来就是匈奴的附属，各国的兵力虽然不多，联合起来也很可观。因此，匈奴在此进退有据，可攻可防，西部是其非常重要的后方。

汉武帝刘彻在决心以武力来解决匈奴问题时，就充分地认识到，要打败匈奴，必先“断其右臂”。他一方面派出张骞等去联合西域的小国，说服他们共同抗击匈奴，一方面部署军事打击以西部为重。如元朔五年（公元前124年），卫青率三万骑兵出高阙（今内蒙古巴颜淖尔西北）进击右贤王，右贤王独与数百骑兵破围逃走，卫青等虏获右贤裨王等十余人，匈奴男女一万五千余人，牲畜数十百万头。又如元狩二年（公元前121年）春天，霍去病率万余骑兵出陇西，进击匈奴。这一仗，杀了折兰王和卢侯王，俘虏了浑邪王子及相国都尉等人，斩首八千九百余人，获得浑邪王祭天金人。这年夏天，卫青再次率军出击，攻下祁连，杀匈奴三万余人。次年，浑邪王率部众降汉。汉武帝在浑邪王的旧地设立武威、酒泉、张掖、敦煌四个边郡，以便统领。匈奴从此失去了焉支山和祁连山一带水草丰美的地盘，因此而伤心地唱道：“亡我祁连山，使我六畜不蕃息。失我焉支山，使我妇女无颜色。”（《史记正义·匈奴列传》）失去西部地盘，匈奴既不能向东进取，就只有两条路可以退走，一是继续向更远的西方驱进，一是掉头向北去建立根据地来蓄养力量。这是单于庭北迁的原因之一。

当匈奴单于庭设在阴山之南时，与汉境相距较近，匈奴人犯罪往往逃入汉境，而汉人犯罪也多逃入匈奴。这既是两国君主都犯难棘手的问题，却又促进了汉与匈奴之间的经济文化交流。虽然在冒顿、老上和军臣三代单于的时代，匈奴在军事上占据优势，但是对于汉朝文化的优越性，单于是了解而有所向往的。当时汉朝和亲送给匈奴的礼物有丝绸绣品、黄金饰物、酒粮食物以及铁制工具，边关贸易中匈奴人以畜牧品交换而得到的汉地物品也多为这些品类，时间一长，这些出自农业民族的漂亮、舒适、美味的物品和方便的工具自然会影响到以游牧为生的匈奴人的生活习惯。文帝时有宦者中行说投降了匈奴，不仅教会匈奴人如何统计辨识人众牲畜，更竭力劝说单于不要贪恋汉族的衣食，而要保持自己的文化传统，保持并发扬匈奴善于骑射的军事能力，并将汉人的军事知识传授给单于。武帝元朔六年（公元前123年），卫青击匈奴，前将军赵信兵败，率剩余的八百士卒投降了匈奴。赵信本是投降汉朝的匈奴人，故而熟悉双方的人情世故，伊穉斜单于得之大喜，将自己的姐姐嫁给赵信，给他仅次于单于的尊重和地位，并为他筑城，名为赵信城。于是赵信倾心尽力地为单于出谋划策以对付汉军。赵信所提出的一条重要的谋略就是劝伊穉斜将单于庭迁往漠北，不要靠近汉朝的边塞。这样，汉兵必须越过大漠作战，既力量疲惫，又补养困难，匈奴却能以逸待劳，击其困苦，胜算较大，而在自己的领地范围内作战，即使失败，也有利于重振旗鼓，况且，远离汉地边境就能保有独立的空间来维系与发展自己的文化。原为后方的西部既已不保，伊穉斜单于就接受了赵信的意见，越过大漠，将单于庭设置在今天蒙古国的乌兰巴托附近。

赵信的分析，不无道理，并且很快便得到了验证。元狩四年（公元前119年），武帝尽全国之力，令卫青与霍去病各率五万骑兵出塞，越过大漠进击匈奴，并征召私人马匹负载辎重以为运输，决心擒贼先擒王，要捕杀单于以绝后患。卫青出定襄，霍去病出代郡，都穿越了千余里的大漠，虽然戮杀匈奴八九万人，又烧毁了匈奴的赵信城，封狼居胥山以表战功，成果辉煌，但是伊穉斜单于却趁着大漠上的风沙突围而去，重新集结起队伍，汉军一离开，他就回到了单于庭，再树旗帜。这次大战使汉朝损失巨大，不仅是回来的马匹不到四分之一，士卒死亡数万人，而且国家的财力再也不能承受这样的战斗了，此后，汉朝也就“不复大出击匈奴矣”（《资治通鉴》卷十九）。

远离了汉朝边塞，匈奴单于庭的北迁，标志着匈奴与汉朝的战争进入一个新的阶段，也预示了匈奴的发展出现了新的因素。

三、单于们的混战断杀

单于庭北迁之后，匈奴的活动主要在浩瀚的大漠。既没有了阴山之南优裕的生活条件，也失去了阴山作为南北屏障的保护，而随着汉朝与匈奴战争的继续，匈奴的发展开始走上了下坡路。据史书记载，单于庭北迁之后，匈奴人每过阴山，没有不流泪哭泣的。这种哭泣，不仅是对于旧地的怀念，更因为阴山是匈奴往日辉煌的见证，而今却成了匈奴的伤心地，这哭泣自然包含着对本族现状与发展的忧心在其中。

伊穉斜单于在位十三年，死于公元前 114 年，子乌维单于继立。乌维单于在位十年，公元前 105 年死，其子继位，因为年少，号儿单于。儿单于在位三年，死在公元前 102 年，其子年幼，贵族们立其叔父、乌维单于的弟弟为句犁湖单于。句犁湖在位一年死，贵族们又立其弟为且鞮侯单于。且鞮侯在位五年死，其子继位，号狐鹿姑单于。这样，乌维单于的继承权就从其子而转移到了其弟，这就是匈奴后来分裂相残的原因。

公元前 85 年，狐鹿姑单于死。狐鹿姑单于有同父异母的弟弟任左大都尉，有才干，得人心，狐鹿姑的母亲担心左大都尉会成为单于的继承人，就私下里杀死了左大都尉。而狐鹿姑死的时候留下遗言：因为儿子年幼，所以指定弟弟右谷蠡王继任为单于。这显然触动了一些匈奴贵族的利益，于是狐鹿姑的妻子颛渠阏氏联合大臣卫律等隐瞒了单于的死讯，假传遗令，与贵族们签订盟约，立狐鹿姑的儿子为壶衍鞮单于。这样一来，被杀死的左大都尉的亲哥哥心怀怨恨，率部属远去，从此不肯朝会单于庭。而地位仅次于单于的左贤王，遗令指定的继承人右谷蠡王，同样因为新单于的建立而大为不满，怀抱怨恨，也率领自己的部众远去，不肯再参加单于庭的朝会。

三王及其部众的离开，削弱了单于的势力，也使匈奴的分裂公开化，导致匈奴与周边诸族的关系发生变化。如北边的丁零是原来臣服于匈奴的小族，这时就趁机叛离匈奴，而扩张自己的势力。西边的乌孙在得到汉朝的扶持之后，一直与匈奴不即不离地相持，这时更在汉宣帝的支持下，联合汉军发起与匈奴的大战，打得匈奴人落荒而逃。获胜的乌孙将所有的战利品都一股脑儿收入囊中，而使匈奴特别怨恨乌孙。公元前72年冬，匈奴壶衍鞮单于亲自率领万余骑兵攻打乌孙，掳获了一些老弱人众，却在回程途中遭遇大雪，冻死人畜不计其数。而这时，丁零乘机攻其北，乌桓入其东，乌孙击其西，三方所杀匈奴人众数万，掳去成千上万的马匹牛羊。战败加上饥寒交迫，这一个冬天，匈奴的人员死亡达十分之三，而畜产损失一半，原来臣服的小国纷纷叛离，匈奴联盟土崩瓦解。其后汉朝仅出三千骑兵分三路攻击匈奴，而匈奴全无还手之力，眼睁睁地看着汉人席卷着数千战俘胜利归去。昔日的强盛与此时的衰耗形成强烈对比，贵族们不得不重新考虑匈奴的出路。

汉朝骑兵

匈奴本以游牧为生，畜产增殖慢，资产积累少，故一有饥歉或遇到灾荒，往往通过掳掠作为补充。自与汉朝进行大规模战争以来，匈奴不仅是人员损失严重，奔走移徙之中，畜产堕胎也非常严重。这一时期又连连遇上天灾，如儿单于在位时遇大雪，畜产多冻死；狐鹿姑单于末年，雨雪连降数月，畜产死，人员疫病，谷稼不熟；壶衍鞮单于末年的大雪，人员和畜产俱损失惨重；其后四年又再度遭遇饥荒，人员畜产死亡达到了十之六七。天灾人祸交杂接踵，匈奴势力耗损严重，单于的领导权威受到质疑，从而引发内部政治矛盾的激化。

公元前68年，壶衍鞮单于死，弟弟左贤王即位，号虚闾权渠单于。虚闾权渠单于以右大将的女儿为大阏氏，宠爱和地位都置于壶衍鞮单于曾经尊宠的颛渠阏氏之上，于是颛渠阏氏的父亲左大且渠积怨在心。这时虚闾权渠单于鉴于匈奴现状正与大臣们商议与汉朝重开和亲之事，左大且渠就从中阻挠，使事情不能成功。在虚闾权渠在位的九年中，单于所统领的部属，降汉的降汉，叛离的叛离，匈奴面临着日益困窘的境况。而被虚闾权渠单于冷落的颛渠阏氏本与右贤王屠耆堂有私情，知道单于病重难起，就嘱咐右贤王率部众驻扎在单于庭附近，不要远去。右贤王屠耆堂是乌维单于的后裔，若要继任单于之位，就传承世系而言，不无合法性。于是颛渠阏氏就联合弟弟左大且渠都隆奇，趁着虚闾权渠死而诸贵族大臣还正在召集各地王侯来商议继立之事时，使右贤王屠耆堂率兵到达单于庭，凭借乌维后裔的名义，先下手为强，立其为单于，号握衍朐鞮单于。这一年是公元前60年。

握衍朐鞮单于即位后，尽杀前单于的用事大臣，而信任和重用颛渠阏氏的弟弟都隆奇，将任职的虚闾权渠单于的子弟亲信全部免除，而换上了自己的子弟亲信。他在单于庭大开杀戒，树立势力，引起诸多贵族们的不满，单于的威望和号召力都严重下降。

虚闾权渠单于的儿子们失去了单于的继承权，又受到握衍朐鞮单于的杀戮威胁，避难逃离单于庭，长子呼屠吾斯藏匿在民间，次子稽侯狦则投奔了岳父乌禅幕。乌禅幕就联合左地一些对握衍朐鞮单于强烈不满又深怀恐惧的贵族，共同推举稽侯狦为领袖，号称呼韩邪单于。呼韩邪单于凭借左地贵族的支持，发兵近五万人，向西进击握衍朐鞮。公元前58年，握衍朐鞮在战败后自杀，都隆奇逃归其弟右贤王之所，共立日逐王为屠耆单于。接着，西部的呼揭王自立为呼揭单于，右奥鞬王自立为车犁单于，乌藉都尉自立为乌藉单于，一时五单于同时并立，相互争斗。后来又有郅支单于和振闰单于的继起。一场自号单于而相互争杀的匈奴内战就此展开，匈奴完全陷于内部的混战厮杀，再也无力去挑战汉朝。

四、呼韩邪单于的胜利

公元前58年，握衍朐鞮单于战败自杀，由左部贵族拥立的呼韩邪率领部众到达单于庭。不久，由握衍朐鞮的弟弟右贤王和贵臣都奇隆支持的屠耆单于发兵数万袭击呼韩邪，呼韩邪战败，率部众东走，屠耆留居单于庭。

屠耆试图讨伐其他单于而重树单于庭的权威，下令左大将率四万骑兵防守东方的呼韩邪，自己则率领四万骑兵向西进击车犁单于等部。这场战斗，车犁败，屠耆胜。第二年，屠耆率六万骑兵东击呼韩邪，却被仅有四万兵力的呼韩邪击败，屠耆自杀。呼韩邪乘胜向西击败乌藉，而此前车犁已经率部归顺，于是呼韩邪重新回到了单于庭。这时的呼韩邪势力还很单薄，拥有部众不过数万人。

当左地贵族拥立呼韩邪为单于后，呼韩邪在民间找到了当年同样由单于庭逃难出来的哥哥呼屠吾斯，立为左谷蠡王。当呼韩邪第二次进入单于庭时，已经拥有部众的呼屠吾斯就在东部自立为郅支单于，而屠耆单于的堂弟又在西边自立为闰振单于，他们相互对峙而东西夹击，使位居单于庭的呼韩邪左右受敌。两年后，郅支击败闰振而并其部众，举兵进攻呼韩邪，呼韩邪战败退走，郅支遂占据了单于庭。

败走的呼韩邪单于与大臣们商议，此时郅支势力强大，独立抗衡显然不是其对手，因此接受了左伊秩訾王的建议，向汉朝称臣，希望借助于汉朝的援助来平定匈奴的内乱。呼韩邪率领自己的部众南下，在靠近汉的边境处驻扎下来，然后派自己的儿子右贤王铢娄渠堂入汉奉侍汉帝。郅支单于察觉了呼韩邪的意图，同样希望借助汉朝力量来巩固权力而消灭呼韩邪，于是也派出自己的儿子右大将驹于利入朝奉侍汉帝。这一年是汉宣帝甘露元年，公元前 53 年。

公元前 52 年的冬天，呼韩邪为了表示自己臣服汉朝的诚意，专程来到汉的边郡五原城下，向太守表达自己希望参加汉朝的正月庆贺，朝拜皇帝，献上新年的问候。这消息迅速地传递到了京城，宣帝召开御前会议，商议以何种礼仪来接待匈奴单于。自公元前 133 年马邑之战揭开汉朝与匈奴的战争大幕，至此已是八十年过去了，匈奴单于向汉朝称臣，表示归顺，从此不仅结束了战争，而且成为汉朝附属，这是汉朝外交史上的大事，如何接待显然也影响到此后的两方相处。那么，究竟是以对等的国家礼仪来接待，置于诸侯之上？还是以夷狄的臣属礼仪来接待，置于诸侯之下？宣帝的朝廷上有过一番激烈的争论。最终宣帝采纳了大臣萧望之的意见，决定“以客礼待之，令单于位在诸侯王上，赞谒称臣而不名”（《资治通鉴》卷二十七），给予匈奴单于既为臣属又不失体面的特别礼遇。

这次入朝，呼韩邪受到了前所未有的隆重欢迎。首先，宣帝派出了专程使者前去驻地迎接呼韩邪单于。其次，下令所经过的五原、朔方、西河、上郡、北地、冯翊六郡以及京城长安，每地派出二千骑兵陈列于道路两侧作为迎宾的仪仗队。第三，宣帝先在位于长安以北的甘泉宫（今陕西淳化西北）举行盛大的正月朝会，接见各地王侯，而使呼韩邪位列各地王侯之上，首先向宣帝道贺新年，并赐以厚礼。然后令使者引导呼韩邪先行而住宿于长平（今陕西泾阳西南）。第二天，宣帝经长平而过渭桥，进入长安，前来朝拜的各地王侯以及驻在长安的各国使臣都预先列队于渭水上的咸阳桥两侧，当宣帝的队列经过之时，咸阳桥上响起“万岁”的欢呼声，久久不息。这阵势，这场面，都使身在其中的呼韩邪深深地感受到大汉王朝的恢宏气势和隆重国威，于是自请留居塞下，为汉朝保卫受降城。汉朝作如此安排，既表示对呼韩邪入汉朝拜的重视，同时又借此向呼韩邪宣示大汉王朝的力量，看来收到了很好的效果。这次朝见，呼韩邪在长安住了一个来月，临行，宣帝又派出使者专程护送，从鸡鹿出塞后一直送达驻地，并留下兵力保护呼韩邪单于及其部属，又前后三次转运粮食总计三万四千斛，援助跟随呼韩邪单于南下而靠近汉地驻扎的匈奴民众。

呼韩邪受到汉朝如此礼遇，郅支单于不免心有忐忑。这一年，郅支虽然本人没有入汉朝拜，但派出了使者，送上了礼物。公元前 50 年，两位单于都派出使者到汉奉物献礼，而汉朝对待呼韩邪单于的使者则礼加一等。次年，呼韩邪单于再次入汉朝拜，再度得到宣帝的隆重接待。如此情形使得郅支单于一方面忌恨汉朝对呼韩邪的优待，一方面也认为呼韩邪既已南下归降汉朝，自己在漠北的领地也就不再受到威胁，于是率兵西征。郅支先是打败了自立为伊利目单于的屠耆的弟弟，继而攻打乌孙、乌揭、丁零、坚昆等小国，一旦获胜，则并其兵力，占其土地，继续向西进展。因为对汉朝支持呼韩邪的怨恨，郅支向汉朝要回了自己留在长安的儿子，却将护送其子的汉朝使者谷

“天降单于”汉瓦当

吉杀害，与汉朝彻底决裂。公元前36年冬，汉朝的西域都护校尉甘延寿与副校尉陈汤发兵攻打驻扎康居的郅支，大破其军，斩下郅支的头颅，传送长安。至此，西域安定，诸多小国都成为了汉朝的属国，而由汉朝的西域都护校尉统领。

当郅支离开单于庭而西进之后，南下的呼韩邪在汉朝的扶持下，民众越聚越多，实力逐渐增强，就想回到单于庭去树立自己的旗帜。这时，汉朝因为护送郅支之子的使者谷吉去后不知下落，不免有所担心，就派出使者将呼韩邪留在长安的儿子也送了回去，借以考察呼韩邪的动向。当使者获知呼韩邪有北迁单于庭之意，担心匈奴远去之后不便控制，就与呼韩邪等一起登上诺水的东山，杀白马，用当年老上单于用月氏王头颅制成的酒具同饮血酒，订立盟约："自今以来，汉与匈奴合为一家，世世毋得相诈相攻。有窃盗者，相报，行其诛，偿其物；有寇，发兵相助。汉与匈奴敢先背约者，受天不祥。令其世世子孙尽如盟。"（《汉书·匈奴传》）汉使此举的本意是不许呼韩邪北上，但是，在汉朝使者离开之后，呼韩邪还是率领自己的部众北上，越过大漠而回到了单于庭。自匈奴内部开始战乱纷争以来，这是呼韩邪第三次率领部属进驻单于庭。

当郅支被杀的消息传来，身居单于庭的呼韩邪是"且喜且惧"（《汉书·匈奴传》）。他虽然对于汉朝的威力更增一分忧心，却也深感庆幸和欢欣，最大的对手已被消灭，今后的匈奴就是自己的一统天下，自己在单于庭的地位已经确立。持续了二十余年的匈奴内乱终于以呼韩邪单于的胜利而告结束。

第五章　昭君请嫁

王昭君从兴山来到长安元帝的皇宫，时间是哪一年，无可查考，似乎也无关紧要。因为王昭君之所以在中国历史上成为了一个载入史册的人物，乃因为她是汉朝与匈奴和亲的见证，也是因为她成为呼韩邪单于的阏氏。不然，一个出生于远郡山野的少女，一个在皇宫中寂寞打发青春的少女，如果没有命运的转机，她恐怕只能如许多宫中的女子一样，生前空望帝王的眷爱，死后陪葬在帝王的陵寝。

元帝竟宁元年正月，即公元前 33 年的春天，匈奴呼韩邪单于入汉朝拜。这件事不仅是汉朝与匈奴关系史上的大事，也是王昭君个人一生命运的转折点。

当西部的郅支单于被杀，其头颅被传送到京城长安，在外国使节集中居住的稾街悬挂了十天，作为庆贺和警示。而远在漠北的呼韩邪单于自公元前 49 年入汉朝拜之后，已有十多年的时间没有入朝了。这时，“且喜且惧”的他向元帝上书，说明自己之所以这么多年都没有行朝见之礼，就是忧虑郅支的侵袭，现在郅支已灭，自己安心，愿到京城朝见皇帝，行君臣之礼。元帝回答同意，于是呼韩邪越过大漠南下入汉。在这一次的朝见中，汉人的王昭君与匈奴人的呼韩邪结缘而成为了夫妻，重开汉朝与匈奴已经停止了八十余年的和亲。

自高祖刘邦开和亲以来，派去和亲的女子，都是由皇帝在宗族之中来选定，所以这些女子无一不是刘姓。如刘邦因吕后不舍得自己的亲生女儿，就选派了宗室女顶着长公主的名义嫁给了冒顿；如文帝时派中行说送去嫁与老上单于的女子，是“宗室女翁主”；景帝时嫁与军臣单于的女子也是“翁主”；而武帝时为了笼络乌孙，作和亲之举，就选定侄儿江都王刘建的女儿，自己的侄孙女刘细君，封为乌孙公主嫁给昆莫。通观汉朝历史，送去和亲的女子都姓刘，只有姓王的昭君是个例外。原因正是前面已经谈到过的，呼韩邪对汉朝有诚意，一改前辈单于的态度，放下尊严，自愿成为汉朝的臣属和女婿，而汉元帝则以诚意回报匈奴，虽然以“赐”而强调了彼此的君臣关系，却不再以低辈分的侄女一类嫁与单于，而是从自己的后宫挑选女子，在感情上，真正地把呼韩邪当作了平辈的兄弟。如果没有元帝的这份诚意和这种决定，无论和亲对于这些女子本人是幸还是不幸，身为后宫女子的王昭君是完全没有出塞和亲的可能性的。

那么，在元帝决定要从后宫中挑选女子和亲嫁给匈奴单于时，在众多的后宫女子之中，王昭君是如何成为“这一个”的呢？

最早记载此事的班固《汉书》说是“赐单于待诏掖庭王樯为阏氏”。后来的范晔《后汉书》则说是“昭君入宫数岁，不得见御，积悲怨，乃请掖庭令求行”。故历来研究者探索讨论昭君之和亲嫁给单于，就有“赐婚”与“自请”两种说法。

这两种说法，对于理解昭君其人，区别很大。就昭君本人来说，如果是赐婚，她就是被指定或选定的后宫女子，完全没有自己的意愿，只能服服帖帖地接受皇帝的命令，视此为自己无法抗拒的命运。如果是自请，那她就有着自己的想法，出塞和亲就出于她本人的意愿。那么，无论这出塞和亲是天堂还是地狱，她都是毫不犹豫地纵身跳了进去，为自己的命运做出了选择。

由于史料无载，我们没有确凿的史料来考证昭君的和亲究竟是被选，还是自请。不过，人同此心，心同此情，千古之下，不妨遥想当年。依据历史传存的点点滴滴，采以为据，可以做出一些推论，以求去接近历史的真相。这一章，我们将就两种说法作出考察，以申明昭君的自请之说。

一、赐婚说

虽然赐婚说与自请说对于昭君本人的意味全然不同，但是，如果就历史事实而言，赐婚说与自请说并不矛盾。

这时的匈奴已经自认是汉朝的属国。宣帝甘露三年呼韩邪第一次入汉朝拜时，朝廷就议定了赞谒“称藩臣而不名”的礼节。元帝时依然如此。汉代礼仪，臣属在宫廷之上，称皇帝为“陛下”表示恭敬，自称则谓“臣某”，即以所任官职加本名表示逊退。宣帝时议定匈奴单于朝见的礼仪是称臣而不称名，既表示接纳匈奴单于为臣属，又表示嘉奖单于而给予优待。因此，和亲之议一旦决定，如果人选是公主，那皇帝与单于就是岳父与女婿的关系，对于汉朝来说，这就是“嫁”，而不是“赐”；而只要嫁与单于的女子不是公主，双方既为君臣，这女子就是皇帝赐与单于的妻子。在这种情况下，无论昭君是否有过自请之举，她与呼韩邪的结合都是元帝的赐婚。所以，即使是范晔在《后汉书》中提出了昭君自请说，也并没有否定赐婚的说法。

汉宫春晓图（局部）［明］仇英画作

因此，赐婚说只是强调了汉朝与匈奴的君臣关系，并没有说明在众多的后宫女子之中，为什么是王昭君成为了赐给呼韩邪单于的礼物。

那么，后宫中的女子都是元帝的属从，陪侍于元帝的身边，王昭君有没有可能是元帝亲自挑选的呢?

前面谈到过，西汉宫庭中的女子分为两类，有爵位职号者都是皇帝御幸过的女子，皇帝没有御幸过的女子则只有官位而没有职号。《汉书·后戚传》记录了这一类女官的名号与俸禄：五官，秩同于三百石；顺常，秩同于二百石；无涓、共和、娱灵、保林、良使、夜者，秩皆同于百石；上家人子和中家人子，秩同于斗食。这里的秩同于三百石、二百石、百石等，都是相比于政府官员而言宫中女官的等级和收入。《汉书》说：“五官以下，葬司马门外。”这就是说，那些皇帝御幸过而有爵位职号的女官，死后要葬在皇帝的陵园之内，而这些没有得到皇帝御幸也没有职号的女官，死后则要葬在皇帝陵寝的司马门之外。司马门是进入皇帝陵园的外门，无论何等地位的人，到此均要下马步行。葬在司马门外，就等于是葬在皇帝陵园的墙外边。故后宫中的女子，生前地位不等，死后地位同样有别。

昭君的进宫时间，史料没有记载，无从考证。但从她在宫廷里只是家人子这最低的女官职位来看，时间应该不会太长。不然，熬年头也会熬个升职，三五年间，至少做个年俸百石的良使之类吧?一个进宫年头不长，又地位最低的女子，似乎贴身服务于皇帝的机会不多。

更何况，元帝刘奭是位痴情专一的男子，执著眷恋自己心爱的女子，不做移情之事。元帝的皇后王政君初入宫时也是家人子(见《汉书·元后传》)。当时尚为太子的刘奭因为爱姬的逝世而悲痛成病，身为皇后的母亲就选了五位在宫中任职家人子的女子任他挑选，聊为陪侍解忧，其中就有王政君。刘奭虽然满心都是逝去的爱人，无意于其他女人，却不能违拗母后的善意，于是就近方便地随手选了王政君，由掖庭令送入太子宫。不久，王政君怀孕生下了儿子。宣帝很喜欢这个孩子，亲自取了名和字。当宣帝死，元帝即位，这孩子被立为太子，于是母以子贵，王政君先是任职婕妤，后封皇后。然而元帝不爱皇后，王政君生子之后，“希复进见”。他所爱的两个女人，一个是将军冯奉世的女儿，入宫时为长使，数月即封美人，生子后升为婕妤；另一个是原为太后才人的傅姓女子，御幸生子后，也进为婕妤。而为了表达对这两位女子的深爱，元帝特意在传统的女官职位之外增设了昭仪一职，居在皇后之下，地位同于政府中的丞相，爵位则同于诸侯王。而这两位女官，冯昭仪和傅昭仪，与元帝出入同辇，起居相伴，感情既深，宠爱倍加。自从元帝有这两位昭仪的陪伴，连皇后都“希复进见”，更不用说宫中其他的女子，她们都完全失去了亲近元帝的机会。元帝在位十七年，所有的爱恋只在冯昭仪和傅昭仪的身上，因此，即使昭君曾经近身服务于元帝，端水或斟酒，恐怕也不曾进入元帝的眼睛而有所印象。

前去和亲的女子代表了汉朝的尊严，朝廷自然不会随意处置。昭君在后宫只是一个无足轻重的女子，元帝未曾有过印象，如果由元帝来挑选，目光不会落在她的身上。何况国有国法，家有家规，汉朝后宫设有管理之官，名为掖庭令，下有属官，分职理事。故这挑选之事，本不必由元帝亲自主持。掖庭令管理后宫事务，由宦者担任，秩六百石，官位不高。但是后宫之中，上至贵人，下至采女，包括皇后的开支用度，都在掖庭令的执掌之中，掖庭令就是后宫的总管，权力不小。因此，要从后宫选人，主持者自然非掖庭令而莫属。

那么，掖庭令如何挑选这和亲的女子呢？以常情推理，方法无非有二：一是和亲为利好之事，愿意者多，掖庭令自然以亲近者为选，所谓“近水楼台先得月”；二是和亲非为利好，躲避者多，掖庭令只能运用权威来强令指派。问题是，和亲属于外交事务，选派的女子就是国家使者。如果是强令指派，这女子去到塞外能否安然地完成和亲使命，就不能确定。如果使命失败，就是国家的政治损失。按照汉代的连坐制度，如果承担使命者没有完成使命，

“单于和亲”汉瓦当

不仅要追究其本人的罪过，还要牵连到举荐者或是选拔者，反之亦然，罪大者往往处斩。如卫律因李延年的举荐而出使匈奴，回到汉境而闻李延年获罪，卫律担心罪及于己，于是转身再入匈奴而背叛汉朝。在这种制度之下，掖庭令必然要考虑挑选失当而带来的后果，而这种风险也很难预先测知。因此，无论掖庭令如何挑选女子，最保险的方法就是要有愿意前去和亲的人选。而是否有愿意前去和亲的人选，一般而言，就在于和亲对于这些后宫的女子，是不是一件利好之事？

当汉朝以宗室女子承担和亲之事时，这些女子顶着公主的名义，号为尊贵，实质上却是送到异国去的政治人质：如果她们顺利地完成了两国的政治联盟，那就皆大欢喜；如果她们的举止有损汉朝的国家利益，她们留在汉朝的亲属就要为她们的过错承受后果。所以和亲的公主们，无论在异域的感受如何，都必须以汉朝利益为重而放弃自己的一切。那么，嫁为异族首领夫人的汉朝公主们的感受如何呢？

武帝时送去乌孙和亲的刘细君作过一首《乌孙公主歌》，传留到今天：“吾家嫁我兮天一方，远托异国兮乌孙王。穹庐为室兮毡为墙，以肉为食兮酪为浆。居常土思兮心内伤，愿为黄鹄兮归故乡。”细君一开始就说“吾家嫁我”，表明这婚姻完全是为了维护家族的利益，不具有丝毫的个人因素，无论是感情还是其它。她在诗中用“天一方”形容距离的遥远，用“穹庐”“毡墙”“肉食”“酪浆”代表截然不同的异族生活，于是无奈地羡慕那南来北往的黄鹄，虽是一年一度，却毕竟可以飞回汉地，而留在异地的人却只有徒然的思念，终身不得回归。细君是楚人，唱的是带有“兮”字的楚歌。可见无论在乌孙生活的时间有多久，她可以学习乌孙的语言，可以接受乌孙的习俗，也许还会交上新的朋友，却永远无法停止对故乡和亲人的思念。而在内心思念最痛苦之时，她唯有用家乡语，吟故乡调，才可以稍解悲苦，稍慰愁情。刘细君的这首歌一定传回了汉朝，不然何以保存下来呢？当其传回汉朝之时，那些生活在汉宫中的女官们或是读到，或是听到，一定对她满怀同情，一定因此而对远嫁异族的生活艰难有了具体而细微的了解。

如果说生活条件的不同还可以通过时间的消磨来慢慢适应，那么，对于自幼接受礼仪教育的汉地女子而言，若要接受那种兄死妻其嫂、父死妻其小妻的异族风俗，就是终身而日日面对的难堪和羞辱。刘细君和亲所嫁的是乌孙王昆莫。当昆莫年老，就将细君如同礼物一般地送给他的孙子岑陬。细君不能接受，上书汉朝天子，希望娘家人能为她作主而拒绝这种祖孙共妻的屈辱。然而汉武帝的回答却是“从其国俗，欲与乌孙共灭胡”(《汉书·西域传》)。武帝虽然是细君的宗族长辈，却将她作为冷冰冰的政治工具，完全无视一个女子内心的悲怨苦楚。刘细君有信到汉朝，她的遭遇一定是汉宫中女子们不断传讲的话题，也一定令那些同为女子的后宫女官们对远嫁异族的生活不无畏惧。

既然有刘细君等和亲远嫁的公主们的遭遇在前，当元帝要从后宫挑选女子去匈奴和亲时，和亲还会是一件利好之事而对这些女子产生去做单于阏氏的诱惑吗？相信一定不会。

欧阳修有诗咏昭君说：“上马即知无返日，不须出塞始堪怨。”如果对于后宫女子，和亲就意味着离家远行而终身不得再回汉地，和亲就意味着思恋家乡却终身不得与父母亲人相聚，和亲就意味着放弃自己的生活而终身服从于政治的需要，显然这是一件苦差事而令人唯恐避之不及。如果在这一时刻，有人主动地站出来，愿意承担这一苦差，这就不仅解除了其它女子的命运忧虑，更重要的是解决了掖庭令的棘手难题：既可以简单而轻松地完成皇帝的使命，确保汉与匈奴和亲的成功，对他个人也不会留下任何的麻烦和隐患。

因此，就挑选和亲女子的事理来看，昭君自请的可能性是存在的。

二、请嫁说

请嫁说出于范晔《后汉书·南匈奴传》：

> 昭君字嫱，南郡人也。初元帝时，以良家子选入掖庭。时呼韩邪来朝，帝勅以宫女五人赐之。昭君入宫数岁，不得见御，积悲怨，乃请掖庭令求行。呼韩邪临辞大会，帝召五女以示之。昭君丰容靓饰，光明汉宫，顾景徘徊，竦动左右。帝见大惊，意欲留之而难于失信，遂与匈奴。

范晔这段文字写得很生动，有人物，有情节，有描述，有场景，若不是放在史书的记载中，就像是一篇当时的小说，颇具吸引读者的魅力。这段文字将《汉书》仅是一笔带过的昭君作为叙述的主角，讲述了元帝赐女的经过，重笔描绘当时情景，说明昭君是主动地向后宫的主事者掖庭令请求出行，更说明了昭君之所以要自请而行的原因。

然而问题也正在这里：虽然匈奴已向汉朝称臣，但汉朝是以客礼相待，保持了对匈奴单于的尊重。如果元帝一次以五女赐单于，这就不是赐妻而是送为侍妾，汉朝与匈奴就不是缔结婚姻，这些女子自然不能称为阏氏，汉朝自然也就没有回应呼韩邪“愿婿汉朝”的诚意，自然也就不成其为嫁女和亲。这是一。其次，既然是“以宫女五人赐之”，事实上却只有昭君一人拥有“宁胡阏氏”之号，这种讲法就很难成立。如果说五女中只有昭君去了匈奴，那么，其他四位女子既被赐予，名义上就属于了呼韩邪，呼韩邪如果拒绝带她们去匈奴，那就是对元帝的失礼不敬；如果说五女都带去了匈奴，而呼韩邪只宠爱昭君一人，故她独享阏氏之号，可是在元帝的诏书中却明明白白地写道：“赐单于待诏掖庭王嫱为阏氏。”显然阏氏的职号来自于元帝，也只是赐予昭君。所以范晔《后汉书》中的故事很有吸引力，却与《汉书》的记载有歧异，也不太经得起情理的推敲。

如果我们将这段文字细细考察一下，就会发现，其中有一些《汉书》所记元帝情事的蛛丝马迹：如所谓“以宫女五人赐之”；当年元帝遭遇爱情悲伤之时，皇后送给他挑选的宫女正是五位。如所谓“召五女示之”；当年皇后正是在尚为太子的元帝来朝见时，召集五位任职家人子的宫女一起出示，而元帝就近挑选了王政君。如所谓“入宫数岁，不得见御”；元帝宠爱冯昭仪和傅昭仪，连皇后都“希复进见”，宫中其他女子就更没有机会与元帝亲近，的确是当时事实。传说中从来就有历史的影子，那么，这段叙述是否借用了元帝与王政君的故事元素而移用到了王昭君的身上呢？

至于昭君在宫中不得见御而“积悲怨”，就更加令人怀疑这是小说家的遥体人情而加以构想。悲怨是心情，己不言，人不知。如果讲述者没有身在宫中，亲闻过昭君的诉说，如何得知其心情？而且，昭君不仅是心中有悲怨，还积之长久，这必是相处亲密而又相伴长久的人才能得知，非一般人可以告诉。更重要的是，后宫中的人情险恶必使宫中之人言语谨慎，决不会轻言不满，尤其是对皇帝的不满。那么，即使昭君真有积怨，一定不会向人讲述。因此，心情之说，不是一种传闻，就是一种推论。

就此而言，范晔所记昭君和亲出嫁的缘由，不能不让人生出怀疑：这是史实吗？

在中国文学发展的历史过程中，魏晋时代是文人著录小说的兴盛时期，史书与小说相混，纪实与虚构相淆，正是这一时期许多著述的特点。范晔著《后汉书》也未能免于当时风气。唐代史学家刘知几对范晔《后汉书》虽有称赞，却也批评他“王乔凫履，出于《风俗通》；左慈羊鸣，传于《抱朴子》；朱紫不别，秽莫大焉”（《史通·采撰》），认为他在材料的采集与甄别上好奇猎异而有失真实。因此，后世的学者对于《后汉书》中的这段文字多有不信，认为范晔是取传闻小说以为史料。如宋代王观国就直接指斥说：“后汉匈奴传所言王昭君一节，首尾乖谬之甚。”“盖小说多出于传闻，不可全信。”（详见延伸阅读五）

《后汉书》中关于昭君和亲的记载确实让人生疑，诸如“召五女示之”的场景，“丰容靓饰”的描写，以及“积悲怨”的原因，都具有小说传闻的色彩，情节元素与《琴操》和《西京杂记》的故事也不无关联，但是，请嫁之说却并非是纯然的空穴来风。

班固《汉书》问世之后，一直被视作是难读之书。东汉末年，年轻的献帝刘协要求学者荀悦改写《汉书》以便阅读。荀悦受命，就将纪传体的《汉书》改写为编年体的《汉纪》，字数从三十万压缩到十八万。班固《汉书》以人载事，可以凸现传主在历史事件中的作用，而对于事件的时间线索就难免有所忽略，又由于一事而涉及多人，有时就需要读者从不同的人物传纪中综合其事才能对于事件有比较完整的了解。荀悦采取编年体来作改写，虽然难以呈现历史事件中那些具体而复杂的人物影响，却以事为主，以时间为先后，脉络分明，叙事简洁而清楚。故自《汉纪》问世，便大受欢迎，广为传播。在唐代颜师古的《汉书注》出来之前，可以说《汉纪》的影响是超过《汉书》的。

唐代以前的书籍传播靠人手抄写，难免出现讹误衍夺一类文字错误而影响阅读者的理解。荀悦《汉纪》虽然是改写《汉书》而成，却距《汉书》的时代很近，时代近则传抄少，发生抄写错误的机率也就小，再加上荀悦所据《汉书》的本子又是皇宫中的藏本，相比于后世的《汉书》传本，可以说是几无错讹的上善之本。尤其是两人同在东汉而相去不过百年，班固写作《汉书》所依据的材料，荀悦大都能够读到，在改写时用作参考。因此，荀悦《汉纪》在宋代以后深受学者的重视，除了简洁清晰的记事特点之外，更因为它可以补充或是订正《汉书》传写本的记载，可以用来比对校刊《汉书》传写本的文字。

荀悦《汉纪》在两宋之际的兵燹战火中亡佚，南宋王铚搜集残存辑佚成书。明代嘉靖二十七年（公元1548年），吴郡人黄姬水据王铚辑本加以刻印，《汉纪》才重新与读者相见。黄姬水的刻本就是现在存留的最早的刻本。清乾隆年间编辑《四库全书》，收入荀悦《汉纪》，用的是安徽巡抚从民间采集的黄姬水的刻本。经查台湾影印《文渊阁四库全书》第303册第415页，《汉纪》第二十三卷“元帝纪”关于呼韩邪入朝一事是这样记载的：

> 竟宁元年春正月，匈奴呼韩邪单于来朝。单于请妻汉女，以自请，赐单于待诏掖庭王嫱字昭君为阏氏。单于上书，愿保塞，请罢边备塞。上下有司议，皆以为便，郎中令侯应以为不可许。上诘问状。（详见延伸阅读六）

在《汉书》中，卷九《元帝纪》说是“赐单于待诏掖庭王嫱为阏氏”，卷九十二《匈奴传》说是“单于自言愿婿汉氏以自亲，元帝以后宫良家子王嫱字昭君赐单于”。荀悦显然是取两处内容而合为了一条记载，文字稍有不同。但是，一者曰“以自亲”，一者曰“以自请”，虽然只是一字之差，意思却相去千里。（详见延伸阅读七）

《汉纪·元帝纪》的“单于请妻汉女”与《汉书·匈奴传》的“单于自言愿婿汉氏”，文字稍有不同，意思则完全一样，都是说呼韩邪主动提出愿娶汉女为妻，自己成为汉朝的女婿。然而《汉纪》的“以自请，赐单于待诏掖庭王嫱字昭君为阏氏”，则“自请”的主语是王昭君，“以”作“因为”讲，即因为昭君有自请之举，所以元帝才以“这一个”女子赐予呼韩邪。《汉书》作“以自亲”，则主语仍然是呼韩邪而接续前面意思，“以”是介词，表示呼韩邪之所以“愿婿汉氏”的目的是为了亲近汉朝。两处文字对比，就产生了一个问题：此处究竟是“以自请”还是“以自亲”呢？我们不妨讨论一下。

首先，荀悦是汉代人作汉代史，无论是材料的搜集依凭，还是作者的知识范畴，对于时代的切近都要胜过四百年之后的唐代的颜师古。因此，就史料而言，显然荀悦《汉纪》的真实性要胜于颜师古的《汉书注》。如果二者记事有不同，荀悦书的征信度应当高于颜师古的注，取用应以荀悦书为优先。

其次，颜师古在《汉书·匈奴传》此句出注云：“言欲取汉女而身为汉家婿。”这注释有点让人奇怪，因为“单于自言愿婿汉氏”的原文并无难解之处，既不关涉制度，又非难僻之字或当时俗语，而颜师古的注解也没有说明原文之外的意思，纯粹是一种多余。那么，颜师古为何要出一条多余的注解呢？是否因为“单于自言愿婿汉氏”已经将意思表达完尽，而“以自亲”三个字却无从着落，容易引出歧义，因而加以注解呢？

第三，在手抄书的时代，因为音近或形近而发生抄写错误的情况很常见。“以自请”与“以自亲”，“请”与“亲”读音相近，繁体的“請”与“親”字形也相近，会不会是抄写者将《汉书》本来的“以自请”抄成了“以自亲”呢？唐代颜师古作注时，因为感觉“以自亲”这三个字于文义多余，遂出一注解来强调“取汉女”，“为汉家婿”，借以绕开这多余的三个字呢？

第四，班固的时代，竹简还是主要的书写载体，文字书写不易，阅读翻卷不易，书籍搬运不易，因此，书写风格依然重视简练。这也是《汉书》难读的原因之一。那么，一句“单于自言愿婿汉氏”已经将意思表达清楚，何以班固还要加上“以自亲”三个字呢？一句话里用了两个“自”字，主语又是同一人，明显是多余。如果主语只是单于，用“单于言，愿婿汉氏以自亲”

或“单于自言愿婿汉氏以为亲”就足矣。只有在主语不同时，这第二个“自”字才具有意义。

第五，古人书写没有标点，需要读者自己断句，如果理解有误，就会标点出错，这是读古书经常遇到的情况。如果以上推测合理，那么班固原文应当是“单于自言愿婿汉氏以自请元帝以后宫良家子王嫱字昭君赐单于”，标点句为：“单于自言愿婿汉氏，以自请，元帝以后宫良家子王嫱字昭君赐单于。”两个“自”字，两个主语，前者是单于“自言”，后者是昭君“自请”。

第六，荀悦《汉纪》基本上是《汉书》的缩写，抄录是其主体，若无必要，是不会随意变动文字的表达。既然《汉书·匈奴传》的两个“自”字只有在说明两个主体行为的情况下才有意义，那么，《汉纪》综合两处记录，去掉呼韩邪“自言”之“自”，而保留昭君“自请”之“自”，来强调昭君的自请出塞，应该既有《汉书》的记载依据，也有作者荀悦以自身知识而作阅读理解的判断在其中。这样就出现了《汉纪》中的“单于请妻汉女，以自请，赐单于待诏掖庭王嫱字昭君为阏氏”。

据上所言，我们今天见到荀悦《汉纪·元帝纪》中的“以自请”完全可能是《汉书·匈奴传》当初文字的沿袭。正是因为有这样的史书记载，魏晋以后的传说故事中才出现了昭君“乃请掖庭令求行”的情节，并附以同情与想象，添加了“积悲怨”的原因以及“丰容靓姿”等炫人心目的描写。

范晔身为史学家，不能不尊重基本的史实。受时代的风气影响，他可以捕风捉影，遥体人情，却不可以空穴来风，无中生有。或许范晔是依据荀悦《汉纪》中的“以自请”这三个字，或许当时范晔所读到的《汉书·匈奴传》就是“以自请”，而非“以自亲”，于是才有了《后汉书》中那近乎小说家言的浓墨渲染，才有了昭君“乃请掖庭令求行”的记载。而就事理分析来看，昭君的自请出塞和亲，解决了主事者掖庭令的选择难题，有着合情合理的可能性，并且又在《汉纪》的记载中得到了一定程度的证实，因此，自请说是有其存在的依据的。

史书记载本有一定的局限，流传过程又难免散佚错讹，故今人考证史事，其实“难以史所未载，而断其事之必无”，故务必小心谨慎，既不可以臆断推测，也不可轻忽细节。虽然《汉纪》中的“以自请”在目前还只是一个比较微弱的书证，却应当予以充分的重视，因为它关系到一段史实的证写。

三、昭君请嫁之评说

对于汉宫中的女子而言，和亲远嫁不是一件人人愿意的事情，那么，王昭君为什么“乃请掖庭令而求行”呢？她之愿意出塞和亲的动机何在呢？

古代文人评说昭君的出塞和亲，多以同情态度而写其不得已之种种，但是也有一些异于众说的看法。如唐人王睿《解昭君怨》：“当时若不嫁胡虏，只是宫中一舞人。”这是囿于汉人的民族偏见，用“宁为鸡口，不为牛后”的逻辑来解说昭君的出塞和亲，认为她虽然嫁的是胡人，却博得了个人命运的改变。如宋人吕本中《明妃》：“人生在相知，不论胡与秦。但取眼前好，莫言长苦辛。君看轻薄儿，何殊胡地人？”作者超越了汉人的民族偏见，说是如果嫁的是寡义薄情的汉人，还不如嫁给深情重义的胡人，用相知相爱的生活追求来解说昭君的出塞和亲是一种命运的改变。不同的是，王睿所言在历史名声和地位，吕本中所言在现实生活和感情。清人尤侗有一首《反昭君怨》：“不成为汉后，便去作阏氏。亦足当人主，还能杀画师。琵琶弹毳帐，酥酪醉金卮。强似长门里，秋风老黛眉。”这是以阏氏的权力来解说昭君的出塞和亲，认为她虽然付出了文化习俗的代价，却既可以报毛延寿画丑之仇，还可以享君主尊贵之荣，远胜于被冷落汉宫的孤独寂寞。这里有两点值得注意，一是这些评说的角度不同，却都认为昭君出塞改变了个人命运；二是这些评说多以“解”“反”为题表示与传统的历史评价唱反腔。不过，这样一类评说在昭君出塞的大量历史评价中数量很少，往往被人们对昭君远嫁的同情所淹没，故而影响比较小。

昭君的出塞和亲确实改变了她个人的命运，也为她赢得了青史留名的荣誉。但是，身当其境的个人是无法估量身后之事的，一般人也不会以身后的名声来决断眼前生活的选择。当昭君自请出塞之时，并不能预料此后的生活，她所能知道的，唯有前人的经历所揭示的远嫁异族的痛苦。那么，是什么样的考虑促使王昭君这样一个从山村走出的年轻女子做出了“自请”的决定呢？

对于史书无载的事情，我们只能做点遥体人情的揣想。

就说说这“积悲怨”吧。《后汉书》以不得元帝御幸为昭君悲怨的原因，恐怕不尽然。试想昭君出身偏远的山村，位居宫庭女官的底层，有什么实力去指望自己可以胜出众多美色、通过御幸而升为嫔妃呢？这样的机遇对于一个宫庭中的普通女官来说，不说一定没有，却一定是微乎其微。何况身在宫闱之中，耳濡目染，她深知即使是皇帝的嫔妃，也未必就一定能拥有幸福。唐人感叹“太真虽是承恩死，只作飞尘向马嵬”（张蠙《青冢》），就是感叹杨玉环所得到的恩宠非一般嫔妃可比，但是结局又如何呢？缢死马嵬坡而已。所以，如果王昭君是由于“积悲怨”，不会是企望元帝的恩宠，而应该别有原因。

首先，远离家乡，本不是她的选择，在这华贵而冰冷的宫庭，对父母亲人的思念一定日夜在心，并随着时间的推移而日趋深刻。其次，宫庭之中，见闻既广，对于政治人事的残酷也就知之渐深，而居在宫闱，更有眼见为实的人事纠葛之无情，这既加深她对亲情乡里的思念，也使她厌倦宫庭生活的冷寞孤寂和危机四伏。第三，昭君本是楚人，生长于山野，那种刚强自胜的楚文化因素对她的性格不会全无影响。自由的山野生活会留给她深刻的记忆而不断地唤起回忆，催发内心的向往而积郁着幽怨。总此三点而看王昭君，如果进入宫庭，生活愉快，也许她会安于此乡；如果进入宫庭，满目寒凉，她一定会对沉沦不情不愿而希望奋起一搏。

一个被人送进帝王宫庭去当差的女子，如果她安于命运，无非与其他人一起终老此地而已；如果她有心想改变自己的命运，机会恐怕是微乎其微的。但是，她必须有此想法，才有可能抓住一瞥即逝的机会。而元帝要从后宫选取去匈奴和亲的女子，就是这样一个难得的机遇。虽然明知此去终身不得再回汉地，终身不得再见父母乡亲，明知此去要忍受生活环境的改变，甚至有文化习俗的强制，但是，比起已知的汉廷生活，前景虽然艰苦，却有着许多未知的因素，而希望就存在于未知之中。

我想，如果昭君真是自请出塞，那么，她一定是个心有不甘的女子。正是出于一种不甘心的命运挑战，才让她有勇气去承担异域生活的一切风险，毕竟这是一次出于自己意愿的选择。

现代的学者主张昭君自请说，有两种观点影响较大，一者以为她是追求爱情，一者以为她愿做和平使者。我则认为这两种观点都有拔高历史人物之嫌。

先看追求爱情说。昭君本在元帝后宫，按照汉代礼俗，如果举行婚礼，婚礼之前她无法见到呼韩邪；如果不行婚礼，启程出塞之前她见不到呼韩邪，面都不曾见过，爱又从何说起？对于呼韩邪，她所能了解的，一是呼韩邪的民族，二是呼韩邪的年纪，而前者意味着文化习俗的差异，后者意味着夫妻相处的年龄差距。况且此去她不过是呼韩邪的诸位阏氏之一，如果有爱，也要与别人分享，她愿意追求这样的爱情吗？即使她有可能在出塞之前见到呼韩邪而产生良好印象，那也必须是在她自请之后。也就是说，如果昭君不决定自请出塞，她与呼韩邪之间全无发生感情的可能性。当她与呼韩邪结为夫妻之后，耳鬓厮磨的相处完全有可能产生真挚的感情，但是，这种爱情的可能性只存在于出塞之后，不可能发生在出塞之前，所以这不是王昭君自请的原因。

再看和平使者说。自刘邦开和亲以来，汉朝与匈奴是一面战争，一面外交，且战且和，即令在武帝开始全面战争以后，依然开放汉与匈奴的边关贸易，保留着和平交往的一条渠道。所以，并非是昭君出塞才最终定下汉朝与匈奴的友好关系。这是一。其次，虽然昭君的出塞和亲确实起到了推动汉匈友好的作用，但这不太可能是她本人的自觉意识，至少不会是她“自请”的行为动机。昭君生长在山野，生活在后宫，汉匈关系对于这样一个女子而言，是一个宏大得不着边际的政治关系的问题，恐怕她不会有此“觉悟”。汉朝派往匈奴或西域的使者，许多来自于招募的平民。这些人之所以不顾生命危险而自愿充当去往异域的使者，就是因为有利可图，一是有功回来可以得到官爵的嘉奖，二是可以挟带私货出入边境而赚取差价，当然前提则是如果能够回到汉朝。所以，当时出使异域的男人大都持有“赌一把”而发财的想法，昭君一女子何以能超越时俗之上而以所谓的“国家利益为重”呢？

因此，我更愿意从改变个人命运而努力一搏的角度来理解王昭君的“以自请”。

[延伸阅读五]王观国批评范晔

为便于有兴趣的读者进一步理解王观国的分析，进而探讨王昭君的历史记载与小说创作之间的关系，兹将其评说转录于此：“前汉元帝纪曰：‘匈奴呼韩邪单于来朝，诏赐单于待诏掖庭王嫱为阏氏。’盖单于请婚，当时朝议许与单于和亲，则汉之君臣讲之素定矣。及单于来朝，而以待诏掖庭王嫱为阏氏，预选定也，其礼仪恩数皆已素定，非仓卒临事而为也。而后汉匈奴传乃谓以宫女五人赐之，又谓昭君自求行，又谓呼韩邪临朝辞帝召五女以示之，而昭君丰容靓饰，竦动左右，帝见大惊，意欲留之，难于失信，遂与匈奴，此皆误也。盖王嫱为阏氏者，行婚礼也。若以宫女五人赐之，则何人为阏氏耶？汉既许婚矣，岂必待单于临辞然后以五女示之耶？后汉匈奴传所言王昭君一节，首尾皆乖谬之甚。杀画工毛延寿事，尤不可信。案匈奴和亲，乃汉家大事，若以宫女妻之而未尝简阅其人，凭画图以定大事，恐当时君臣不如此之卤莽。汉赐单于阏氏，乃披画图择貌陋者赐之，又非和亲之意。盖小说多出于传闻，不可全信。”（《学林》卷四）

[延伸阅读六] 荀悦《汉纪》之“以自请”

传世的荀悦《汉纪》主要是三个版本，一是明代嘉靖二十七年（公元1548年）的黄姬水刻本（简称黄本）；一是明代万历二十六年（公元1598年）南京国子监据《汉书》校订的刻本（简称南监本）；一是清代康熙三十五年（公元1696年）襄平蒋氏兄弟以黄本为底本而据宋本参校后的乐三堂刻本。2002年中华书局出版张烈《两汉纪》校订本，其中《汉纪》即以黄本为底本，用南监本、乐三堂本和学海堂本为参校。经查上列四种版本，均作“以自亲”，目前所见唯《文渊阁四库全书》本的文字作“以自请”。因为这四种版本都与《汉书》校对过，而《汉书》在流传过程中本不无抄写刻印的错误，那么用来校对《汉纪》，既有改错为正者，亦难免有改正为错者。在古籍整理中，这是两书互校中常常出现的问题。尤其是有颜师古《汉书注》这样的权威注本在，校注者很容易用作依据而改《汉纪》中的“以自请”为“以自亲”，而不作深究，致使这些校订过的《汉纪》的版本与《汉书》的文字一致，反而失去了《汉纪》的原貌。唯《文渊阁四库全书》所收《汉纪》是当时安徽巡抚的民间采进本，《四库全书总目提要》说用襄平蒋氏兄弟的刻本做过校订，从而避免了这种《汉书》与《汉纪》的相互校订，在某种程度上就有可能保留着原貌。因此，《文渊阁四库全书》本《汉纪》的“以自请”，在目前虽然是一孤证，却不应当忽视。

此外，还有一些值得注意的材料，如南宋人吕本中有诗咏昭君曰："昭君自请嫁单于，当时各倚颜如玉。"（《东莱诗集》卷五）荀悦《汉纪》散佚于两宋之际，吕本中有关"自请嫁单于"的说法是否由于当时所见《汉纪》的记载而不仅仅是因为《后汉书》的说法呢？又如明代陈子龙《明妃篇》曰："明君慷慨自请行，一代红颜一轻掷"（《天启崇祯两朝遗诗》卷七），夏完淳《明妃篇》曰："忽闻诏选赐匈奴，绝代良家请嫁胡"（《夏完淳集》卷三）；也都以自请为说。明代是《汉纪》刻印本流行的时代，这些"自请"的说法是否也出于当时所见读本而不限于《后汉书》呢？故《汉纪》之"以自请"不当忽略而有进一步求证的必要。

[延伸阅读七] 荀悦的综合文字

为便于通过比较来认识荀悦《汉纪》的写作方法，兹录《汉书》两处文字如下：

1.《汉书》卷九《元帝纪》："竟宁元年春正月，匈奴呼韩邪单于来朝。诏曰：'匈奴郅支单于背叛礼义，既伏其辜，呼韩邪单于不忘恩德，乡慕礼义，复修朝贺之礼，愿保塞传之无穷，边垂长无兵革之事。其改元为竟宁，赐单于待诏掖庭王嫱为阏氏。"

2.《汉书》卷九十四《匈奴传》："竟宁元年，单于复入朝，礼赐如初，加衣服锦帛絮，皆倍于黄龙时。单于自言愿婿汉氏以自亲，元帝以后宫良家子王嫱字昭君赐单于。单于欢喜，上书愿保塞上谷以西至敦煌，传之无穷，请罢边备塞吏卒，以休天子人民。天子令下有司议，议者皆以为便。郎中侯应习边事，以为不可许。上问状。"

第六章　出塞和亲

元帝接受匈奴呼韩邪单于的新年朝贺，以待诏掖庭王昭君赐单于为阏氏，并为庆贺汉朝与匈奴结下友好的兄弟情谊而此后边境再无战事，改年号为竟宁；这一切都发生在公元前 33 年，即竟宁元年的正月。但是，呼韩邪与王昭君在赐婚之后是否举行过婚礼？婚礼的仪式是汉式还是匈奴式？或者是二者兼而有之？婚仪如何议定？谁来主持？场面如何？婚礼的居所何名？二人相处如何？我们都不得而知。呼韩邪携王昭君回匈奴单于庭时，是如何准备行程的？是骑马还是乘车？启程定在什么时间？元帝有没有送行的仪式？他们北上的行程和路线如何？千里迢迢的路上是否顺利？也都难以知晓。因此，关于王昭君出塞的具体情况，读史者有大量的疑问，却只能作遗憾的遥望而不能求得答案。勉力而为，可以依据现存史料而作出推测者，一是出发的时间，二是行程所取的路线，以及屡见于种种描写与咏叹的昭君出塞的悲怨。

一、启程时间

呼韩邪单于在宣帝朝曾两次入汉朝拜，祝贺新年。第一次是甘露三年（公元前 51 年）；第二次是黄龙元年（公元前 49 年）。那时，呼韩邪正处于势力微弱的境地，他接受了左伊秩訾的建议，带领部属居在大漠之南，靠近汉境，完全是为了以亲近汉朝的态度来争取汉朝的支持，同时在地理位置上背倚汉境以抵抗郅支的进击。他先后两次在正月入朝，而且都是在留居长安月余之后，在二月里踏上返程之路。甘露三年二月返程时，宣帝派了一万六千名骑兵，又在边郡征发士卒马匹数千，护送呼韩邪一行从朔方郡的鸡鹿塞出汉境，到达呼韩邪部属所在地后，就留下这一万六千名骑兵为驻防，帮助呼韩邪防御郅支的进犯。黄龙元年朝贺新年后，呼韩邪也是在二月时返回居地。这一次因为呼韩邪的居地就在塞下，而且居地已经有了汉朝军队的协防驻守，宣帝就没有再派军队护送呼韩邪单于一行。

甘露三年朝见后，呼韩邪单于获准居在光禄塞，一旦有急，便可向前推进，为汉朝防守受降城。受降城建在武帝太初元年（公元前 104 年）。当时匈奴的首领儿单于年轻而暴戾，杀戮大臣，人民不安，又遇天灾而牲畜大量死亡，左大都尉心有不安，准备杀单于而投降汉朝，就派人向汉朝通告消息，希望得到接应。于是武帝派将军公孙敖在居延之北筑城驻军，准备接应左大都尉。但左大都尉因汉军距离尚远而未敢起事，不久儿单于又死了，这投降的事就不了了之，只留下这座新城在塞外，人们称之为受降城。光禄塞，也称光禄城，建于武帝太初三年（公元前 102 年）。据《汉书》记载，武帝令光禄卿徐自为出五原塞修筑城障以为边防，近者数百里，远者千里，本是一系列的边塞城障。这年秋天，匈奴进入定襄、云中，杀略数千人，归程中则沿途毁坏汉朝的防卫工事，徐自为新修起的城障损失殆尽，只有靠近五原的城塞保留了下来，被称作光禄城。这两座边城，受降城在今天内蒙古巴彦淖尔盟狼山西北，光禄城在今内蒙古包头西北。当年呼韩邪在此间居留时，距离京城长安不过千里有余，路上所需时间不过十天而已，他完全可以计划好行程去赶上新年的朝拜大会，然后在仲春二月带着皇帝赠与的丰厚礼物，从容地返回居地。

既然前两次呼韩邪到长安，都是在正月节庆前抵达，二月后离开，在长安停留时间将近一个多月，可以推想竟宁元年的这次朝拜新年也不例外，呼韩邪也会在二月以后择日启程，北上返回单于庭。

不过，与以往相比，虽然同是在二月以后动身离开长安，但是竟宁元年的回程还是有所不同。

这一次呼韩邪是从漠北的单于庭南下入汉，路程有数千里之遥，又要穿越大漠，回程要远比前两次艰苦，所需时间显然要长得多。尤其是这一次又携带着新婚的阏氏昭君，事情也不像南来时那般简单。虽然前两次的回程也都携带着汉帝赠送的丰厚礼物，自己一方采办的各种汉地物资，但是这次有女眷随行，行李会更加繁重。新婚的阏氏是元帝所赐，地位确定，待遇随之，她会有侍女，会有陪嫁，会让这数千里的征程，马队之外，更增加了车队。特别是天气正在转暖时分，不象来时那般寒冷，严冬时冰雪坚硬的道路也正在转为泥泞，马行尚可，车行则会很艰难。那么，行前如果没有做好具体细致而一丝不苟的准备，路途上就难免会有意想不到的事故。《汉书·匈奴传》记载，宣帝时单于朝贺新年，汉朝同意随从人员二百余名，遂成为惯例。而这次的回程，本来二百余人的行列还要加上新婚阏氏及其随从，队列之浩大可以想知。而队列越浩大，途程所需越繁重。由此推想呼韩邪这次由长安而北回单于庭，一定要花费许多的时间来做行前的准备，包括路线的计划与行程的安排。

而对于王昭君，这又一次的北上行程要比当年从兴山到长安艰难了许多，却毕竟是新生活的开始。当车队开始启程，驶离长安的车轮咯吱咯吱地一路向北，在这个久居深宫的女子的心中，除了去国远行的忧伤，除了思念亲人的愁苦，也许还有一份对未来生活的忐忑期待？我们不得而知。

二、两条路线说

竟宁元年的仲春二月，呼韩邪带着新婚的阏氏王昭君，率领着自己的随从和护卫，伴随着满载行李的辎重车队所组成的后列，告别元帝，踏上了返回单于庭的归程。关于他们回程所取路线，有两种不同的看法。

第一种看法可以称为“陕西榆林”说，见于内蒙古大学的历史学者林幹《昭君出塞的路线与情景》一文（载于《昭君与昭君墓》，内蒙古人民出版社1979年，第58页），兹引录如下：

> 昭君出塞时的所经路线，史无明文，但线索不难找出。史载呼韩邪单于在宣帝甘露三年（公元前51年）第一次从漠北入汉时，汉朝派兵在他经过的七个郡沿途护卫，并表示欢迎。据《资治通鉴》卷二十七胡三省注的考订，那七郡就是五原、朔方、西河、上郡、北地、冯翊。而后由冯翊直至国都长安。若以当时各郡治所为准，则所经约今内蒙古的包头市、杭锦旗、东胜县、陕西榆林县、甘肃庆阳县，而至陕西西安市。呼韩邪从漠北第一次入汉既经由这条路而来，那么，他在公元前33年入汉及后来偕同昭君返回漠北，也是取道这条路线，是很自然的。

作者所引史料是确凿的，但却忽视了一个重要的问题：呼韩邪在甘露三年第一次入汉时，并不是从漠北的单于庭出发，而是从漠南靠近五原郡外的光禄城一带出发。

甘露二年十二月，呼韩邪先到五原郡城下请求入汉朝见，拜贺新年，得到宣帝同意的答复，这才起身南下入汉。因此，他从五原郡外的地段入汉，是由朔方郡的鸡鹿塞入境，然后经过五原、上郡、西河、北地，先到冯翊所属甘泉宫拜见宣帝，行朝贺之礼，第二天在参加了咸阳桥的观礼之后，才进入京城长安。《汉书·匈奴传》记载："单于就邸，留月余，遣归国。单于自请愿留居光禄塞下，有急保汉受降城。汉遣长乐卫尉高昌侯董忠、车骑都尉韩昌将骑万六千，又发边郡士马以千数，送单于出朔方鸡鹿塞。"回程仍从鸡鹿塞出境，与来时路线一致。

自郅支领兵西去后，北方的单于庭一直空虚无主。公元前44年郅支杀汉使谷吉，公然与汉朝相抗拒，并在西域筑城立足，居在漠南的呼韩邪就率部回到漠北，做了单于庭的主人。因此，他在竟宁元年入汉朝拜时，不同于前两次的从漠南启程，而是从漠北出发。单于庭在今天蒙古国境内乌兰巴托附近，要穿越大漠之后再进入汉朝的边关。那么，这一次的路线是否仍由旧路，我们不得而知。至少，难以甘露三年的路线为证而做推断，因为出发的地点有了很大的变动。

雁门关长城

第二种看法可以称为“山西雁门”说。山西大学的历史学者靳生禾撰《昭君出塞与蹄窟岭刍议》一文（载于《2009 昭君文化高层论坛论文集》，第 280 页）提出：由长安出塞有三条通道：一是东路，由中原循太行山东麓参差北上，至井陉口折西北至勾注（今雁门关）直至西口（杀虎口）出塞。二是中路，由关中（咸阳、长安）东来，经蒲津（今山西永济西蒲州镇与陕西大荔朝邑镇间）东渡黄河，循涑水河、汾河、桑干河等三河谷道北上，经勾注、杀虎口出塞。三是西路，由咸阳、长安循泾水河谷西北行，至云阳（今陕西淳化西北）取秦直道北上，经今陕、甘交界的子午岭至五原北去。作者通过历史文献而追溯战国以至秦汉间汉与匈奴的交通路线，又实地踏勘山西一带历史遗迹，并搜访当地民间传说为印证，认为“当年呼韩邪偕昭君取中路，那么最安全其实也最便捷的，就是西出红沙岩口，经蹄窟岭，循欧家河 - 沧头河河谷到杀虎口出塞了——这是十分顺理成章乃至几乎舍此莫属的”。结论语气笃定，言之凿凿。

此说提出的一个重要依据即在山西左云、右玉一带流传着相当数量的昭君传说，包括地名遗迹。从理论上说，特定的地名往往关联着特定的传说，而传说又在一定的程度上折射着历史，因此，传说与地名之间的关系可以视为追源的线索，近乎于历史地理的“活化石”，为今人保留了历史的遗踪。这是“山西雁门”说最值得关注的地方。不过，按照作者的考察，东、中、西三条道路虽然是历史的客观存在，而具体的历史情景早已随同时光的流逝一去不返，难以再现，那么今天，生活在新情景中的人，如何能替二千年前的呼韩邪去判断当时何为方便？何为安全？从而决定不同路线的选择呢？因此，此说虽有新意，论证仍嫌不足。

关于昭君的出塞路线，无论是“陕西榆林”说，还是“山西雁门”说，在昭君文化研究中都具有较大的影响。如上所言，这两说都有可取之处，又都有不足之处，尚不能得出论据充足而可以自圆其说的结论。在没有新的材料来证明昭君出塞究竟走的是一条什么样的路线时，我们尊重这两位学者的研究成果，并存两说而指出不足，并期待于后来者的发明。

三、琵琶、胡笳、《昭君怨》

元代著名文学家马致远有首《天净沙》：“西风塞上胡笳，月明马上琵琶，那抵昭君怨多，李陵台下，淡烟衰草黄沙。”（《词综》卷三十）用特定的景物与乐曲描写昭君出塞之际的悲怨感情，声画相融，读来动人。其实昭君出塞究竟是什么样的情形，史书无载，时人无说。而在文学创作中，资料越是少，就越是能调动人们的情感想像，在感慨之际去加以描写，于是佳作繁多。据初步统计，历代各类题咏昭君的诗词有近千首之多。在诗人们充分发挥想像的过程中，有一些特定的事物得到不同时代的人的共同认肯，被大量使用，成为了昭君出塞的情感象征。这首小令中的“琵琶”、“胡笳”、“昭君怨”，就是这样的象征物。

王昭君随同呼韩邪离开长安，北去单于庭，一路心情如何，既无文字流传，后人难以言说。唯人心历千古而相通，人情经磨难而相同，故而人们感慨昭君之事，以己心而推之，往往以离乡去国的忧伤作为浓墨重彩抒写的主题。于是，在昭君出塞之后，还在汉代，就出现了《王昭君》和《昭君怨》的歌曲。

据张永《元嘉技录》记载，汉代流传下来的吟叹曲有四首，其中之一是《王昭君》，曲调犹可歌唱，只是歌辞改换，西晋石崇的诗作取代了汉代的旧辞（《乐府诗集》卷二十七）。吟叹曲是汉代相和歌调之一种，所谓“丝竹更相和，执节者歌”，本是采自民间的街陌谣讴，经由朝廷音乐机关记录整理，协以音律，才得以经历战乱而有所保存。四首吟叹曲中，保存汉代古辞的只有一首，其它三首的古辞都在石崇拟辞以后失传。而在石崇拟辞的三首中，只有《王昭君》一首的音乐曲调保存了下来，其余二首只剩下石崇所作歌辞而不可以歌唱了。石崇与张永的时代相去不过百年有余，所言可信。后来的《唐书·乐志》也称："《明君》，汉曲也。"可见在汉代的诸乐曲中，《王昭君》一曲流传广，影响大，一直到唐代犹有存留。

石崇的歌辞在萧梁时收入《文选》，北宋初年收入《乐府诗集》，一直保留到今天。梁萧统《文选》收石崇歌辞题作《王明君》，编者加写小序说："王明君者，本是王昭君，以触文帝讳改焉。"这是说晋文帝姓司马，名昭，石崇是当朝人，为避讳而改汉曲《王昭君》为《王明君》。《文选》一书，唐代有"《文选》烂，秀才半"的歌谣，考科举的文人几乎无人不读，石崇歌辞的影响遂大，致使后世所传此曲或称《王昭君》，或称《王明君》，其实本来只是汉曲一支而已。

据《乐府诗集》，《昭君怨》出于琴曲，载于《琴操》。前面已经说到，《琴操》一书虽然署名是东汉的蔡邕，但学界一般认作东晋之书，晚于石崇之作。比较流传下来的石崇歌辞和《琴操》所载歌辞，可以知道，《王昭君》重

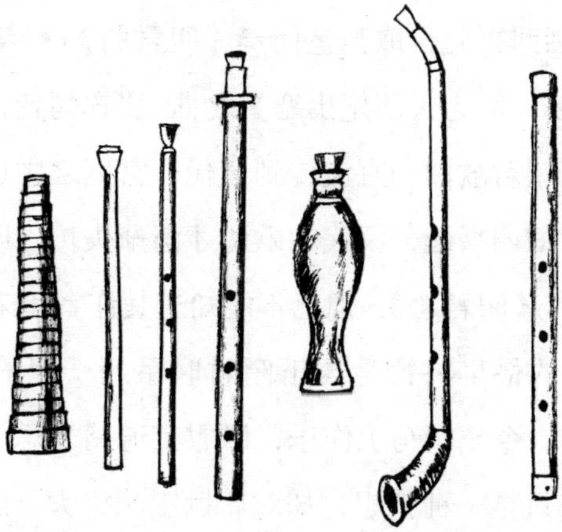

胡笳

叙事，而《昭君怨》重抒情。前者出于民间，后者出于文人。而在流传的过程中，当音乐不再起主导作用，填词变成单纯的文字抒写，二者渐渐相合，都以抒情为重。后人作诗歌吟咏，或以《昭君怨》为题，或以《王昭君》为题，往往是一种随机的选择，二者都不再配乐，只是在标题上还保留着其音乐的性质。不过，统计历代的歌咏，则《昭君怨》为题者要多过《王昭君》。这种变化从一个侧面说明，作者因感慨于王昭君的史事而发言为诗，主要抒写昭君的悲怨之情，自然以《昭君怨》为题更加醒目。唐末以后词调兴起，其中就有《昭君怨》的词牌，双调四十字，两仄韵两平韵，北宋的苏轼、秦观等著名文人都有此调作品流传。词调《昭君怨》是从琴曲《昭君怨》变化而来，还是脱胎于诗题《昭君怨》，还是一个有待研究的问题，但就调名来看，它们之间应该存有某种联系。因此，虽然历代歌咏王昭君者题目未必全同，却是以《王昭君》与《昭君怨》两题为主，如果不强调其音乐性，这两个题目，其实质仍然是一回事，都以抒写怨情为重。

魏晋以后是王昭君歌曲兴盛流行的时代。搜拣史料可以知道，当时人喜爱此曲，不仅有歌唱，而且还有舞蹈，如梁刘孝绰诗：“大妇缝罗裙，中妇料绣文。唯余最小妇，窈窕舞昭君。”还出现了不同乐器的演奏曲，如褚渊善弹琵琶，宴会之中，酒酣兴起，取琵琶而奏《明君曲》（《南齐书》卷四十四）；北魏徐月华善弹箜篌，能为《明妃出塞》之曲，“歌闻者，莫不动容”（《洛阳伽蓝记》卷三）。王昭君歌曲一直流传到唐代，宫庭之中还有教授。大约到宋代以后，《昭君怨》词调兴起，汉代的歌调才渐渐失传。明代以后流传下来的琴曲和琵琶曲中都有《昭君怨》，但已不能知道其作者和来历了。

现在所能见到的最早将琵琶与王昭君联系到一起的，是石崇的歌辞小序：“昔公主嫁乌孙，令琵琶马上作乐，以慰其道路之思。其送明君，亦必尔也。”石崇之序本来只是一种猜想，却对后世影响极大。这是因为乌孙公主刘细君与王昭君都是和亲异族的女子而有远嫁之悲，人们好心地推想，如果细君远行而有琵琶，那么昭君也不当例外。猜想在流传中渐渐坐实，后人的诗作也好，画作也好，人骑马上而怀抱琵琶就成为昭君出塞最典型的画像。

值得注意的是，在歌咏昭君的诗作中，琵琶与胡笳、羌笛、胡风等往往相对而出：如刘长卿《王昭君歌》："琵琶弦中苦调多，萧萧羌笛声相和。"如孟浩然《凉州词》："作得琵琶声入云，胡地迢迢三万里。"如杜甫《咏怀古迹》："千载琵琶作胡语，分明怨恨曲中论。"如刘攽《昭君怨》："穹庐旃墙烧爑爩，琵琶怨思胡笳悲。"如吕本中《昭君》："左抱琵琶右挥手，胡地汉宫能几春。"如张天锡《明妃出塞图》："琵琶中国弹未已，有人转眼悲胡笳。"如王结《明妃曲》："羌笛一曲助悲凉，琵琶聊写思归意。"如张宪《昭君怨》："四弦嘈嘈弹，北风胡马嘶。"王恭《王昭君》："琵琶霜外曲，羌笛夜中魂。"彭华《明妃曲》："换得琵琶不忍弹，胡沙猎猎雪漫漫。"诗人在想像中运用触景生情或睹物伤情的对比手法，以琵琶代表汉地而抱在怀中，胡笳等代表了异族的生活环境而回响耳边，环绕周围，两两相照，里外呼应，生动形象地刻画出大漠之中王昭君遥望长天而忆念故乡的内心情感。其中，胡笳又别有一番深意。

东汉大名士蔡邕的女儿蔡琰，字文姬，在汉末的动乱中曾被掳掠到匈奴部落之中，成为匈奴人的妻子，生有两个孩子。曹操当政时，念及与蔡邕的友谊，以重金赎回了蔡文姬。文姬归汉后重新嫁人，心中无法割舍留在匈奴的孩子，写有两首《悲愤诗》抒发自己的身世之悲，一首五言，一首骚体，后者在述说胡地生活的情景时，有"胡笳动兮边马鸣，孤雁归兮声嘤嘤"的句子，哀婉动人，读之令人下泪。魏晋以后流传着一首署名蔡琰的《胡笳十八拍》，曲调更凄伤，描写更细致，因而更能打动人心，影响很大。在相当长的时间里，人们并不知道这是一首伪托之作，读此而对蔡琰有着深深的同情，也对与蔡琰有着相似的命运却没有文字流传的王昭君多了一层了解。无论是琵琶也好，胡笳也好，都与王昭君没有实实在在的联系。但是由于刘细君，而昭君与琵琶联系到了一起；由于蔡琰，昭君又与胡笳联系到了一起。于是，在歌曲《王昭君》和琴曲《昭君怨》之外，又出现了胡笳曲的《王明君》。

刘宋时期的才子谢庄，字希夷，著有《琴论》，所记琴曲就提到有“平调《明君》三十六拍，胡笳《明君》二十六拍，清调《明君》十三拍，间弦《明君》九拍，蜀调《明君》十二拍，吴调《明君》十四拍，杜琼《明君》二十一拍，凡有七曲”。谢庄《琴论》早已亡佚，这段文字见于《乐府诗集》卷二十九所引。此书同时还引佚书《琴集》说：“胡笳《明君》四弄，有上舞、下舞、上间弦、下间弦。《明君》三百余弄，其善者四焉。又胡笳《明君别》五弄：辞汉、跨鞍、望乡、奔云、入林是也。”

遗憾的是，这些不同调式的音乐随同《琴论》和《琴集》两书的亡佚而消逝在历史的长河之中，今天的人已经无法知其究竟。庆幸的是，这些文字资料的保存让我们看到在那个时期，以昭君故事为主题的音乐曾经是多么丰富，是多么受到人们的喜爱。昭君音乐在发展中不仅出现了各种变调，还出现了不同的地方色彩，表示昭君音乐的传播从北方中原进入南方的吴地，甚至传播进入西南蜀地，融化于当地的音乐之中而形成了独特的风格。而在这

昭君怀抱琵琶　石夫、姚耐绘（《昭君出塞》，福建人民出版社 1983 年版）

些同题的乐曲中，胡笳曲的数量达到三百余弄，无疑是最受欢迎者。这种情形说明，人们同情昭君的遭遇，感慨她的命运，在抒写情感而加入想象之时，匈奴乐器的代表胡笳也就成为了与琵琶相对比的胡地象征。

蔡琰是一位具有良好的文化教养的大家闺秀。她通音律，擅书法，能诗文，有史识。曹操从匈奴赎她归汉，怀抱对朋友女儿的同情之外，还有一个重要的原因就是要请蔡琰通过记忆重新写出在战争中被毁的蔡邕的藏书。史载蔡邕珍藏典籍有四千余卷，蔡琰靠记忆写出了四百余篇。“篇”是完整的计数单位，“卷”是为方便书写和阅读而做的划分。四百篇与四千卷，单位名称不同，难以估量蔡琰所完成的文字数量。退一步说，即使蔡琰靠记忆而写出的四百篇只是四千卷的十分之一，其字数与内容也相当可观，足以表明，她的聪颖明慧和学养程度都令人惊讶，让人赞叹。那么，生长于山野的王昭君，家庭背景不同，文化教养的程度显然不可与蔡琰比肩，即使入宫之后的学习条件有改善提高，个人又聪明好学，却也难以在短时间里达到蔡琰的水平。因此，就深厚的文化素养来说，王昭君根本不可以与蔡琰相比。但是，人们同情她们俩的遭遇，于是通过音乐，通过诗歌，通过图画，也通过戏曲，使这两位有着类似遭遇的女子都与胡笳结下了不解之缘，胡笳成为她们并非完全相同的人生中而共有的一种见证。

琵琶与胡笳，在昭君生前是否真的与她有过亲密的接触，不得而知。但自从《昭君怨》成为文学艺术的主题，它们就成为后人讲述昭君的情感载体，成为诗、词、画乃至戏曲中常常出现的象征。以至于说到琵琶与胡笳，人们就会联想到昭君和她的出塞远嫁。

第七章　宁胡阏氏

王昭君一路北上，走过长江，跨过黄河，从兴山到长安，又从长安来到单于庭，于是她由偏远的山野进入了皇宫，又从元帝的一个待诏良家子而成为了呼韩邪单于的阏氏，并拥有了一个名号，叫作“宁胡阏氏”。如何评价昭君出塞这一历史事件？在20世纪的五六十年代曾有过一场全国范围的热烈讨论。此后，陆陆续续的争论也一直存在。讨论比较集中的问题有两个，一是如何评价汉朝作为国家民族政策的“和亲”之举，二是如何评价王昭君个人的历史作用。就派去和亲的女子而言，虽然她们只是国家的政治工具，她们在个人生活和个人感情上可能承受了许多痛苦，但是就客观作用而言，她们是汉朝送给单于的阏氏，在汉与匈奴的外交活动中，这一身份的特殊性是有影响力的。无论她们有还是没有对于身后站立的汉朝国家的自觉意识，她们的言行都可能会影响到双方关系的处理。

武帝时先后派往乌孙和亲的刘细君和刘解忧，一位是江都王刘建的女儿，另一位是楚王刘戊的孙女，身份很清楚，事迹有记载。而汉与匈奴既战且和的交往状况持续了上百年，其间选派去往匈奴和亲的女子不止一位，但是在历史上留下姓名和称号的只有王昭君一人，其余的都仅仅有一个“宗室女”的说明而已。显然，因为王昭君的和亲正处在历史机缘的关节点上，此时汉朝与匈奴不仅结束了长期的战争，也终于赢得了百余年来未能实现的友好。这种历史的机遇加之她个人的命运沉浮，使她在后世不断地得到各种各样的关注和评说。那么，在这一历史的机缘中，王昭君的出塞和亲缔结了汉匈两国的友好关系，而进入匈奴以后，她既具有一种特殊的身份，又生活在单于的身边，对匈奴处理与汉朝的关系，她在客观上应该可以起到一定的作用。尤其是在匈奴，女性是拥有一定权力的。

一、单于阏氏的地位

阏氏，是匈奴语的音译。东晋习凿齿说："匈奴名妻作阏氏，今可作烟支。"（《史记索隐》卷一百一十引）刘宋裴骃引苏林说："阏氏，音焉支，如汉皇后。"（《史记集解》卷五十七）不过，阏氏是贵称，非一般匈奴人的妻子可用，所以习凿齿的解释，读音正确，而意义不对。苏林说相当于汉朝的皇后，即单于的妻子称阏氏，也不全对。匈奴人实行多妻制，单于的妻子更是不止一位，多者可以达到数十位，如郅支单于与汉军对阵之时，就有数十位阏氏夫人在城上助战（《汉书》卷七十）。而汉朝的皇帝虽然可以拥有三宫六院七十二妃，但皇后是只有一位的。搜检史籍可以知道，匈奴人不仅称单于的妻子为阏氏，也称单于的母亲为阏氏，匈奴侯王的妻子同样也称阏氏。如金日磾，本是匈奴休屠王的太子，武帝时，昆邪王杀其父而降汉，他"与母阏氏、弟伦俱没于官"，成了汉朝的养马奴隶。后来因为深得武帝的喜爱和信任，任职显赫。母亲死，武帝下令将他母亲的画像悬挂在甘泉宫，"署曰休屠王阏氏，日磾每见画常拜，乡之啼泣，然后乃去"（《汉书》卷六十八）。因此，阏氏是匈奴单于和王侯夫人的专称，具有显贵的地位。如果是单于的妻子，就直接以阏氏为称；如果是王侯的妻子，则加王号于前，如休屠王阏氏，屠耆阏氏等。

匈奴单于往往拥有多位妻子，虽然都称阏氏，但也有地位的区分。颛渠阏氏地位最高，次为大阏氏。《汉书·匈奴传》记“乌珠留单于立，以第二阏氏子乐为左贤王，以第五阏氏子舆为右贤王”。而乐的亲生母亲第二阏氏就是前面文字叙述中的大阏氏。由此可以推断，颛渠阏氏是专有的名号，最为尊贵，颛渠以下的阏氏则依次排列为第二、第三、第四等等。因为第二阏氏的地位仅次于颛渠阏氏，所以又称大阏氏，近乎于专门的名号。

匈奴是马上民族，崇尚武力，剽悍威猛，善骑射，风俗之下，女子也深受影响。武帝天汉元年（公元前100年）苏武出使匈奴，遇上虞常等联合缑王谋划趁单于外出打猎、营地空虚之机而劫持单于母阏氏降汉请功，结果却被单于母阏氏指挥的子弟打败被俘，审问中牵连到苏武等汉朝使者，而导致了苏武被扣留匈奴长达十九年。元帝建昭三年（公元前36年），汉军围攻郅支城。守城告急，郅支单于的数十位阏氏全都站到了城墙上，拉弓放箭，参与抵抗，她们当中的大多数都死于这场战斗。由此可知单于阏氏虽是女性，却也能有决断，有勇力，关键时刻可以挺身而出，英豪之气，不输于男子。这样的女性生活在单于的身边，她们的想法自然也能对匈奴的政治产生影响。

实际上，匈奴有阏氏参与政治并受到尊重的传统。当年刘邦在平城被围，陈平所用奇计，就是走阏氏的门路，送去财物珍宝，说动阏氏放刘邦一马。阏氏收下礼物后，劝说冒顿：“两主不相困。今得汉地，单于终非能居之。且汉主有神，单于察之。”（《汉书》卷九十四）冒顿是何等强悍的单于，杀父而立，东灭东胡，北驱丁零，全体匈奴贵族对他敬畏有加。可是他却在持有绝对优势的情况下听从了阏氏的意见，将铁桶一般的包围圈解开一角，让濒临绝望的刘邦逃了出去，获得生路。可知冒顿对阏氏的意见有着特别的重视。而冒顿阏氏的劝说，既有利害的分析，又符合匈奴人信神重义的心理，故能让冒顿心悦诚服。这位聪慧能干的阏氏，自然也是经过了许多的历炼。如果没有平时参与政事的经历，她就不能在关键的时刻发言；如果没有经常参与政事的经验，她就不能有如此清晰深刻的分析，冒顿也不会在关键时刻听从她的意见。而汉人对刘邦如何从平城之围中脱身一事，在很长的时间里都讳之莫深，只说是“秘计”而已。看来堂堂大汉皇帝却受托于阏氏女人才得求生，在刘邦眼里，这一定不是光彩之事，故而不肯公开，羞于让天下人知晓。汉人文化中对于女性的轻蔑，对于女性干预朝政的忌惮，与匈奴阏氏素有参与政治的民族风俗形成了鲜明的对比。又如呼韩邪的颛渠阏氏和大阏氏是姊妹俩，都深得单于的宠爱。颛渠阏氏生有两个儿子，大阏氏生有四个儿子，其中两个年长于颛渠的儿子，两个年幼于颛渠的儿子。呼韩邪死前曾与两位阏氏商量立嗣之事，颛渠阏氏主张立年纪最大的大阏氏的儿子为单于，而大阏氏不同意：“舍贵立贱，后世必乱。”呼韩邪最终还是采取了颛渠阏氏的意见，立年龄最长的大阏氏之子为后。可见在单于的决策中，阏氏们是有发表意见的机会的，而颛渠阏氏的意见则很有份量。《汉书·西域传》记西域诸国风俗“贵女子，女子所言，丈夫乃决正”。匈奴与西域诸国关系紧密，语言相近，习俗相通，同样也有贵女子的文化传统。因此，在单于决策之际，阏氏不仅参与，而且她的意见会具有一定的影响。

这种尊重阏氏意见的民族传统，也给予了单于阏氏一定的权力。匈奴有“兄死妻其嫂、父死妻其小妻”的风俗。当虚闾权渠单于即位之时，他不仅继承了哥哥壶衍鞮单于的位置，也继承了哥哥的颛渠阏氏。可是他不爱颛渠阏氏，而宠爱自己所立的大阏氏。于是，他得罪了颛渠阏氏和她的父亲。颛渠阏氏的父亲从中作祟，使他失去与汉朝和亲的机会。颛渠阏氏又因此而与右贤王私通，最后乘虚闾权渠病重濒危之机，策动了权力的变更，联合重臣，立右贤王为单于，导致了匈奴后来的分裂和混乱。后来的乌珠留单于死，王昭君的女儿须卜居次云之所以能够干预新单于的策立，她的丈夫须卜当之所以愿意接受她的意见，不仅是因为她有汉朝的后援，更因为匈奴本来就有这种“女子所言，丈夫乃决正”的民族习俗。

王昭君是单于的阏氏，有着“宁胡”的称号，是大汉王朝的代表，而匈奴又有这种尊重阏氏意见的传统。可以推想，身为汉人的她，心有对和平生活的向往，怀抱民族和睦的意愿，当单于处理与汉朝的关系之时，她的在场，一定会以各种形式对单于的决策发生影响。

二、宁胡阏氏

公元前 33 年，汉元帝以王昭君赐呼韩邪单于为阏氏，改年号为“竟宁”，谓边境终得安宁。呼韩邪单于得王昭君为妻，而予以“宁胡阏氏”之号，“言胡得之，国以安宁也”(《汉书》卷九十四颜师古注)。或以为“胡”是汉朝对少数民族带有贬义的称呼，其实不然。武帝时，狐鹿姑单于曾派使者向汉朝要求开放关市，取汉女为妻，信中说：“南有大汉，北有强胡。胡者，天之骄子也，不为小礼以自烦。”(《汉书》卷九十四)可知“胡”其实是匈奴语的音译，其意为“天之骄子”。所以，“宁胡”也就是“胡宁”，表达了匈奴人的民族自豪和生活期盼。汉朝之年号和匈奴之阏氏号都以“安宁”为意，反映的是两个民族的共同愿望。

在此前的百余年中，匈奴与汉朝从时战时和的交往状况转入全面的战争，双方都损失惨重。班固说：“当孝武时，虽征伐克获，而士马物故亦略相当，虽开河南之野，建朔方之郡，亦弃造阳之北九百余里。”可知汉武帝对匈奴的战争不仅耗费了巨大的人力物力，即使土地也有所损失，牺牲了人民，损伤了国力。而匈奴因为战争，不仅失去了西域诸多的属国，失去了左部东方的领土，更造成了内部的混乱分裂，加之天灾，民众长达数十年不得安宁。而现在汉朝与匈奴终于结成了兄弟之好，建立了政治盟约，并重新走上和亲之路，以婚姻为纽带来沟通、交融、和洽彼此之间的感情，这确实是一件令双方都深感庆幸与欢欣的事情。元帝说："边垂长无兵革之事。"呼韩邪说："愿保塞传之无穷。"因此，"竟宁"的年号和"宁胡"的阏氏号不仅代表战争状态的结束，更表达了汉朝与匈奴双方对长久和平的祈愿。这种来自两方的庆幸与祈愿，就通过王昭君这位汉族女子的出嫁单于而绾结到了一起。

匈奴单于的阏氏们，除地位最高的颛渠阏氏之外，只有第二、第三的序列排位而别无封号。呼韩邪以王昭君为"宁胡阏氏"，虽然不能知道她在阏氏的序列中排在第几位，但她却是除颛渠之外唯一拥有封号的阏氏，名义和地位自然非一般阏氏可比。呼韩邪单于死在公元前31年，也就是在王昭君嫁给他的第三个年头。这时，大阏氏的长子继位，按照匈奴风俗，王昭君又成为新单于的妻子，继续做新单于的"宁胡阏氏"。她是汉人，却远离汉朝，身居异乡，面对不同的民族，不同的习俗，列队于单于的诸位妻子之中，与其他背后站立着贵族家庭及其势力的阏氏相比，昭君显得孤单而弱小，她未必有力量去做什么具体的事情。但是，身为两任单于的"宁胡阏氏"，背负着汉朝与匈奴和睦友好的历史使命，在匈奴，王昭君的存在意义要远远大于实际的作为。

昭君和亲本身即具有符号的意义，代表了两族的和睦，边境的安宁，表达了汉匈民众的共同心愿。据《焦氏易林》卷十二所载，汉代有民谣唱道："昭君守国，诸夏蒙德。异类既同，崇我王室。""长城既立，四夷宾服。交合结好，昭君是福。"汉地民众将昭君和亲视作保家卫国之举，以她个人的远嫁而换取人民的安宁，故而感念她的福泽，歌颂她的德行。在这里，"长城既立"是一比喻。边关长城的修筑起于战国，目的就为了防御匈奴的进犯。历秦入汉，多少劳工葬身于长城之下，多少家庭因为长城之役而失去亲人，而绵延数千里的长城数百年来却并未阻挡匈奴闯入汉境的掳掠侵害。自汉宣帝和元帝重开和亲之路，成帝继之不衰，北方边境"数世不见烟火之警，人民炽盛，牛马布野"，"世无犬吠之警，黎庶亡干戈之役"(《汉书》卷九十四)。

“单于和亲，千秋万岁，长乐未央”汉砖
宁平摄影

而昭君和亲就是这一时期具有标志性的事件。它不仅是两国间政治盟约的象征，也打破了两族人民的交往屏障。昭君和亲就如同在边境民众的心上筑起了一座友谊的长城，使两族民众携手而拥有了共同珍惜的和平，实现了有形的长城所不能实现的功能。这座修建在民众心上的长城才是真正的“长城既立”。《焦氏易林》的作者焦延寿，是西汉末年著名的学者，其生活时间与王昭君相近。可以想知，这些民谣是当时民众“感于哀乐，缘事而发”的即兴创作，及时而真实地反映了汉地民众的心声。他们对昭君的和亲出塞，既有着对其个人命运的同情，也因自身生活的安宁而怀抱由衷的高兴和感激。而据考古工作者的报告，内蒙古包头附近曾发掘出土了印有“单于和亲”、“千秋万岁”、“长乐未央”等字样的瓦当和土砖，都是西汉末年的遗物（见《文物参考资料》1955 年第 10 期）。包头即西汉的五原郡治所在。这里曾是汉的边境，是匈奴与汉交往的要道，也是汉匈民众的杂居之地。虽然西汉和亲的公主有好几位，但西汉末年出塞和亲的只有王昭君。可以推想，这些文字也是因为昭君出塞而出现，其中有“单于”之称，表现的是庆贺的心情，这应该是匈奴人的制作吧？

而在匈奴内部，宁胡阏氏的存在就代表了汉朝力量的存在，会时时提醒单于如何正确地处理与汉朝的关系。

当年呼韩邪受逼于郅支而退出单于庭时，如何生存，如何发展，曾在贵族大臣之间有过一场激烈的争论。左伊秩訾极力劝说呼韩邪率部南下，臣服于汉朝而谋定匈奴，却招致贵族们一致的反对：“不可。匈奴之俗，本上气力而下服役，以马上战斗为国，故有威名于百蛮。战死，壮士所有也。今兄弟争国，不在兄则在弟，虽死犹有威名，子孙常长诸国。汉虽强，犹不能兼并匈奴，奈何乱先古之制，臣事于汉，卑辱先单于，为诸国所笑！虽如是而安，何以复长百蛮！”面对众口一致的反对，左伊秩訾坚持自己的意见，于是双方“相难久之”（《汉书》卷九十四）。虽然呼韩邪最终采取了左伊秩訾的意见，并依靠汉朝而战胜郅支，回到单于庭，使匈奴重获统一，但是左伊秩訾却因为受到贵族大臣们的孤立和谗害，在呼韩邪取得胜利之前就率领自己的部属离开匈奴，投降了汉朝。竟宁元年，呼韩邪入汉受到元帝隆重的接待，娶昭君为阏氏，定兄弟之好，汉匈关系走上和平发展之路。在离开长安之前，他去见了左伊秩訾，道歉说：“王为我计甚厚，令匈奴至今安宁，王之力也，德岂可忘。”因而邀请左伊秩訾返回匈奴。左伊秩訾婉言谢绝，呼韩邪邀请再三而不能得。由此可知，即使在呼韩邪的时代，与汉和亲一事在匈奴贵族中，反对者是大有人在，势力颇强，其左右单于决策的力量不可小觑。而呼韩邪死后，匈奴贵族中的这种势力想必会有新的动作，以图振兴。

昭君和亲的第三个年头，公元前31年，呼韩邪死，复株累若鞮单于立。新立的单于一面派儿子入侍汉朝，一面重新部署匈奴权力，以求稳定。汉成帝河平元年（公元前28年），单于派右皋林王伊邪莫演去汉朝贺正月。回程中，右皋林王以心情迫切的口吻告诉送行的汉朝使者，自己要投降汉朝。成帝收到报告后，便召集大臣商议，接受还是不接受，当如何应对。经过分析利害的讨论，成帝决定改变以往欢迎匈奴降者的做法而以缓和渐进的方式来作处理。而右皋林王知悉汉朝态度审慎之后，便矢口否认先前曾向使者说起要投降汉朝的事情。回到匈奴之后，虽然官职依旧，但是单于从此不再让右皋林王与汉朝使者接触。细绎其间的蛛丝马迹，右皋林王此举有两种可能：一是受单于之托以假降来试探汉朝友好的诚意；二是站在保守势力的立场作诈降而企图挑起汉匈之间的矛盾。史料匮乏，我们不能确定右皋林王此举究竟是假降的试探还是诈降的挑拨？但是，不管是哪一种情况，这件事都反映出匈奴内部对于和亲汉朝的立场和态度并非坚定一致。而这时正值呼韩邪过世后不久，这种举动，无论是单于的授意，还是保守贵族的策划，都显然带有试探汉朝的意味。在这种情况下，王昭君的在场就显得十分重要。她跟随在单于的身边，就像是汉朝派出的长驻匈奴的使节，时时提醒着单于汉匈友好的必要性与来之不易，遇有具体事情，则可引导单于去理解汉朝的处理。此事之后，单于从此不再让右皋林王与汉朝使者见面，说明至少此时的单于坚定了与汉和好的意愿。河平三年（公元前 25 年）年末，单于上书汉朝，请求循父亲呼韩邪之例而朝正月。河平四年（公元前 26 年）正月，复株累若鞮单于第一次入汉朝见，成帝以当年接待呼韩邪的礼节接待他，并在当年的厚礼之外，又增加"锦绣缯帛二万匹，絮二万斤"，明显有格外嘉奖的意思。

这是呼韩邪死后匈奴与汉朝友好关系的一次震荡，而就在这段时间里，昭君成为了复株累若鞮单于的宁胡阏氏。《后汉书·南匈奴传》记载："及呼韩邪死，其前阏氏子代立，欲妻之，昭君上书求归，成帝勅令从胡俗，遂复为后单于阏氏焉。"身在匈奴的昭君，她是女人，但又不是普通的女人，她是呼韩邪的遗产；但又不是普通的遗产，因为她代表了元帝的赐婚，体现着汉朝的国威。当新单于提出妻昭君的要求时，就意味着他准备不折不扣地接受父亲呼韩邪的全部遗产，包括与汉朝和亲友好的政治关系，而宁胡阏氏王昭君就是这关系的象征物。单于之欲妻昭君与右皋林王使汉诈降这两件事情之间有没有具体的关联，史书无载，我们不得而知。不过这两件事情发生的时间如此接近，相互之间会不会有某种程度的联系而影响单于的思考呢？就事理而言，这是可能的。即使两件事情之间没有关联，史书记载单于是"欲妻"昭君，而愿望能否实现，则需要昭君经过请示汉朝之后才能决定，而不是以单于在匈奴的无上权威，想"妻"就"妻"，这就很清楚地表明，昭君在匈奴是因为代表着汉朝而受到了单于的特别的尊重。因此，单于在处理匈奴与汉朝的关系时，昭君的存在就是一个重要的提示。同时，也不排除单于向昭君征求意见的可能性，既然她是来自汉朝的皇宫，自当更熟悉汉朝的情况。

匈奴在与汉人的交往中，也在不断地受到汉族文化的影响。比如中行说曾教单于如何统计辨识人众畜牧，卫律曾教单于如何筑城防卫。而宁胡阏氏王昭君嫁入匈奴，就生活在单于的身边，她的举止教养自然会以各种不同的形式带给单于一些汉族文化的影响。有意思的是，自昭君的第二任丈夫复株累若鞮单于开始，匈奴单于的称号都加上了“若鞮”二字。《汉书·匈奴传》说：“匈奴谓孝曰‘若鞮’。自呼韩邪后，与汉亲密，见汉谥帝为‘孝’，慕之，故皆为‘若鞮’。”这种文化的影响虽然很难归结于一人一事，其发生应当是浸润日久的感化习染，却也必须得到一个机缘才能实现。有意思的是，匈奴与汉交往已有数百年，此前的学习主要从现实功用出发，从生活实用着手，此时则仿效汉人的伦理道德观念，取“孝”用作单于的称号，这样的学习不在实用的功效，而是具有一定的感情因素，表达了对于汉族文化观念的向慕。王昭君身为前后两任单于的妻子，耳鬓厮磨、枕席相伴的夫妻感情一定会促进两种民族文化的沟通与理解。单于称号的改变恰恰就发生在这两任单于之间，王昭君恰恰就是这两任单于共同的妻子，可以推想，她的存在就是匈奴单于在称号中增加“若鞮”之名的机缘。

总之，昭君和亲，不仅对于汉朝意义重大，对于匈奴同样具有重大的意义。昭君本人究竟在匈奴有过哪些具体的事迹，我们不能知道，但是她身为宁胡阏氏，作为汉匈和好的象征而产生的作用，她在匈奴生活而产生的潜在影响，在中国历史上都应该得到充分的肯定。

第八章　昭君的后人后事

公元前33年，即竟宁元年的正月，王昭君受汉元帝刘奭之命嫁给匈奴单于呼韩邪，二月离开长安北上。这是一次路途遥远的旅程，当元帝在当年五月过世的时候，呼韩邪和王昭君一行是否已经抵达大漠以北的单于庭，尚不能确定。公元前31年，呼韩邪单于过世。在两年的夫妻生活中，王昭君生有一个儿子，名叫伊屠知牙师（详见延伸阅读八）。复株累若鞮单于即位后，王昭君成为新单于的妻子，生有两个女儿。大女儿名云，后嫁给匈奴贵族须卜当，称为须卜居次云，史书也记为伊墨居次云。"居次"即汉语公主的意思。小女儿的名字没有留下记载，仅知道她后来嫁给贵族当于氏，称为当于居次。复株累若鞮单于在位十年，死于公元前20年。王昭君在复株累若鞮单于即位之后，史书再无记载，不知道她后来遭遇如何，境况如何，也不知道她死在何时，葬在何处。但是千百年来，在内蒙古河套地区一直保留着青冢的传说，在山西和湖北境内，也一直都有昭君的故事流传，表明汉匈两地的民众都没有忘记她，因为她的出塞和亲而一直感念她。

伊屠知牙师，王昭君唯一的儿子，先立为右日逐王，后立为右谷蠡王。在兄长舆即位为呼道而尸皋若鞮单于后，伊屠知牙师依照惯例应当升作左贤王而成为单于的接班人。但是，呼道而尸皋若鞮不愿意继续以兄传弟而想将单于之位传给自己的儿子，就杀了伊屠知牙师，时间大约在公元18年以后。

昭君怀抱伊屠智牙师　石夫、姚耐绘（《昭君出塞》，福建人民出版社 1983 年版）

如果以出生在公元前 32 年计算，伊屠知牙师大约活了五十岁。他死的时候，王昭君如果还健在，年龄也会在七十以上了。以这样的高龄来承受丧子之痛，想必这种摧伤一定是致命的。

《汉书》记载，王昭君的两个侄儿王歙和王飒都得到汉朝的封爵，王歙封和亲侯，王飒封展德侯。汉朝的爵赏制度："爵以功为先后，官以能为次序。"（《汉书·百官功卿表》）从二人所得爵号看，显然是因为昭君的出塞和亲有功于汉朝而循例封其子弟。如果是这样，那么二人受封的时间就在昭君和亲的竟宁元年（公元前 33 年）或稍后。

王昭君在匈奴所生的两个女儿，因她有功而在汉朝封侯任职的两个侄儿，彼此之间虽然是姑舅表兄妹的亲戚关系，却限于所在疆域而各有各的生活。若无特殊缘故，他们中的任何一方都不可能跨越国界而与对方发生联系，也就更不会有具体的事件发生。但是，随着汉朝与匈奴两国的政治变化，这各在一地、相互隔绝的两对姑舅表兄妹的人生轨迹终于发生了交会，并再次对汉朝与匈奴的交往关系产生了影响。

一、化干戈为玉帛

当年呼韩邪接受了颛渠阏氏的意见，立大阏氏之子雕陶莫皋为嗣后，约以兄终弟及。这样，雕陶莫皋之后，同母的弟弟且麋胥继位；且麋胥之后，单于位传于颛渠阏氏之子且莫车，然后传于其同母的弟弟囊知牙斯，即乌珠留若鞮单于。乌珠留若鞮单于立大阏氏之子乐为左贤王，第五阏氏之子舆为右贤王。这时是公元前 8 年，汉成帝绥和元年。

此时的汉朝，中央权力正斗争激烈。汉元帝生前不爱王皇后，而宠爱傅昭仪和冯昭仪，两位昭仪各育有一个儿子。元帝死，成帝刘骜即位，元帝皇后，即成帝母亲王政君因此而成为皇太后，地位尊贵。在此情况下，傅昭仪与冯昭仪都跟随自己的儿子离开了京城，前往各自的封地居住。由于两人的儿子都是早死，两位昭仪就在封地细心养护着孙子。在长安，成帝尊崇母家，大肆封赏王家子弟，王凤、王根、王商等兄弟五人同日封侯，相继辅政，“王氏子弟皆卿大夫侍中诸曹，分据势官满朝廷”（《汉书》卷九十八）。绥和元年（公元前 8 年），皇太后的侄儿王莽擢升大司马，权势日益加重。次年，即公元前 7 年，成帝死，无子嗣，皇太后与王莽等商议立傅昭仪之孙定陶王刘欣为成帝之后而继位，即哀帝。哀帝在位的六年中，傅昭仪成了傅太后，王氏势力遭到打击。哀帝死于公元前 1 年，也没有子嗣，时为太皇太后的王政君行动果断，她一面收回皇帝玺绶，一面急召王莽进宫，商议后决定，再立冯昭仪之孙，九岁的中山王刘衎为成帝之后，即位而称平帝。此时冯昭仪已死，太皇太后又年高倦怠政事，朝廷大权进一步掌握到王莽的手中。公元 5 年冬十二月，十四岁的平帝死，王莽以摄政王身份总揽朝政。三年后，王莽自立为帝，废汉之国号而改称新室，年号始建国，时为公元 9 年。

在此汉朝的中央权力发生震荡之际，匈奴与汉朝的关系也在发生着由微妙而显著的变化。我们不妨将此期间汉匈交往所发生的事件简要列举如下，稍作分析，可见端倪：

成帝绥和元年（公元前 8 年），汉使夏侯藩等来贺乌珠留若鞮单于新立，要求单于将匈奴西边辖地中与张掖郡相值的地块献给汉朝，遭到单于的拒绝，并且，单于向成帝上书投诉此事。汉朝为了安抚单于，解释这是夏侯藩的自作主张，并以贬谪他的官职来作回应。

哀帝建平二年（公元前 5 年），乌孙进入匈奴境内寇盗牛羊，单于发兵击败乌孙，于是乌孙惧，遣子入匈奴为质，表示臣服。乌珠留若鞮单于一面接受乌孙的臣服，一面将情况上报汉朝。汉朝派使者来到匈奴，责备单于不应当接受乌孙的臣服。单于接受了汉朝的命令，放归乌孙质子，恢复了乌孙与匈奴同为汉朝属国的地位。

哀帝元寿二年（公元前 1 年），乌珠留若鞮单于到长安朝拜正月。此前，哀帝身体不好，有人举出黄龙元年单于来朝而宣帝死，竟宁元年单于来朝而元帝死的例子，说是匈奴来自北方，位居上流，恐怕不利于汉朝皇帝。哀帝为此已经拒绝了匈奴使者朝汉的请求，经过扬雄上书谏劝要以维护汉匈两国的友好关系为重，这才收回成命，同意单于来朝。因此，这次乌珠留若鞮单于来朝，虽然赠赐礼物有加，汉朝却安排单于住在上林苑中的蒲陶馆，而不是专门用于接待外国元首的客馆，实有借此镇妖祛邪之意。乌珠留若鞮单于虽然没有对住蒲陶馆一事表示异议，但是心里明白汉朝对自己有所忌讳，意颇不快。

平帝元始二年（公元 2 年），车师后王句姑和去胡来王唐兜因为怨恨汉朝派驻西域的都护校尉，率部属逃亡而归降匈奴。乌珠留若鞮单于将他们安置好后，上书报告汉朝。汉朝则认为西域诸国是汉朝属国，批评单于不应当接受。单于争辩说：“孝宣、孝元皇帝哀怜，为作约束；自长城以南天子有之，长城以北单于有之。有犯塞，辄以状闻；有降者，不得受。臣知父呼韩邪单于蒙无量之恩，死遗言曰：‘有从中国来降者，勿受，辄送至塞，以报天子厚恩。’此外国也，得受之。”（《汉书》卷九十四）但是在汉朝的坚持下，单于交出了车师二王，唯请求汉朝能宽谅他们，加以赦免。然而汉朝非但不听单于的请求，集合起西域诸王而斩杀车师二王，以为警示，更派出使者到匈奴，收回当年宣帝的约束，设立四条新的约束并命令单于遵行，即：汉人亡入匈奴者，乌孙亡降匈奴者，西域诸国佩汉印绶降匈奴者，乌桓降匈奴者，皆不得受。当年宣帝的约令只有南北疆域之分，现在则将东西两方地域也包括进来，以具体而明晰的条款禁止单于接受四方的归降者，即不让匈奴单于有任何可乘之机来扩张自己的势力。

匈奴本是北方大漠上的强国，臣服着周边诸多小国。当匈奴与汉朝交战，这些小国多视利害而依违两端。匈奴势力逐渐退出后，汉朝在西域设立都护校尉，管理诸国，诸国与汉朝的矛盾冲突渐渐兴起，于是诸国往往又投向匈奴以为依靠。这时的汉朝，王莽执政，在处理汉与其它民族的关系上以大国自居，傲视异族，态度强硬，威逼利诱，多所改作，往往激化矛盾，致使旧怨未消，新恨又起，汉与周边诸国之间的关系迅速恶化。在此形势下，匈奴势力渐有扩展，单于对汉朝也渐渐滋生了不满与抗拒。因此，当乌桓得到汉朝支持而不再向匈奴交税时，乌珠留若鞮单于就派兵进入乌桓领域，驱杀民众，掳掠妇女，向东扩展土地，并派其弟左犁汗王咸驻守左地，加强管辖。

此时的新朝皇帝王莽正陶然于改作制度，从官名到钱币到赋税等等，一概弃汉从新，使用新名。改了国内，又改国外。先是派使者到匈奴，劝说单于将其名字由四个字的囊知牙斯改为单名“知”，继而又派使者到匈奴，将原来汉宣帝所制“匈奴单于玺”，换成了“新匈奴单于章”。如果说单于对改名之事尚能保持克制而勉强接受，换玺之事就引起了单于和贵族大臣们强烈的怀疑和不满，匈奴与汉的关系出现深深的裂痕。就在换玺之后，单于派出兵马越过大漠，逼近汉境，驻扎在了朔方塞外。这时是公元9年，即王莽的始建国元年。

《汉书·匈奴传》总结此前诸事而记载说："单于始用夏侯藩求地有距汉语，后以求税乌桓不得，因寇略其人民，衅由是生，重以印文改易，故怨恨。乃遣右大且渠蒲呼卢訾等十余人将兵众万骑，以护送乌桓为名，勒兵朔方塞下。"经由宣帝和元帝努力而建立起来的汉匈友好关系，因王昭君的和亲而有进一步的密切交往，但是此时，已经到了破裂的边缘。

当朔方太守向朝廷报告匈奴南下驻兵之事时，王莽没有从缓和或挽救紧张的民族关系的原则来考虑问题，反而一面调配兵力集结边境，准备与匈奴开战，一面铸印十五，派出使者携带珍宝财物到边境去招诱呼韩邪的子孙，要将匈奴分化为十五部单于，分别统领。始建国三年（公元11年），匈奴左犁汗王咸及其二子被诱入汉塞，威胁之下，咸被拜为孝单于，赐安车、鼓车各一，黄金千斤，杂缯千匹；咸子助被拜为顺单于，赐黄金五百斤；然后，助和弟弟登被用专车送去长安，名义是客，实为人质。咸则逃归匈奴，向单于报告。

乌珠留若鞮单于闻知大怒："先单于受汉宣帝恩，不可负也。今天子非宣帝子孙，何以得立？"单于因此不再以王莽新朝为和亲友好之邦，派出左骨都侯、右伊秩訾王呼卢訾及左贤王乐将兵进入云中郡益寿塞，大杀吏民。此后单于又遍告匈奴左右部各级王侯，鼓励他们带兵进入汉境掳掠。史载"大辈万余，中辈数千，少者数百，杀雁门、朔方太守、都尉，略吏民畜产不可胜数，缘边虚耗"（《汉书》卷九十四），边境民众再度陷入恐慌动乱之中。

王莽得报匈奴入境寇掠，立即布署十二将帅为统领，调发各地郡国勇士，派发库中精良武器，分别驻扎边境屯守，同时从各地转运粮草，计划集结三十万大军，携带三百天的口粮，分十路同时进军，企图越过大漠，穷追匈奴，杀死乌珠留若鞮单于，最终实现以十五单于分地而治之的"宏图"。于是边境上人马倥偬，往来繁忙，只等集结完毕，便大开厮杀。

自王莽当政以来，汉与匈奴的关系日益恶化。及至新朝建立，王莽公然破坏以往的友好合约，双方渐趋对立状态。公元 11 年的诱骗事件发生以后，匈奴驻兵塞下，不时入境掳掠；王莽则不断向边境集结兵力，准备大规模的进攻。这时的边境，上百年来历尽甘苦与牺牲而换得的和平安祥已经不复存在，双方都是屯集兵力，严阵相待，剑拔出鞘，箭在弦上，只待时机，便是万骑奔腾，万箭齐发。一场无法估量双方人员伤亡的战争即将爆发。

就在这形势异常紧张的关头，公元 13 年，王莽始建国五年，乌珠留若鞮单于过世，右骨都侯须卜当为主事大臣，负责新单于的继立之事。乌珠留若鞮单于生前已经任命弟弟舆为左贤王，这是根据匈奴习惯法确立的单于继位人。但是此时，须卜居次云则主张由同为乌珠留若鞮单于弟弟的咸继位：因为谁来就任新的单于，势必影响到已经非常紧张而严重的汉匈关系的处理与发展。

须卜当是须卜居次云的丈夫，王昭君的女婿。乌珠留若鞮单于时，当王莽的使者逼迫换印，他曾代表匈奴质问汉使："汉赐单于印，言'玺'不言'章'，又无'汉'字。诸王以下乃有'汉'言'章'。"他指出，王莽所赐"新匈奴单于章"没有尊重单于的首领地位，使单于与臣下没有区别，因而要向汉使讨回宣帝所赐旧玺。此事可知，须卜当很熟悉汉与匈奴和亲的具体程序和内容，对于换印之事，非常气愤。不过，他因为妻子是王昭君女儿的缘故，自然对汉人会有好感而取克制态度，不同于其它匈奴贵族更多地保持着对汉人的警惕和防范。在居次云的影响下，须卜当也一直赞同与汉和亲。因此，在此双方边境严重对峙之际，当此须卜当负责策立新单于之时，居次云便极力劝说丈夫要与汉改善关系，应当立咸为新单于。

在居次云看来，咸得到了王莽的支持，曾经拜为孝单于，他的即位有利于和亲。而且，咸是呼韩邪的大阏氏之子，在囊知牙斯之后，按照呼韩邪"兄弟相传"的临终遗嘱，他的继任单于也不无依据。于是须卜当接受了妻子的意见，放弃了左贤王舆，而选择了咸。最终，在居次云和须卜当的大力支持下，咸即单于位，号称乌累若鞮单于。

乌累若鞮单于立，须卜当与居次云便劝说单于改变先单于的做法，开始着手和亲之事，先向王莽伸出了橄榄枝。王莽的大国尊严得到满足，接受了匈奴的善意，派出使者前来祝贺新单于即位。于是，边境上随时可能爆发战争的紧张气氛也就因此而缓和下来。

可以设想，假如乌珠留若鞮单于不是在这个当口逝世，假如在这个当口负责新单于即位之事的贵族不是须卜当，假如须卜当的妻子不是王昭君的女儿并坚持母亲的和亲意愿，边境上已经壁垒森严的两方军队就会开战。而战争是要死人的。一旦开战，不仅两方的军队要有牺牲，而且两方的民众也都要遭受巨大的灾难，蒙受不可估量的损失。当此危机发生之时，象征两族和亲友好的王昭君已经不在人世，然而，她的女儿还在，她的女婿还在，因此，她的影响通过他们而再次发生了作用。正是由于须卜当夫妇继承了王昭君的和亲意愿，也就继承了王昭君的和亲事业，把握住了历史赋予他们的机缘，而成功地通过策立单于而避免了一场汉匈两个民族之间的相互残杀，化干戈为玉帛。这才使得以昭君和亲为象征的汉匈间的友好关系得以延续了更长一些的时间。

二、须卜当夫妇的不归路

王莽天凤元年（公元 14 年），须卜当和居次云派人到西河郡虎猛县（今内蒙古伊金霍洛旗境）制虏塞下，告诉守塞的官吏说，希望与和亲侯见面。于是王莽派和亲侯王歙和展德侯王飒出使匈奴，携带着礼物来祝贺新单于的即位。

和亲侯王歙，在汉平帝元始二年（公元2年）曾随中郎将韩隆等共五人出使匈奴，他当时任职长水校尉。《汉书·百官公卿表》记载："长水校尉掌长水宣曲胡骑。"据颜师古等人注释，长水又名荆溪水，出于白鹿原，流入灞水。投降汉朝的匈奴人所组成的骑兵驻扎在长水边的宣曲观下，由校尉统领，故以长水名其官。此职在武帝时已经设立，官秩二千石，属于较高级别的领兵将领。这次汉使到匈奴，主要处理车师后王句姑和胡来王唐兜归降匈奴之事，王歙是五人中级别最低的官员，不是主事之官。这次事件的处理，虽然乌珠留若鞮单于心中不快，但还是服从了汉朝的旨意。王歙与须卜当和居次云等亲戚此前是否曾有过见面交往，史书无载，无法得知，但这一次无疑是有过接触的。而王歙在汉朝官职较高，有一定的地位，相互之间也许曾有过关于如何联络的约定。虎猛县由汉之西部都尉统领。须卜当统领着匈奴右部，即与汉朝西部都尉所在的位置相当，故当须卜当和居次云需要联系王歙之时，就直接来到虎猛县的制虏塞传递消息。

展德侯王飒，此时任职骑都尉，秩比二千石，也属于高级官员。始建国元年（公元9年），他奉王莽之命随五威将王骏等共六人出使匈奴，在告知单于新朝代汉而立的同时，要收回单于的汉朝玺绶而换以新朝的章绶。单于和贵族们对此事深有不满，当时须卜当就代表单于质问过汉使，显然这时王飒是在场的。虽然乌珠留若鞮单于在威胁利诱加哄骗之下换了章绶，但是却一直没有停止向王莽讨要被王飒等拿走的汉朝旧玺，并因为此事而后来决心与王莽反目，下令左右各部开始进入汉境掳掠。王飒作为新朝官员而参与了这一令匈奴贵族感到愤怒的事件，作为亲戚的须卜当和居次云对他的感觉想必不会太好。因此，虽然须卜当和居次云也与王飒有过交往，但是，当他们决心以和亲来解决双方的冲突之时，他们提出要见的人是十二年前曾经代表汉朝来出使的王歙，而不是官秩、地位相近并且就在五年前还到过匈奴而代表王莽新朝的王飒。这一细节，或许正表明须卜当和居次云的主张和亲确实是怀有亲近汉朝的感情，尽管此时的汉朝已经变成了王莽的新朝，但在他们的眼里，依然是旧人更可信任。

新即位的乌累若鞮单于接受了王歙和王飒带来的厚礼，问起了在始建国三年（公元 11 年）被带往长安的两个儿子助和登。这时，助早已病死，登又因为王莽错听边官报告而被杀，王歙不能据实相对，就哄骗单于说二人安好，更献上礼物向单于索要在建国二年（公元 10 年）叛杀西域校尉而率众逃入匈奴的汉人头领陈良和终带。乌累若鞮单于考虑到自己的两个儿子都在长安为人质，虽不情愿，还是将当年逃入匈奴的陈良和终带及其家人下属等总计二十七人全部交给王歙，派出厨卫姑夕王率领四十余人的使者团护送王歙等人返回长安，并探望二子。

王歙等回到长安，王莽以火烧之刑处决了陈良等人，撤走了边境上集结的军队，只设置游击都尉巡行边境，以为防备。本来剑拔弩张的两军对垒，本来一触即燃的战争烽烟，终于在须卜当夫妇和王歙兄弟的斡旋之下，双方都收剑入鞘，暂时平息下来。

但是，当乌累若鞮单于得知二子的死讯，才知道此前的“二子安好”只是欺骗，心中愤怨，从此对王莽朝廷采取了阳奉阴违的做法。单于一面讲着和亲，一面纵容甚至怂恿部属入境掳掠，边境之民不堪其苦。而每当王莽派使者前来责问，单于就说：“这是乌桓联合匈奴中的强悍奸民一起干的事，不是匈奴一方的责任。再说我新即位，威信还不够高，力量还不够大，不是不想管，而是没管好。中原不也有强盗小偷没管住吗？”单于这一番合乎情理的遁词，让王莽哑口无言，难以责备。

天凤二年（公元 15 年）五月，王歙奉命送厨卫姑夕王等从长安回到单于庭，带来了重金珍宝，要求单于改“匈奴”为“恭奴”，改“单于”为“善于”，并赐封须卜当为后安公，须卜当和居次云的长子奢为后安侯。单于视改换名号为一场荒唐的游戏，不以为意，因为你尽管去称“恭奴”吧，我自是匈奴依旧。匈奴——天之骄子，岂能因为你的改名而损我之威武？于是单于接受了所有的礼物，也佯装接受了改名。王歙回到长安复命，王莽对顺利完成改名之事非常高兴，赐赏王歙二百万，并大封其随从。但是，单于虽然接受了名号的更改，却从来没有停止进入汉境的掳掠。

王歙在离开匈奴时，将捉拿陈良等人的赏金私下里交付给须卜当和居次云去分配。王歙这样行事，当然是表示因为表兄妹的关系而在暗地里对须卜当和居次云加以照顾。王歙此举自然能赢得须卜当和居次云更深的好感和信任，更进一层的含意则在离间须卜当与单于的关系，使之更加靠拢自己。但是，王歙此举不仅不合外交惯例——使者不应私下授受，而且过于轻佻，对须卜当和居次云完全不负责任。因为一旦单于获知此事，须卜当夫妇在单于庭就会面临私交汉使的指控而有生命的危险。就此而言，王歙虽然是昭君的侄儿，却没有以汉匈的友好为重，也没有念及感情而关切表妹夫妇的安全。王歙之所以拉拢须卜当夫妇，因为他是汉使，要能在汉匈交恶的情况下顺利地完成使命，就需要须卜当夫妇的配合。他维护的是自己的现实利益，并以此为判断来处理双方关系。这就为日后须卜当和居次云的不幸埋下了伏笔。

王莽天凤五年（公元 18 年），乌累若鞮单于死，其弟左贤王舆即位，称呼都而尸道皋若鞮单于。新单于派须卜当和居次云的长子奢，居次云的妹妹当于居次的儿子醯椟王，一起到长安朝见献礼。王莽则想趁单于新即位而再行分裂匈奴之计，就谋划要劫持须卜当和居次云。将军严尤谏劝说：“当在匈奴右部，兵不侵边，单于动静，辄语中国，此方面之大助也。于今迎当置长安槀街，一胡人耳，不如在匈奴有益。”（《汉书》卷九十九）槀街，是长安城中专门安置西域胡人的街区。严尤之言，说明主张和亲友好的须卜当其实是人在匈奴，心向中国，不断地在向中国通报单于的动向，这自然有利于中国处理与匈奴的外交关系。严尤指出，一旦将须卜当扣在长安，他就成了住在槀街的一个普通胡人，中国不仅再也无法得到匈奴方面的情报，而且此举还会严重伤害那些对中国怀抱好感的匈奴人。利害剖析是如此清楚，但是王莽不听。王莽派和亲侯王歙送大且渠奢等到制虏塞下，哄骗须卜当和居次云来此会面。须卜当夫妇对表兄弟王歙的邀请毫无戒备，高高兴兴地前来会面。可是当他们到达制虏塞，王歙就指挥兵力胁迫须卜当和居次云要一起前往长安。于是，双方发生了争执，而王歙取胜。在这场厮扯争抢的混乱之中，只有须卜当和居次云的小儿子趁乱逃脱，回到了匈奴。

须卜当被带到长安以后，王莽封他为须卜单于，准备在大军征服匈奴之后，再送至单于庭，希望那时的匈奴完全服从自己的命令，听从自己的意旨。却不想须卜当忧愤满怀，不久就病死了。于是王莽就将自己庶出的女儿嫁给封为后安公的须卜奢，倍加尊宠，企图在消灭了呼而道皋若鞮单于之后，扶持须卜奢即单于位，实现辖治匈奴的计划。

但是，王莽前一次向边境集结兵力已使得全国都扰动不安，怨声沸腾，这一次再作军队的调发就成了痴人说梦，不知其终。这时的新朝，不仅是西域各国已经背叛，匈奴不断侵扰边境，内地也早已是烽火四起，讨伐不断，大乱生于肘腋之下。南边的绿林等下江兵攻打正急，又有新市、平林揭竿而起，先是赤眉起于东方的琅邪，后有隗嚣起于西边的天水，加上刘秀起于宛城，更有无数流民组织的小股队伍，旗指长安。于是各路义军攻城掠地，锋不可挡，四方流民涌入关中，谋求生路，饥饿逼人，京辅不安，朝中更不断有大臣的离叛，王莽政权已是穷途末路，自顾不暇，哪里还谈得上去应对匈奴等周边民族的侵扰。公元 23 年 9 月，起义军攻入长安，王莽被杀，新朝灭亡。而此后的长安城就像个走马灯，先是更始帝，后是赤眉，真个是“乱哄哄你方唱罢我登场”，四方军人见兵便杀，见财就抢，城中劣徒也趁机作乱，烧掠不已，昔日的繁华京城变成了一片火海，民众无所逃生。史载“民饥饿相食，死者数十万，长安为墟，城中无人行”（《汉书》卷九十九）。居在长安已经五年的居次云、儿子须卜奢、当于居次的儿子醯椟王，及其同在长安的家人，全都在这场战乱中丧生，既不知他们死亡的具体情形，也不知死后何人理丧，葬在何处。

王昭君再嫁复株累若鞮单于是在公元前 31 年，如果以须卜居次云出生在公元前 30 年计，则死时大约是五十五岁。

和亲侯王歙在制虏塞胁迫须卜当夫妇回到长安以后，就情理来看，应当得到了王莽的嘉奖。此后情况如何？则不得而知了。如果他在长安，估计也难逃脱这场倾城之乱而有求生之路。展德侯王飒，此后也不再见于记载（详见延伸阅读九）。如果以王歙在竟宁元年受封时年龄为二十岁计算，此时年龄应在七十五岁以上。王飒比他要小，也应当在七十岁左右吧。

至于逃回匈奴的居次云的小儿子的情形，史书无载，我们也不得而知。猜想，他的后代应该有可能在匈奴生存绵延。

［延伸阅读八］昭君之子

王昭君与呼韩邪作夫妻两年，生有一子，名伊屠知牙师，《汉书·匈奴传》对此记载明确。但是，在范晔《后汉书·南匈奴传》中，先记“单于弟右谷蠡王伊屠知牙师以次当为左贤王，左贤王即是单于储副。单于欲传其子，遂杀知牙师”，然后追述其母王昭君出塞和亲事，说是元帝见昭君光彩照人，“意欲留之，而难于失信，遂与匈奴。生二子”，即谓昭君与呼韩邪为夫妻而生有两个儿子。就现存资料来看，王昭君与呼韩邪生有两个儿子的说法仅见于此。我们没有材料可以确认这“二”字究竟是昭君真的生有两个儿子呢，还是范晔的笔误，或者是传抄过程中有人将“一”误写成了“二”？故取学界通常主张的一子之说，而录范晔之文于此，以待进一步的发现。

［延伸阅读九］展德侯王飒与归德侯刘飒

翦伯赞《王昭君年谱》在公元 23 年以后，有两条“归德侯飒”的记事，而认为史书中的刘飒是王飒之误。张传玺赞成此说，并申论了三条依据（二文均见于《北京大学学报》1982年第2期）。然而事非全然如此，须作辨说。

先看这两条记载。《汉书·匈奴传》："更始二年冬，汉遣中郎将归德侯飒、大司马护军陈遵使匈奴，授单于汉旧制玺绶，王侯以下印绶，因送云、当等余亲属贵人从者。"公元24年的冬天，更始帝刘玄以汉朝后裔进入长安后，愿与匈奴和好，派使者去匈奴送还王莽换印后收缴的汉朝旧印绶，并将当年随同居次云和须卜当一起被胁迫到长安而经战乱尚存的随同人员一起送回。这次出使，领头主事的是两人，一人是归德侯飒，一人是大司马护军陈遵。《汉书》卷九十二有陈遵的传，记此事时则明言是"归德侯刘飒"。

《后汉书·南匈奴传》："至（建武）六年，始令归德侯刘飒使匈奴，匈奴亦遣使来献。"公元30年，随着东汉国内形势渐渐稳定，光武帝刘秀这才派出使者到匈奴重提和亲旧好，以安宁边境。这次的使者依然是归德侯刘飒，时间相去不过六年，应当与《汉书》所记为同一人。

王飒为展德侯，与归德侯刘飒的爵号仅一字之差，又同名为"飒"，这是翦伯赞认为归德侯飒即展德侯飒的原因。但是，《汉书》中陈遵的传记和《后汉书·南匈奴传》都分明记载此人为刘飒，因此，这就很难解释"归"与"展"是字形之误，而认定"归德侯"当作"展德侯"。

张传玺所列三条论据，一谓《汉书·匈奴传》"凡记述王昭君的亲属，都言名不言姓，记述其他使者则姓名全具"。其实不然。即以王歙为例，他第一次在传中出现是公元2年随韩隆等出使匈奴，记为"长水校尉王歙"。公元14年，居次云到制虏塞提出要见和亲侯时，传曰"和亲侯王歙者，王昭君兄子也"。此后才不言姓而仅称其职与名。通观《汉书》，其人名书例是同篇第一次出现时为全称，再出现则只称名而不言姓。王歙这两次都称其姓名，就是因为前次只言官职而没有说明他与居次云的关系。所以仅以"言名不言姓"的书例来证明归德侯飒即展德侯飒的理由是不充分的。

二谓“从派遣使者的重要性来看”，无论是更始帝还是光武帝，这两次派出使者都是想要修复与匈奴的关系，所以要选派能令匈奴接受的使者。这无疑是合于情理的推测。但是，王飒虽然是王昭君的侄儿，却参与了王莽换印而激怒匈奴的事件，有此背景，他还会是一个“于情理推之”而应当的人选吗？何况王歙又参与了欺骗和挟持居次云等人到长安的事件，而须卜当夫妇都因此而死在长安。王飒是他的弟弟，此时去护送随同居次云夫妇而被挟持的匈奴人，对于这些知道胁持内情的匈奴人，他会是一个“于情理推之”而应当的人选吗？而且这时的单于正趁乱而插手汉地的混战，如果王飒在此时前往匈奴，单于及其贵族大臣们会不会无所顾虑地与他算旧账而加以报复呢？这种可能性显然是存在的。所以，说王飒是此时出使匈奴的合适人选完全不具有说服力。

三谓“刘玄时之侯如无特殊功勋于刘秀而能在东汉时仍为侯，这是不可能的”，这一推断就太过于主观了。据《后汉书》卷十一，刘玄在更始二年（公元 24 年）二月进入长安，次年九月，赤眉入长安，刘玄被杀。刘玄在长安仅仅一年有余，并无封赏之事。他之所以选派陈遵出使匈奴，完全是听从原来汉朝大臣的举荐，这一点，《汉书·陈遵传》说得很清楚。那么，归德侯刘飒作为人选，也不会例外。刘秀即位称帝之后，做了不少古人称为“兴灭国，继绝世”的事来收拢人心，如建武二年（公元 26 年）十二月，“诏曰：‘惟宗室列侯为王莽所废，先灵无所依归，朕甚愍之。其并复故国。若侯身已殁，属所上其子孙见名尚书，封拜。’”（《后汉书》卷一）命令恢复所有被王莽废除的刘姓诸侯的封国，包括子孙的继承权。归德侯刘飒如果在王莽时曾被剥夺爵邑，就能因为这次命令而得到恢复。所以，要证明归德侯刘飒就是展德侯王飒，这一条理由也是不能成立的。

因此，翦伯赞的意见和张传玺的推论，是缺乏证据的。不过，对于这一问题，前人也曾有过争议。如清人周寿昌说：“《功臣表》：归德侯先贤掸以匈奴日逐王率众降侯，其孙讽嗣侯，此殆即其人。飒、讽字近，又缘上展德侯飒而误。下称刘飒者，必赐姓，史失载也。以故侯从光武得绍封复国，建武六年使匈奴，见《后书》。”（王先谦《汉书补注·匈奴传》引）认为刘飒是刘讽之误，归德侯三字则没有问题。钱大昕不同意这一看法，他说：“或云：汉宣帝时，匈奴日逐王先贤掸率众降，封归德侯，其孙讽袭封。五十六年至建武初，尚存。讽、飒字形相涉，即一人。然据班表，建武二年，讽子襄已嗣侯，则讽当卒于建武元年，安得于六年更奉使乎？且先贤掸出于匈奴，不闻赐姓刘氏也。”（王先谦《后汉书集解·南匈奴传》引）钱大昕虽然没有说归德侯飒是谁，也没有提到归德侯与展德侯之间有没有联系，但是对周寿昌的说法从时间与姓氏两点上提出了质疑。

但我认为，钱大昕的说法实有可以商榷之处。首先，“讽”与“飒”二字确实有形近而误的可能。既然唐代以前的书都是手抄流传本，何以见得一定就是《汉书·百官公卿表》中的“刘讽”是对的，而《汉书》和《后汉书》中的“刘飒”就一定是错的呢？也许《汉书·百官公卿表》中本来就是“飒”而被抄成了“讽”呢？其次，宣帝神爵三年（公元前59年）日逐王先贤掸降汉，封为归德侯，其爵邑袭封子孙一直沿续到第五代的霸，在东汉明帝永平十四年（公元71年）因罪而免，持续时间长达一百三十年。在长达百余年的时间中，先贤掸的子孙早已汉化，他们以单名行世，不再保留匈奴习俗而取多字之名，那么，他们或是自己适应汉地习俗，用刘为姓来感激宣帝并借其尊荣，或者当时汉宣帝就因先贤掸的归降而赐他姓刘，二者都是可能的。所以，周寿昌说“史失载”是指出一种可能，而钱大昕因“无载”就断言“没有”，则过于武断了。学界有句通行语：“说有容易说无难。”所告诫的就是钱大昕这种情况。

因此，归德侯刘飒在两汉之际的存在可以无疑。他曾在更始二年和陈遵一起出使，送去汉代的旧印绶和长安大乱之后幸存的须卜当和居次云的随从人员。而他之所以成为这次出使匈奴的人选，正是因为他是先贤掸的孙子，虽然降汉，却仍是匈奴人。而先贤掸是且鞮侯单于之孙，本当即位为单于，却被颛渠閼氏和都隆堂所拥立的握衍朐鞮单于所取代，又受到逼迫，于是率众降汉。而此时的醯落尸逐鞮单于是与先贤掸同时受到逼迫的呼韩邪之孙，比刘飒要晚一辈，又与刘飒有相同的家世，二人有着这样的感情基础，交流自是容易，沟通也无障碍。所以，如果以派遣使者的重要性而言，刘飒才是真正的不二人选。

不过，按照《汉书·百官公卿表》的记载，刘飒袭爵是在成帝建始二年（公元前 31 年），在位五十六年，确如钱大昕所言，他应当死在公元 25 年，即刘秀建武元年，其子襄嗣位。这样，在建武六年出使匈奴的归德侯刘飒究竟是谁，则仍然是一个问题。

古书传流至今，或因抄写而有文字的讹误，或因当时资料不完备或写作时的粗疏而留下一些问题，都是读史者常常遇到的问题。这类问题，有的借助于新材料的问世，如考古的发现，可以得到解决，有的就只能假以时日来等待发现新材料。如果没有确凿的材料，而出之以推论，就应当有合理的论证来自圆其说，建立一家之见。如果不能，就当存疑，保持客观以尊重历史。

故本书讨论王飒生平之事，不取翦伯赞之说，不以为他是于更始二年和建武六年先后两次出使匈奴的使者，并就此提出不同意见来加以讨论，愿就教于方家。

传说篇

传说是什么？“传说是架通历史与文学之间的桥梁。”日本著名民俗学家柳田国南这一定义，为学界所广泛认同。若加追究细绎，则传说本来与真实的历史相关，只是因为长期在民间流传，其口耳相传的传播方式使之同时而成为了一种踵事增华的集体创作。岁月悠悠，想象悠悠，在被记录成为文本之前，传说一直处于扩容演变的过程之中。因此，传说虽然出于历史，却与文字书写的历史分道而行，并且是越行越远，在以真实性为根本要求的历史之外自立门户，另具特色，形成自己的传统。唯其如此，处在社会上层而习惯于文字阅读的文人一旦发现传说，就会惊讶于其活泼而毫无拘束的想象，为其新鲜而灵动的生活气息所吸引。因而传说也同历史一样，往往是文人进行文学创作的重要的素材来源。传说来自于民间，而滋养了文人的创作。在中国，借助于民间戏曲的媒介作用，民间传说与文人创作之间又进一步地产生了相互的交流与影响，相互的促进与发展。

王昭君出塞和亲之事，本来只是汉朝与匈奴长期交往过程中发生的诸多事件之一。但是，它发生在汉宣帝开始调整政策而结束汉匈战争的历史进程之中，它是汉元帝与匈奴重开和亲再修友好的历史见证，故而不仅引起史学家的重视，并且在民间产生了广泛的影响。对于亲身经历战争灾难的边地民众而言，昭君出塞就是百年战争的结束，昭君出塞就是安宁和平的象征。而这样一个改善汉匈关系的外交活动，这样一个影响到两境居民生活的政治行为，竟然是由一个后宫的女子孤身远嫁异族的首领来实现，这就不仅激起了民众对这一人物及其遭遇的好奇与想象，更激起民众对这一人物及其遭遇的同情与怜悯。感激，好奇，怜悯，这些源于底层民众的朴实感情推动了关于王昭君的传说的兴起与传播。

从文献记载来看，早在西汉末年就出现了与昭君相关的民间歌谣，而传说故事的出现则要到公元三世纪之后的魏晋时期。并不是说，这些传说故事兴起于魏晋时期，而是这一时期的文人注意到了民间的传说故事，并产生了浓厚的兴趣，他们开始去搜集，去记录，或作整理，或作改写。正是由于他们的文字记录，这些本来只在民间流传的口头传讲才能够历经兵火战乱而得以保存下来。虽然今天的我们并不能知道这些传说的最早讲述者以及时间，但是可以推断，这些传说在民间一定已经流传了相当长的时间，历东汉而到魏晋，具有了足够大的影响，这才引起了生活于社会上层的文人的注意，推动了他们的搜集与整理。因此，我们今天读到的最早的王昭君的传说是本于魏晋文人的记载，距离昭君出塞的时间已是将近二百余年之后。

大体上来看，历史存留下来的昭君传说可以分为两大类，一类是人物传说，一类是地名传说，两相映照而使正史记载中一笔带过的王昭君的人物形象变得丰满起来，昭君出塞的故事也由此而变得生动曲折，引人入胜。地名传说因为是与具体的地点联系到一起，内容扩展的空间不大，所以传说的形式与内容都相对稳定。人物传说是因为王昭君的个人遭遇而起，最易于激发人们的感情，也就为人们的驰骋想象提供了广阔的空间，赋予了生发演变的多种可能性，以至于出现的人物之丰富复杂，早已不是历史的原貌。总观昭君传说中的地名传说与人物传说，一者以追忆纪念为主，注重历史性，有着强烈的地域色彩；一者以人物故事为主，注重戏剧性，随同历史的演进不断变化而带有鲜明的时代色彩。但是，二者虽然有此种种差别，却有一点是共同的，那就是它们都具有人物和情节，都经过了口头传讲的过程而被记录，或被加工，或是成为文人创作的素材。无论其中的人物是单纯还是复杂，情节是简单还是曲折，如果没有人物与情节，就称不上是传说。但是，如果没有文字的记录，古代的传说就不可能存留到今天。而凡是记录的传说，一定留有记录者的痕迹。而这种采集、记录以及加工与利用，在某种程度上也就成为古代传说的存在特点。我们这一部分立名为“传说篇”，正是据此来作考察，而注重其源流与演变，以及在传播过程中民间传说与文人创作的互动与影响。

第一章　人物传说的演绎

在史书的记载中，昭君出塞和亲之事所涉及的人物主要是三位：王昭君，汉元帝，呼韩邪。在这三位人物中，无论是地位与名气，还是决定事件的发生及其历史作用与影响，王昭君显然都与汉元帝和呼韩邪不在同一个等量级上，完全不可以相比。汉元帝是“普天之下莫非王臣”的无比尊贵的汉朝天子，呼韩邪是驰骋大漠发号施令统领三部匈奴的单于首领，而王昭君不过是一地位卑微的后宫女子，是汉元帝送给呼韩邪表示亲睦友好的政治礼物。然而当与此相关的民间传说兴起，原来地位卑微的王昭君成为了这些传说故事中当仁不让的主角，而汉元帝也好，呼韩邪单于也好，都成为为了突显王昭君的陪衬人物。这一人物主线在相关的传说故事的流传演变过程中不仅保持了下来，并且所有后起的人物，毛延寿也好，赛昭君也好，全都是围绕着王昭君这一人物的命运而出现。这是昭君传说演绎中的一个值得关注的现象，它反映了历代民众都对王昭君的个人遭遇抱有深深的同情，所有的踵事增华都是为了表达这种同情。

昭君出塞和亲是汉朝若干和亲事例中的一件，无论王昭君是奉令而行，还是自请而行，本来并没有什么复杂的缘由，史书记载也不过三五言而已。然而当与此相关的民间传说兴起，无名作者的随兴创作参预其中，于是传播的时间愈久远，故事就愈复杂，情节就愈曲折。就一般的文学创作现象来看，主角人物是故事的中心，主角人物的言语行动应该是情节发展的主要动力。但是在王昭君的传说中，却有两点特别值得关注：一是这些传说故事的复杂性与情节的跌宕起伏，并不是通过主角王昭君这一人物的行动来推动，而是通过其它人物的出场及其行为来实现。二是通过一些不同人物的登场，将一个简单的出塞和亲的政治事件演变为善恶忠奸的社会斗争，从而不断丰富与深化传说的内涵，使得主人公王昭君的形象变得意义饱满。这就使得昭君传说在情节的演进上既主线分明，又波澜不断。

还有一个很值得关注的现象是，在昭君传说的流传与演变的过程中，小说与戏曲是非常重要的媒介，积极地促进着民间传说与文人创作的交流与交融。

中国历来被称之为抒情诗歌的大国。闻一多说，中国“在他的开宗第一声歌里，便预告了他以后数千年间文学发展的路线”，“诗—抒情诗，始终是我国文学的正统的类型，甚至除了散文外，它是唯一的类型”（《文学的历史动向》）。闻一多所指出的中国文学的发展动向始终以诗歌为主体，而且尊为正统，散文居其次，其实说的是文人文学的发展动向，并不包括民间的文学类型。而注重故事情节的小说与戏曲是社会下层民众最为喜闻乐见的文艺形式，因此，在相当长的历史时期里，崇尚抒情言志的中国文人瞧不起以娱乐为特点的小说与戏曲，很少有人愿意介入其中。由于古代的文字是掌握在文人的手中，如果没有文人的记录，口耳相传的民间文学就很容易失传，尤其是在朝代更替不断、战乱烽火频仍的古代。正是因为中国古代的文人以诗文为正宗，关注民间传说以及戏曲的时间较晚，所以我们今天所看到的中国小说略具规模的发展是在魏晋以后，而中国戏曲呈现出兴荣发展的景象是在宋元以后。魏晋小说的兴起与民间传说故事的采集记录有着直接的联系，而宋元以后的戏曲兴盛，不仅与民间说唱有着源流相承的关系，也与文人小说的成熟相联系。这一中国文学的发展动向，就清晰地反映在以王昭君为主题的传说及戏曲的发展之中。

就现在可见的文字资料作历史考察，魏晋时期是昭君传说的兴起时期，宋元以后，则以传说与戏曲的揉和而带来了文人戏曲创作的兴盛。因此，王昭君的人物传说虽然是出于民间，却由于文人记录的缘故，打上了文人的烙印。唐代以后的科举取士，为家境殷实的农家子弟打开了读书入仕之途，与此同时，也造就了一批被科举摒弃的沦落文人。在中国社会里，这些沦落文人在士族文化与民俗文化的流通交汇中担当了重要的角色。当他们将记录加工后的传说带入戏曲的创作，这些出于民间的传说又成为了戏曲说唱的素材。但是，中国戏曲最广大的观众依然在民间，戏曲表演的艺人大都生活在社会的底层。于是，本来出于民间的昭君传说在经由文人记录加工之后又通过民众喜闻乐见的戏曲表演而在民间继续传播。这一次的传播是出于民间传说而经过文人加工改写的戏曲，带有明显的文人趣味，结果却是，由文人改写的戏曲因为生动的表演而赢得民众的喜爱，从而将文人的想象渗入到民间的传讲之中，又为民间的昭君传说增添了新的故事元素。这样一种出于民间传说而进入戏曲创作、又通过戏曲表演而再度影响民间传说的传播特点，使得昭君传说中的人物呈现出特点鲜明而故事繁杂的面貌。清代小说《双凤奇缘》就是这种传播过程中出现的一个典型事例。

因此，考察王昭君的人物传说，我们既可以从这些人物的身上体会到爱憎分明的民众感情，又可以从这些人物的塑造中发现明显的文人评价的痕迹。这是一个很有趣的文学现象。可以说，昭君传说在传播与接受的过程中所呈现出来的民间文学与文人文学的互动，是中国文学史上的一个典型范例，非常值得重视。

一、毛延寿及其内蕴的扩展

毛延寿无疑是昭君传说中重要人物之一，而且，他也是昭君传说中出现的第一个推动故事情节演进的人物，最为人们所熟悉。这一人物的出现不仅推动了昭君传说的故事情节的演进，其人物自身也随着昭君传说的传播与接受而有一个从普通画工到朝廷奸臣的角色演变过程，从一个单薄的人物形象而逐渐聚积起比较复杂的意涵，通过对比而不断增强主角人物王昭君的形象意义。

1. 画工毛延寿

今天所见到的最早提及毛延寿的文献是《西京杂记》。书的传世本附有东晋葛洪所作《西京杂记跋》，声称书的作者是西汉末年的学者刘歆。但是，从唐代以来的不少著录都直接称其作者是葛洪。《四库全书》的编撰者则对这种著录提出了疑问，以谨慎的学术态度而采取以刘歆、葛洪并列作者的做法。

昭君拒贿毛延寿　石夫、姚耐绘（《昭君出塞》，福建人民出版社1983年版）

不过，今天的学者大都认为，此书实为葛洪自作而托名刘歆。

葛洪，生于公元284年，卒于公元364年，字稚川，自号抱朴子，丹阳句容（今江苏句容）人，是中国历史上著名的道士和医生，著述丰富。《西京杂记》共二卷，讲述西汉时代的一些杂异之事。葛洪在跋文中言之凿凿地说，刘歆所著《汉书》一百卷，大半都成为了班固写作《汉书》的素材，自己则从余下未被采用的材料中选取而辑成二卷，题名《西京杂记》，表明此书所载均为史事。但是，唐人颜师古注《汉书·匡衡传》时就说："今有《西京杂记》者，其书浅俗，出于里巷，多有妄说。"即已指出其内容多采自民间，是街谈巷议的传奇之说，不可信为真实。因为《西京杂记》所载事情多瑰奇怪异，很有吸引力，后代文人喜欢阅读此书，熟悉其中故事，却也都赞同颜师古的看法，不以为书中所记是史实，而视之为传说。

《西京杂记》中有一则传说，北宋初年李昉所编《太平广记》卷二百一十收录题名《毛延寿》，而在上海文艺出版社于1991年据上海扫叶山房1926年石印本影印出版的《五朝小说大观》所收《西京杂记》中，题名《王嫱》；在中华书局1985年出版的《西京杂记》中，则题为《画工弃世》。同一文本而有三个不同的标题，是由于编撰者看待故事的角度有不同。而同一文本可以读出不同的主题，自然也与故事的讲述形式有关。我们先引出全文：

> 元帝后宫既多，不得常见，乃使画工图形，按图召幸之。诸宫人皆赂画工，多者十万，少者亦不减五万。独王嫱不肯，遂不得见。匈奴入朝，求美人为阏氏，于是上按图以昭君行。及去召见，貌为后宫第一，善应对，举止闲雅，帝悔之。而名籍已定，帝重信于外国，故不复更人。乃穷按其事，画工皆弃市，籍其家资，皆巨万。画工有杜陵毛延寿，为人形丑好老少，必得其真；安陵陈敞，新丰刘白、龚宽，并工为牛马飞鸟众势，人形好丑，不逮延寿；下杜阳望亦善画，尤善布色；樊育亦善

布色；同日弃市。名画工于是差希。(《五朝小说大观》，上海文艺出版社1991年版，第83页)

从故事的因果关系与结局看，讲述的重点在画工，但是王嫱在其中却是一关键人物。因为她，元帝才发现了画工的贪贿之事；因为她，这些贪贿的画工才被抄家弃市。在这里，她的清正不阿是为了说明画工的卑劣。故事从画工图形说起，而以“从此著名的画工就很少了”来收尾，就此而构成了一个完整的情节，故画工才是故事的主角。因此，中华书局1985年版就索性以“画工弃市”为标题来点明传说讲述的意旨。

这则传说的记录风格，带有明显的文人写作的特色，将画工的姓名和乡贯以及绘画技能之所长都交代得很清楚，目的就是为了说明所录事件的真实性。这正是魏晋时期文人记录民间传说的写作特点。班固编撰《汉书·艺文志》，在诸子中收有“小说”一家。他一面鄙薄这是“街谈巷议，道听途说者之所造也”，一面引孔子之言而认为“虽小道，亦不无可观者焉”，谓这些传说虽然是“闾里小知者之所为”，却也反映了民心民情，对于在上的治政者不无参考价值。魏晋文人去搜集记录民间传说，依据的就是“虽小道亦不无可观”的理念，故而尽力使这些“小家子之说”也具有史书的面目，具有可信性。而这则传说本来就出于史事，王嫱也好，画工也好，人物具有真实性，人们才会相信这件事情，才会热衷于继续传讲。所以追求真实性的记录风格是文人特点，而民间传说则以真实性为传播基础，二者在真实性上的契合也许正是这则传说受到文人关注并被记录下来的缘故。

不过，由于民众与上层社会的生活距离遥远，既不可知，也就保持着深深的好奇，往往是以自身的经验来做想象，其间就难免夸张与荒诞。如这里所说宫人贿赂画工的数目是“多者十万，少者亦不减五万”，就是一种夸张。让一个普通宫人随手就能拿出五万十万的钱数，从现实来说不太可能，但恰恰可以借此表现画工的贪婪。所以，这是人们以民间对于财富的认识来想象皇宫里的交易，却忘了宫人本属侍役的身份地位。又如说王嫱的美貌是“后宫第一”，试想普通人如何得以见到所有的皇宫女子而做出这样绝对的判断？这其实是以民间的善意而将好人之好推至极致，以见其遭遇不公的荒诞。这些，无疑都保持了民间传说的特色。这则传说的结局是恶有恶报，也表现出民间传说通常以彰善惩恶为宗旨的主题特色。

值得我们关注的是，这则传说中的王昭君增添了《汉书》以及《汉纪》中都不曾有过的内涵：一是“貌为后宫第一，善应对，举止闲雅”，说明昭君不仅容貌美，而且有教养，有风度；二是品格刚正，不肯屈节行贿。就传说讲述的中心人物是画工而言，描写这样一位容貌美丽又品格高洁的王昭君，本来是为了表现画工的贪婪和丑恶。可是，对于听众和读者而言，他们熟悉和亲远嫁的王昭君要远远胜过那些本来无名的画工，他们关心被冷落后宫的王昭君更是远远胜过那些侍奉皇帝的画工。因此，这则传说虽然本意在批判画工的贪婪和索贿，但是对于听众和读者而言，王昭君的容貌和品格无疑是这则传说带给他们的最深刻的印象。如果说此前的王昭君，究竟容貌如何，仪态如何，都还停留在人们的猜想之中，这里的描写无疑将王昭君的容貌仪态具象化了，她成为了“后宫第一”的美人，而且仪态端庄，举止闲雅，有着良好的教养。说者意在此，听者意在彼，文本阅读也就发生了歧义。《五朝小说》本的《西京杂记》将这则传说定名为“王嫱”，大约就是从读者兴趣出发而作出的解读。

在这则传说里记录的六位画工，到底是哪一位是因为王昭君不肯行贿而使她的画像未得元帝青睐的呢？不得而知。是因为昭君不肯行贿就不为她画像呢？还是虽有画像却不得元帝赏识呢？也是不得而知。如果有画像，又为什么不入元帝之眼呢？依然不得而知。或许人们可以猜想是通过丑化，那么，又是如何丑化的呢？这些关键环节都缺少交代。只是因为毛延寿排在六位画工的第一位，最先进入读者的视野，所产生的印象之深要胜过其它的画工；而他又最擅长于画人物，不同于其他五位或善画花鸟禽兽，或善色彩布置，故而与王昭君画像不受元帝青睐的联系最直接；于是后来的人们就在传讲的过程中将这里疏略的情节填充起来，将毛延寿的索贿与王昭君的高洁联系到一起，从而为王昭君进入汉宫而没有得到元帝的眷顾设计了一个合乎人情事理的缘由。

这种将毛延寿的索贿与王昭君的高洁联系起来解释王昭君进入汉宫而没有得到元帝赏识的缘由，是昭君传说的一大发展。在毛延寿出现之前，昭君出塞和亲就是一历史事件而已，没有冲突，没有起伏，简单明了，既缺少打动人心的情感力量，也没有深入人心的社会意义。毛延寿的出现就使原来平淡的事件有了波澜，事件的意义也由国家政治的民族和亲而转向了善恶斗争的社会生活，使王昭君的命运与毛延寿的罪行联系到一起，使传说具有了打动人心的力量。也许这就是《太平广记》将这则传说题名为“毛延寿”的缘故。

毛延寿在传说中是以与王昭君相对立的人物形象而出现的。有了对立的人物，人物与人物之间就有了矛盾和冲突；矛盾和冲突的出现，使得故事情节的演进有了内在的逻辑动力。于是听者也好，读者也好，就会因为矛盾而关心事件的发展，因为冲突而关心人物的命运，就会对故事情节的演进产生急于知道其结局的心情。这就大大地增强了传说故事的魅力，使之获得更多读者和听众的热情关注，从而得到更加广泛的传播。

《琴操》中的《昭君怨》也是昭君传说的记录，传说的主角是昭君，讲述的重点放在昭君自请和亲的行动与出塞之后的思乡之情。昭君的自请之举，使得事件因此而有了波澜，增加了吸引力。但是，自请所表现的是昭君的性格，与其思乡之情既没有情节上的联系，行动又没有后续的发展，整个故事就很单薄，很平淡。尽管《琴操》的传说是以王昭君为主角，却因为没有画工这一情节，少了一个与昭君相对立的毛延寿，就缺少了矛盾和冲突，就缺少了情节发展的动力，那种从心理上去冲击和震动读者的力量自然就不能与《西京杂记》的传说相比。冲突是情节演进的基础。署名东汉蔡邕的《琴操》，学界通常认为是东晋孔衍所作。孔衍与葛洪是同时代的人。因此，这两则几乎是同时出现于文人记录之中的传说，一者以王昭君为叙述的中心，一者以画工为叙述的中心，其来源显然是不同的。而从两者的后世影响来看，反倒是以画工为中心的《西京杂记》所录昭君传说的影响要远远大于《琴操》中以昭君为中心的传说。之所以如此，关键就在于《琴操》中的传说缺少人物间的对立，故事情节的演进缺少矛盾和冲突。因此，画工毛延寿这一人物的出现，不仅使得传说的情节开始变得复杂起来，王昭君的人物形象开始变得丰满起来，而且改变了昭君传说的意义，开始将善恶斗争的主题置入到表现汉匈友好的出塞和亲之中。

那么，在传说的讲述中，画工毛延寿丑化王昭君的情节是怎样明确起来的呢？

刘宋王朝的临川王刘义庆（403—444）爱好文艺，召集文人编撰了著名的志人小说《世说新语》。《世说新语》将所记人与事按类分为三十六门，而在“贤媛”门下记载了王昭君的事迹：

> 汉元帝宫人既多，乃令画工图之，欲有呼者，辄披图召之。其中常者，皆行货赂。王明君姿容甚丽，志不苟求，工遂毁为其状。后匈奴来和，求美女于汉帝，帝以明君充行。既召见而惜之，但名字已去，不欲中改，于是遂行。

这里称王昭君为王明君，承继了西晋石崇避司马昭之讳而将汉乐府《王昭君》改作《王明君》的做法。而这则记录显然与《西京杂记》有着直接的联系，基本情节完全一样，文字也有类同，只是更加精练。但是，《世说新语》改变了原来以画工为中心，删去画工的结局，将叙述的中心放在了王昭君上。这种改动，应该是出于编撰者所设计的分类标题是“贤媛”的需要。也就是说，《世说新语》所要讲述的故事，是王昭君这个人，是她的貌美而志洁，是对王昭君身为“贤媛”的表彰。于是，原来具有政治意义的出塞和亲在这个故事中蜕变成为一种结局，在汉作宫女也好，出塞为阏氏也好，王昭君的命运变化并不在讲述者的关注之中，讲述者所要表彰的只是王昭君“志不苟求”的品格。因此在这个故事中，画工丑化这一情节就变得非常重要。

如《西京杂记》只说“独王嫱不肯”，为何不肯，并未说明，这就难免引出不同的猜想：可能是王昭君仗恃美貌而不屑于行贿，也可能是不肯以至少五万起步的金钱去贿赂画工，或者是拿不出钱又不肯屈膝求情。而《世说新语》则要点明“姿容甚丽，志不苟求”，强调王昭君无论有钱还是没钱都坚持不向贿赂屈服的品格与志向。

如《西京杂记》只说“独王嫱不肯，遂不得见”，那么，“不肯”与“不得见”之间，就留下了一些猜想的空间：可能是画工就此不为她画像，也可能是画工丑化她的面容，也可能是画工粗陋她的身形，也可能是画工隐其图像而迟迟不呈于元帝，等等。而《世说新语》则要点明“工遂毁为其状”，将丑化一事明明白白地作了交代。

两相比较，《世说新语》的这则故事虽然与《西京杂记》有着直接的联系，很可能就是从《西京杂记》中抄录而出，但是编撰者作了进一步的加工改动。这些改动，使传说完全集中于王昭君这一人物，画工成为王昭君的反衬，文字表述更加缜密，情节推进也更加合理。这一次的文人加工无疑使昭君传说在文字表达与情节提炼上都有了进步，有利于增添了画工的昭君传说的传播推广。因此，虽然昭君传说在魏晋时期已经进入文人的视野，但是直到近三百年以后的萧梁时期，文人的诗歌题咏中才出现了画工这一故事元素。

如萧纲《明君词》“妙工偏见诋，无由情恨通”；王淑英妻刘氏《昭君怨》“丹青失旧仪，匣玉成秋草”；范静妻沈氏《王昭君叹》：“早信丹青巧，重货洛阳师。千金买蝉鬓，百万写蛾眉。”这些诗歌题咏均以画工为谴责的对象，显然受到了《世说新语》强化故事冲突的影响。后世昭君题材的文学创作也莫不以《世说新语》的故事为蓝图而扩演生发。

不过，究竟丑化王昭君的画工是谁？是如何丑化的？在《世说新语》中依然没有明确的说法，萧纲等人的诗中也只统言“画工”而已。

我们现在所能见到的最早将毛延寿指为丑化王昭君的画工的材料，是隋代的一位被称为侯夫人的女作者的诗篇《遣意》：“秘洞扃仙卉，雕房锁玉人。毛君真可戮，不肯写昭君。”由于资料的缺失，我们只知道侯夫人是隋炀帝杨广的宫女，而不知道她的具体遭遇。但是这首诗所抒写的情感内涵是明确的：由于画工毛延寿从中作祟，天生丽质的王昭君没能得到君王的赏识。在这里，同样身为宫女的作者是在借他人之酒杯，浇我胸中之块垒，以王昭君之事来抒写自己的愤懑。这是非常典型的古代文人追求功名而怀才不遇的自叹情结，故而诸多的才女也借此以抒写自己在生活中的失意。因为诗人并不是就王昭君出塞和亲的史事来作题咏，所以诗题叫做《遣意》——遣怀散意以解忧愁，而没有采用《王昭君》或《昭君怨》这样现成的乐府诗题。

在昭君传说的传播接受史上，侯夫人的这首《遣意》应当受到特别的重视。在此之前的文人题咏，如石崇、鲍照、阴铿、庾信、薛道衡，等等，都只是以昭君出塞为史事而抒写自己的看法，保持了一种看客的立场。侯夫人则将毛延寿的丑化与王昭君的遭遇联系起来而注入自己的人生感慨，这就不仅将本来是政治历史事件的昭君出塞转化成为社会生活中的善恶对立，更接上了“地气”，与题咏者的现实境遇联系到一起，将个人感受寄寓在昭君这一历史人物的遭遇之中，扩展并丰富了以王昭君为题的诗歌创作的意蕴。

唐代中叶以后的文人诗歌，直斥毛延寿为丑化王昭君的画工的说法已

延寿领旨选昭君　清代漳州年画

经屡屡出现，司空见惯。如牛僧儒《王嫱》：“如今犹恨毛延寿，爱把丹青错画人。”李商隐《王昭君》：“毛延寿画欲通神，忍为黄金不顾人。”周昙则径直以《毛延寿》为诗题曰：“不拔金钗赂汉臣，徒嗟玉艳委胡尘。能知货贿移妍丑，岂独丹青画美人。”而且晚唐的程晏还作有一篇《设为毛延寿自解语》，为毛延寿的丑化王昭君作另类解读。此文的出现，显然是因为人们已经认定毛延寿是使王昭君遭遇不幸的罪魁，程晏才认为有必要为毛延寿作辩解，让人们重新认识毛延寿。但是，大众的认识一旦确立，就会具有强大的力量，撼动决非易事。故程晏此文虽出，响应者却不多。而唐代以后的人们，只要说王昭君而言及画工，人们毫无怀疑地就会认定是毛延寿，点不点出名字已经没有必要了。北宋初年的《太平广记》引《西京杂记》这则传说而题名《毛延寿》，正是将毛延寿看作是导致昭君出塞远嫁的关键，是群情所指的罪魁。这样，经过文人诗歌的一再题咏，画工毛延寿遂成为昭君传说中的重要人物，成为映衬昭君品格和突出故事主题不可或缺的故事元素。

2. 奸臣毛延寿

在昭君传说中，当人们明确地将丑化王昭君的恶行落实到毛延寿的身上时，毛延寿这一人物的身份和地位也开始发生变化，从一个在后宫里服务于皇帝的画工变成了一个在朝廷中握有权力并对皇帝具有影响力的官员，甚至变成了卖国求荣的汉奸。而发生在毛延寿这一人物身上的变化由民间与文人共同创作完成，戏曲与小说这两种艺术形式则推波助澜，相互影响。

中国说唱艺术形式的兴起是在唐代以后，并受到佛教宣讲形式的影响，当时也称为“说话”。唐代佛教寺院中的说话分为僧讲与俗讲两种。僧讲以佛经为内容，对象主要是僧众；俗讲以传说故事为主，对象是世俗男女，宗旨则在劝世行善。俗讲要能起到劝善的作用，内容需要迎合民众的口味才具有娱乐性和吸引力，才能寓教于乐，从而将佛教教义传达到听众的心里。因此，那些专事俗讲的僧人通常会下功夫来准备材料，构思故事，写作稿本。我们今天所见到的唐代变文就是这种俗讲所用的底本。在保存下来的唐代变文中，有篇《王昭君变文》，现收藏在巴黎的法国国家图书馆。可见在唐代，昭君传说曾被当作俗讲故事而加以改写，并受到听众的欢迎。唐人吉师老有诗《看蜀女转昭君变》，就是观看蜀中女子表演《昭君变文》的感慨之作。很显然，吉师老所观看的演出既然是由女性来表演，就不会是在寺院里进行，已经不再具有宗教的意味，而是民间的娱乐性演出。这说明由昭君传说而来的《昭君变文》，因为有了文字的底本，传播就更加方便，学过底本的艺人可以在任何场合进行表演，借此谋生。这也说明《昭君变文》在当时的确受到观众的欢迎，于是由寺院的俗讲而进入了民间，成为大众休闲时的观赏节目。而由女性来讲说昭君故事，无疑更具有吸引力。

宋代以后，中国的说唱表演艺术进入了兴盛繁荣的发展时代。宋代，勾栏、瓦子一类表演场所随处可见，出现了许多专业的说唱艺人，也就随之而产生了为这些说唱艺人编写说唱底本的职业文人。宋代有种民间组织叫作“书会”，就是专门为说话人编写话本的文

延寿领旨选昭君　清代漳州年画

《和戎记》书影

人的行会，可见当时这类文人的数量已经不少，有必要组织起来维护自己的利益。这一类文人，因为种种原因，没有走上古代文人传统的科举求仕之途，而从士大夫阶层中分化出来，成为了市民阶层的代言人。与民间的说唱艺人相比，他们有着较高的文化修养和艺术水平，有着较娴熟的文字功夫和较丰富的历史知识。他们生活在社会的下层，熟悉民众的生活，了解民众的趣味，谙识人情世故，他们不仅能够编写出适合民间口味的各类底本，还能根据艺人的演出和观众的反应来修改底本。文人的参与，大大地提高了民间说唱艺术的文化水准。元代马致远的杂剧《汉宫秋》、明代无名氏的传奇《和戎记》、清代署名雪樵主人的小说《双凤奇缘》，都在昭君传说的基础上写成，在当时颇有影响，就属于这一类的创作。在元明清三代数量可观的以昭君为题材的文艺作品中，这三部作品可以视为代表。而三部作品在内容上有继承，有发展，其中毛延寿这一人物的发展变化特别值得玩味。

在《汉宫秋》中，毛延寿官任中大夫。这是一个可以随时出入皇宫的顾问之官，没有具体的职事，却因为随侍在皇帝身边而有机会参与意见，影响决策，被视为清显荣耀之官。到了《和戎记》，毛延寿在朝廷担任的官职是西台御史，专事纠察官员的违法乱纪。御史台是监察官御史大夫的官署。唐代京城在长安，御史台本来也在京城。可武则天执政时喜欢住在洛阳，称为东都，于是在洛阳也设有御史台。但是到底长安是正宗京城，所以长安城中的御史台称为西台，显示其权力要大于在洛阳东都的御史台。《和戎记》中的毛延寿不仅是御史，还是西台御史，就是为了强调即使在纠察官纪的御史中，也是毛延寿的地位高，毛延寿的权力大。而为了突显毛延寿的官高职显，作者不惜将汉代的人物放入了唐代的职场。在《双凤奇缘》中，毛延寿的官职成了太师，这是朝廷中地位仅次于皇帝的丞相之官，不仅可以影响皇帝的决策，可以纠办违纪的官员，还握有提升罢黜之权，更掌管着朝廷机密，古代称为“一人之下，万人之上”。虽然在这三种作品中，毛延寿的具体行为与其官职责任之间并没有直接的联系，但是，这种官职越来越大的毛延寿形象无疑反映了民众对于朝廷官员的痛恨和疾愤：官越大，作恶越多，罪孽越深。

在《西京杂记》等记载中，毛延寿不过一普通画工，服务于朝廷，要听从长官的差遣。现在的毛延寿成了中大夫，成了西台御史，成了太师，他就具有了影响皇帝的能力，握有主宰他人命运的权力。画工毛延寿使坏，影响的结果只是王昭君不得元帝青睐而已；中大夫毛延寿使坏，影响的结果就如剧中所写“领着大汉皇帝圣旨，遍行天下，刷选室女”，扰得天下百姓不得安宁；西台御史和太师的毛延寿使坏，不仅迫害昭君一人，更是“教他父子南

元杂剧《汉宫秋》版画

北无收救”，“一家大小受波查，那时方显威风大”（《和戎记》第六折），以摧折他人生命来显示自己的威权。画工毛延寿索贿，表现的是人人都有的贪欲，是不加约束的失德现象；身为朝廷命官的毛延寿索贿，表现的就是强权对弱势的欺凌鱼肉，反映的就是官场的贪污腐化之风。在《和戎记》里，御史本身就是监察之官，监察官要索贿，自然罪加一等，所以监察官的索贿，其方式便不同于一般官员，要的是“千张纸，千管笔，千笏墨”。当王昭君的父亲诧异画一幅画哪要得了这许多物件时，毛延寿便嗔怪他为官而不知官场话语——其嘴脸特别丑恶。凡此种种，都充分表现出毛延寿的官职越高，手腕越多，人品越坏。因此，这一人物的意涵已经超出了简单的善恶对比，毛延寿成为了谗言之臣，贪腐之官，邪恶之人，在他的身上集中了民众出于自身经验而产生的官场认识，从而使这一人物形象的描写具有了批判现实的社会意义。

在《西京杂记》等记载中，对画工如何丑化王昭君并没有明确的说明，在这三部作品中，毛延寿的丑化也是变本加厉，尽显恶毒。《汉宫秋》中说他是“点得这秋波玉有瑕”；《和戎记》则是“左边脸上加一点作一痣”、“右眼上将笔一拖”的“左痣右疤”；《双凤奇缘》中虽只是“眼下点一黑痣”，却名为伤夫滴泪，于江山不利；不费笔墨而用心狠辣。而当诡计揭穿，三部作品均以毛延寿逃奔异族而挑弄起战争来刻画这一人物的卑劣。于是，在朝廷中擅权弄奸的毛延寿，最后又成为了朝廷的叛臣，民族的罪人。

毛延寿作为一个反面人物，在他身上集中的罪恶越多，自然就越能彰显王昭君的美德。如《和戎记》中写昭君主动请求出塞，理由就是“能舍一人之命，保全万载之邦，救万民之难”，言辞悲壮慷慨，俨然一舍身救国的女英雄。

明清时期是王昭君题材最为繁盛的创作时期，文人喜好的诗词曲之外，更有戏曲、小说、鼓词等民间文艺形式，作品数量可观，在社会上或是表演，或是讲唱，或是传诵，都深受观众的欢迎，在民间的影响很大。在这些具有故事情节的作品中，毛延寿是一个十分重要的人物，左右着王昭君的命运，这就使原来在传说中含糊而简单的意蕴变得丰富起来。

简要总结一下，当画工传说出现，毛延寿代表着人性之恶，王昭君代表了人性之美，从而加入了善恶斗争的意义，不仅非常真切地反映了民众爱憎分明的感情，也满足了古代文人怀才不遇的郁闷情怀，推动着传说的传播与接受。元代以后的戏曲小说则将毛延寿写成弄权营私的贪腐官员，将王昭君及其家人写成遭遇奸臣迫害的对象，借以表现民众对官场的鄙视，对权力的愤怒，从而加入了批判现实的社会意义，使昭君传说更加深入人心。当这些戏曲小说又进一步地将毛延寿写成逃往匈奴、挑起战争的叛贼时，而王昭君就被贴上了忠臣的标签，自杀以守忠贞也就成为王昭君必然的结局，传说中的王昭君遂以悲剧命运而赢得了中国民众的最大同情。通观元代以后昭君传说的传播与演绎，毛延寿这一反面人物的形象在不断增添新的元素以彰显其丑恶，由此也不断地为王昭君这一正面人物的形象增添光彩。因此，在以王昭君为题材的文学作品中，毛延寿这一人物的重要性是无可取代的。

3．翻案毛延寿

在昭君传说中，那索贿不得而丑化昭君的画工自从坐实为毛延寿以后，毛延寿就成了人人唾弃的卑劣小人，成为昭君被迫出塞的罪魁祸首。人们越是同情王昭君，就越是痛恨毛延寿；而越是痛恨毛延寿，自然就越是同情王昭君。故在唐人，同情者曰："生乏黄金枉图画，死留青冢使人嗟"（李白《王昭君》）；痛恨者曰："何时得见汉朝使，为妾传书斩画师"（崔国辅《王昭君》）；情感表达都很激烈。不过，人们只要冷静地想一想，就能明白，即使毛延寿丑化了王昭君而使之不得宠幸，毕竟决定王昭君命运的权柄还是握在皇帝的手中。于是在一片怒骂毛延寿的声浪中，中唐以后开始出现了一些比较冷静的思考，也出现了为毛延寿翻案的诗文。

这些为毛延寿翻案的诗文，是以王昭君为题材的文学创作中的一股小小的涓流，其中既有文人对于历史的思考，也不无为翻案而翻案的游戏之作。故而这些创作者的态度并不一样，或执真，或嘲讽，或戏谑，或逞才而强为之辞。但有一点则是共同的，那就是无论他们是否相信毛延寿是一真实的历史人物，却都是将其作为历史真实来抒发议论。因此，虽然这些文人抒写的是自己的思考，却是由于毛延寿在昭君传说中的重要作用而引发的，这就从另一个角度反映了本非真实人物的毛延寿在昭君传说的流传过程中产生了相当大的影响，其在传说中的地位可以与王昭君并列。那么，就让我们来作一番清理，看一看本是文学人物的毛延寿又令现实中的人们产生了一些什么样的思考。

就现存的材料看，最早就毛延寿这一戏剧性的人物作历史思考的是杜甫："能画毛延寿，投壶郭舍人。每蒙天一笑，复似物皆春。政化平如水，皇恩断若神。时时用抵戏，亦未杂风尘。"（《能画》）杜甫说，善画人物的毛延寿也好，擅长投壶游戏的郭舍人也好，他们都不过是供皇帝开心一笑的优伶，如果皇帝能明断于理，勤勉于政，使国家安宁，社会公平，则养几个优伶在宫中也无害于朝廷。言外之意即小人之擅权，其实是皇帝的错。杜甫借此曲折地指出，毛延寿并不是造成王昭君不幸的真正原因。这一点，白居易就说得非常直白："见疏从道迷图画，知屈那教配虏廷。自是君恩薄如纸，不须一向恨丹青。"（《昭君怨》）就如顾炎武所说，毛延寿的罪过在索贿受贿，与王昭君被冷落后宫及其出塞和亲本无干系（《日知录》卷二十五）。迷信图画的人是汉元帝，冷落王昭君的人也是汉元帝，明知王昭君受了委屈还指令她出塞和亲的人还是汉元帝。"君恩薄如纸"，翻手为云覆手雨，一切的决定权都在汉元帝。如果说王昭君远嫁异族是她的不幸，汉元帝才是这不幸的制造者，怎么可以去责备画工毛延寿呢？王安石则就此作了进一步的发挥："意态由来画不成，当时枉杀毛延寿。"（《明妃曲》）古人笑言"画鬼容易画人难"，又说

“图形容易传神难”。就是说，从画师一面来看，人物画像做到面目真实固然不易，而要做到面目生动，画出人物的韵味内涵，那就是难上加难。故就观画者一面来说，如果不是知画懂画的高手，能像九方皋相马那样，略其形而重其神，那么，或者是不能透过画像而进入人物的内心，画师画得再好也没有用；或者就是遇上拙劣的画师而被表象所蒙蔽和欺骗。所以，就观画而言，重在观者。元帝既不能察知王昭君的美丽，又不能察知毛延寿的蒙蔽，却将失去美人的恼怒怪罪于他，所以王安石要替毛延寿叫一声冤枉。

这样一种借为毛延寿翻案而作政治议论的昭君题咏，其实是名为翻案，实作批评，而将矛头指向了古代的最高统治者——皇帝。曾巩感叹说：“丹青有形尚如此，何况无形论是非。”（《明妃曲》）袁枚说：“椒房绝少堂帘隔，何必重重用画师。”（《昭君》）都是借毛延寿之事批评皇帝不能明辨是非而高居庙堂，依赖小人而隔阻忠诚，意义已经超出了王昭君与毛延寿之间的故事，是以咏史来批评现实。

另一类为毛延寿翻案的作品则是实实在在的翻案。作者承认毛延寿丑化了王昭君的画像，并因此而导致了王昭君的和亲远嫁，但是，毛延寿的目的却在于爱护汉元帝，保护汉朝的国家利益，故认为“能使明妃嫁胡虏，画师应是汉功臣”（杨一清《咏昭君》），“当时合把毛延寿，画作麟台第一勋”（许宗彦《咏昭君》）。也就是说，丑化王昭君的毛延寿非但没有罪过，而且还有大功勋。这种议论，以唐代程晏为先，此后历代不绝，在题咏王昭君的诗文中常可遇见。我们先引程晏《设毛延寿自解语》一文如下：

帝见王嫱美，召延寿责曰：“君欺我之甚也。”延寿曰：“臣以为宫中美者，可以乱人之国。臣欲宫中之美者，迁于胡庭。是臣使乱国之物，不逞于汉而移于胡也。昔闳夭献美女于纣而免西伯；齐遗女乐于鲁而孔子行；秦遗女乐于戎而间由余；是岂曰选其恶者遗之，美者留之邪？陛下以为美者，是能乱陛下之德也。臣欲去之，将静我而乱彼。陛下不以为美者，是不能乱我之德，安能乱彼谋哉？臣闻太上无乱，其次去乱，其次迁乱。今国家不能无乱，陛下不能去乱，臣为陛下迁乱耳。恶可以彼为美乎？”帝不能省。君子曰："良画工也。孰诬其货哉？”

古代有一种人们称之为“女祸”的议论，即谓君主至尊，即使犯错，那也是被诱惑，被欺骗，被蒙蔽，而不是君主自身的问题。由是反观历史，而推演出夏桀亡国是妹喜的过错，商纣亡国是妲己的过错，周幽王亡国是褒姒的过错。这些女人太美了，谁能抵挡得住绝世佳人的魅力呢？所以，要想不受诱惑，就要远离甚至除掉这些佳丽。这是男权社会中的男人为了维护男性的绝对权威而高唱的论调，其荒谬之甚，不堪批驳。程晏此文就是据此论调而代毛延寿来作辩护，将丑化王昭君说成是远祸，说成是移祸，说成是爱护元帝而维护汉朝。据此理论，王昭君越美，就越要远离，就越要尽快将她送往匈奴而不可留在汉朝。留在汉朝，就会祸害汉朝，送去匈奴，就会祸害匈奴。送给匈奴，不唯远害，还可不费一兵一卒而毁掉匈奴。这样荒唐的推理，今天读来，令人忍俊不禁。

不过，程晏此文其实是一篇寓言式的游戏文字。自汉代以来，文人以“设”、“解”一类为标题而写的文章，都取客主问答的形式，用自讽或自嘲的口吻，来抒写自己胸中的愤懑，其中也寄托了对现实政治的批判。如汉代扬雄的《解嘲》，唐代韩愈的《进学解》等。这篇《设毛延寿自解语》，程晏是借毛延寿贪财索贿与王昭君和亲出塞一事之间的联系来批判晚唐政治的没落，皇帝沉湎女色而不理朝政，朝廷贿赂公行而大臣不知羞耻，故文末借“君子曰”作讥讽，说毛延寿虽有贪贿之行，却是从爱护皇帝出发，良知尚在，可以称作是“良画工”——反言之外的意思是，今日皇帝不明事理，当今朝臣只知贪贿，昏庸污浊之卑劣，甚至不如一个虽然索贿贪财却有忠诚朝廷之心的毛延寿。

程晏此论一出，响应者历代可见，而且后来者的评论不再是程晏式的游戏文字，倒是认认真真地替毛延寿辩护，祭起“女祸论”的大旗，将批评的矛头对准了王昭君。如元代王旭《题明妃图》：“妲己倾殷褒丧周，女戎伐国胜戈矛。丹青枉罪毛延寿，嫁祸穹庐本善谋。”（《兰轩集》卷九）直接将王昭君与妲己和褒姒相提并论，而替毛延寿喊冤。又如金代元好问的《郭显道美人图》：“君不见昭阳殿里蓬莱人，终惹渔阳边马尘。又不见吴宫夜夜乌栖曲，竟使姑苏走麋鹿。移人大抵物之尤，丧乱未免天公愁。虽然丹青不解语，冷眼指作乡温柔。试问人间何处有，画师恐是倾国手。却怜当日毛延寿，故写巫山女粗丑。”（《御定全金诗增补中州集》卷四十二）也将王昭君与杨玉环、西施相并，认为毛延寿的故意丑化王昭君是转移“女祸”，使汉元帝避免了吴王夫差身死国亡的下场，避免了唐玄宗在天宝之乱中逃亡西蜀的结局，因此对他受到谴责而深表同情。这些议论显然倒置本末，为出新论而不惜伤害本来就是弱者的王昭君。

还有一类为毛延寿翻案的评议则是立足于客观历史，以“歪打正着”的论调来写王昭君的留名青史其实得益于毛延寿的丑化图像。如宋代郑樵《解昭君》：“延寿若为公道笔，后人谁识一昭君？”如明代李学道《反昭君怨》：“当时不遇毛延寿，安得芳名播千古？”赵南星《昭君怨》：“自是君王宠画师，黄金何恨妒蛾眉。明妃非为和戎出，老向汉宫人不知。”这种貌似客观的议论评价，实乃似是而非。

的确，王昭君若不是出塞和亲，史书不会记载她的名字，人们不会关注她的遭遇，自然也就不会成为历史名人，成为文学题材，而千秋万代传诵不息。但是，正如顾炎武所说，毛延寿错在索贿受贿，他与王昭君的出塞远嫁并无直接关系，王昭君的留名青史自然也与他无干。退一步说，即使王昭君的出塞远嫁是由于毛延寿的丑化，那么，王昭君本人是否有过不惜牺牲现实生活而追求千古留名的意愿呢？如果留名青史是王昭君的意愿，或许可以说毛延寿的丑化反倒成全了她；如果她没有留名青史的意愿呢？如果她只希望拥有一份普普通通的家庭生活，平淡如水，亲情常在呢？那么这样的评价就不仅是一种强加，也有一种“站着说话不腰疼”的冷酷无情。持这种议论的人可曾想过，永离父母家乡是一种什么样的感受？远嫁异域异族是一种什么样的经历？显然，后来人不可以也不应该用自己对名声的理解和追求去评价他人，而无视情境中人的痛苦。据说古代的秭归兴山一带有一种风俗，未嫁的年轻女性须在脸上烧灼瘢痕，毁容的目的就是为了避免重蹈王昭君的命运：被选北上，一去不归。山乡民众的朴实心理，朴实感情，让他们对于现实生活有着朴实的理解，山居糠菜虽苦，却有父母乡里之亲，故而对于王昭君的遭遇，抱有一种同情的畏惧，并不关心那些国家荣誉，历史名声。白居易《过昭君村》诗说：“竟埋代北骨，不返巴东魂。惨澹晚云水，依稀旧乡园。妍姿化已久，但有村名存。村中有遗老，指点为我言：‘不取往者戒，恐贻来者冤。’至今村女面，烧灼成瘢痕。”这位著名的文人以同情的笔调讲述他在昭君村所听到的烧灼传说，对王昭君的出塞和亲表达了一种命运无奈的怜悯，就比那些唱诵不朽名声的高调要多出一份人性的慈悲。

虽然汉元帝的时代很可能有过画工毛延寿，但是，这位毛延寿的人生是否与王昭君的人生发生过交集，产生过故事，资料尽失，已经不可以再作考察求证。而后来的人们所熟悉的毛延寿，实际上是一文学人物，从民间传说通过文人的记录与创作而进入戏曲小说，在他的身上寄寓了人们对于现实的认识，折射出人们对于生活的希望。因此，当古代的文人为毛延寿作翻案文章之时，在某种程度上，他们是将文学当作了历史，借古讽今，以古鉴今，而作出各种解读，这就足以说明在昭君传说中毛延寿这一人物的塑造是成功的。

二、呼韩邪、汉元帝的爱情演绎

在昭君传说兴起和流播的过程中，人们在传讲的同时，投入感情并加入自己的想像，简单的故事遂不断地踵事增华，变本加厉，逐渐演绎成内容丰富、情节复杂的长篇。上面分析的毛延寿就是这种演绎的一个典型事例。昭君出塞的本事原来只涉及三个人物，即汉元帝、王昭君、匈奴单于呼韩邪。如果说在演绎的过程中逐步加入的毛延寿等人物推动了传说情节的演进，那么，本事中已经存在的汉元帝和呼韩邪这两个人物则随着传说的发展而演绎着爱情的篇章，从而深化了昭君传说的感情内涵。

敦煌文献中的《王昭君变文》虽然是两卷残本，但大体可读，线索清楚。故事讲的是王昭君出塞，却同时在匈奴单于呼韩邪身上花了大量的笔墨来刻画他的深情。如单于见来到塞外的王昭君因为“长辞赤县，永别神州”而心情郁闷，便策立昭君为皇后，发箭号令四方部落“皆来庆贺”，人们聚集在一起，“丛丛作舞，仓牛乱歌”，以浩大的歌舞场面来取悦王昭君。当王昭君仍然不能消解乡愁，于是单于“又传一箭，告报诸蕃，非时出猎”，携王昭君登上高山，观看“万里攒军，千兵逐兽”，以宏大的狩猎阵势来取悦王昭君。身为匈奴领袖的单于，忽而驱使四方百姓，忽而调动万千军马，不惜千金，耗费人力，只是为了博得昭君一笑。这种荒唐的举动当然是文学的渲染，情节描写无疑取材于周幽王为博褒姒一笑而烽火戏诸侯的历史典故，而作者的目的就是要表现单于对王昭君的无比宠爱。又如，当王昭君思乡成疾，单于“重祭山川，再求日月，百计寻方，千般求术”，上天入地，心思用尽，只求能医好昭君；当昭君临终，守在病榻前的单于悲痛万分，回忆起新婚的甜蜜：“同行复同寝，双马覆双奔”；想到日后的孤苦：“公主时亡仆亦死，谁能在后丧孤魂”；进而说道：“早知死若埋沙里，悔不叫君还帝乡”，表达单于宁可失去爱情、也不要失去爱人的极致悲痛；当昭君逝世，“单于脱却天子之服，还着庶人之衣”，“一依蕃法，不取汉仪”，大办丧事，寄托哀思——凡此种种，都以温馨的笔调写出单于对王昭君的真挚深情。

这种对呼韩邪的爱情的描写，是唐代以前的传说中从未有过的。事实上，匈奴实行多妻制，见于史书记载的呼韩邪单于的阏氏至少有五位之多，王昭君不过是其中之一。呼韩邪对王昭君的感情究竟如何？人们不得而知。但是善良的百姓同情王昭君，自然希望孤身远嫁异域的她能够得到呼韩邪单于的百般宠爱。似乎唯有如此，才可以宽解她在异族生活中的思乡情怀，才可以慰藉她在异族生活中的孤苦寂寞，才可以让她的同情者释怀安心。

关于呼韩邪的爱情抒写，在唐代有一首值得注意的文人诗作，那就是盛唐诗人储光羲的《明妃曲》。储光羲的《明妃曲》一共四首，作于同一时期，实际上是以组歌的形式代昭君抒发思乡之情，其中就描写了一位多情体贴的单于：

西行陇上泣胡天，南向云中指渭川。
毳幕夜来时宛转，何由得似汉王边。

胡王知妾不胜悲，乐府皆传汉国辞。
朝来马上箜篌引，稍似宫中闲夜时。

日暮惊沙乱雪飞，傍人相劝易罗衣。
强来前殿看歌舞，共待单于夜猎归。

彩骑双双引宝车，羌笛两两奏胡笳。

若为别得横桥路，莫隐宫中玉树花。

（《全唐诗》卷一百三十九）

这一组诗描写昭君入胡之后与单于共同生活的场景，带有叙事的因素，选取的角度很特别。第一首说“毳幕夜来时宛转，何由得似汉王边”，描写黑夜来临之际昭君既思念汉廷又忧心奉事单于的不安心情。第二首写单于对昭君心情的体贴：“胡王知妾不胜悲，乐府皆传汉国辞。”单于特意安排毳幕之中演奏汉地音乐，以慰解昭君只身面对全然陌生的环境时的孤寂与忧伤。第三首曰“日暮惊沙乱雪飞，傍人相劝易罗衣”，写身穿丝罗的昭君此时换上了毛皮。对于昭君，脱去汉服，穿上胡衣，在感情与心理上都会加深从此便身居异乡、人为异族的痛苦，但作者却以“日暮乱雪”之天寒与“傍人相劝”之关心来写换衣之事，这就写得很温情，使昭君虽在异乡，却胜似汉宫中的被冷落。第四首写单于进入昭君的寝帐：“彩骑双双引宝车，羌笛两两奏胡笳”，仪仗隆重，场面华美，宠爱有加，昭君于是祈望：“若为别得横桥路，莫隐宫中玉树花。”据《艺文类聚》卷六十九引《三辅旧事》：“秦时奢泰，渭水灌都，以象天河，横桥南渡，以象牵牛，后宫列女，万有余人，缣帐绮帷，木衣绨绣。”故知横桥是君主夜渡而至后宫之路，有鹊桥相会之意。这是被单于情意所感动的王昭君以“玉树花”自比而祈请单于即使渡横桥而另宿，也莫忘了美丽的昭君。诗人从一个女人的生活愿望来揣摩王昭君的心理，来设想她出塞后的境遇，将许多文人都不看好的她与单于的夫妻关系写得这样温馨，为这个从来就是哭泣悲伤的故事改写了一个得遇恩宠的幸福结局，而其中的关键就在于将单于写成了一位多情温存的君主。

因为出塞和亲，王昭君成了呼韩邪的妻子，匈奴的宁胡阏氏。两人生活在一起的时间不过短短的两年，生育了一个儿子，那么，他们的夫妻关系如何？相处是愉快还是别扭？在呼韩邪众多的阏氏中，王昭君的地位如何？有否受到排挤？那些喜爱昭君传说的内地民众，关心王昭君去到匈奴之后的生活，渴望知道故事的结局，希望了解她与呼韩邪之间的感情。正是这样一个充满疑问的爱情焦点，引发了人们种种的猜想，希望能够一知究竟。而大漠之北的空旷，游牧民族的骠悍，草原毡房的神秘，同样足以唤起内地民众的好奇与猜想。也正是这种传说接受者的心理推动了传说讲述者的创作想像。在昭君传说经过魏晋南北朝时期的传播以后，唐代出现了关于呼韩邪单于的爱情演义。

分析储光羲诗中王昭君与单于的感情交流，对比变文中出现的温情脉脉的单于，两者之间单于形象的相似是明显的。尤其是，唐代民间艺人有演唱文人诗歌的风习，储光羲是盛唐颇有名气的诗人，其诗的创作时间要早于《昭君变文》，这两点都让人推想，《昭君变文》中这位深情体贴的单于是否受到了储光羲诗歌的影响呢？答案不能确定，可能性是一定存在的。在储光羲之前的民间传说和文人诗歌中，从未出现这样一位温情体贴的单于；储光羲用温情的诗笔所描写的单于具有独特的风貌，除了《昭君变文》的呼应之外，后世已经绝迹。唐代是一个风气开放、情怀浓郁的社会，无论是文人诗作，还是民间传讲，竟然都有这样一位温情体贴的单于出现，恐怕不能完全归于偶然，而与唐代社会的文化氛围有关。不过，储光羲是著名诗人，其创作的影响主要在社会的上层，变文则在民间演唱，接受对象是生活在社会底层的民众。虽然在唐代以后的昭君作品中再也不曾有过这样一位温情体贴的匈奴单于，但是在明清时期的传奇小说中，单于既被描写的性情粗暴，又以种种方法来取悦和满足王昭君，依稀仿佛可以见到《昭君变文》里的单于身影的折射。如《和戎记》写单于为得到昭君而写降书，送玉印，甚至向毛延寿索其头颅，可谓不惜代价；如《双凤奇缘》中单于为得到昭君而大言“莫说只有三件事，便是三千我也依”，可见其心情迫切。这种现象揭示出关于单于的爱情演义，民众的兴趣要远远地大于文人，流传于民间的《昭君变文》对明清戏曲小说的影响也就大于储光羲的诗。

随着昭君传说中出现了单于的爱情演义，本来冷落王昭君的汉元帝也渐渐地带上了感情的色彩，而且被演义成二人之间发生了强烈而缠绵的爱情。如马致远的《汉宫秋》，写的是昭君故事，却以汉元帝为主角。当毛延寿的丑化阴谋被揭穿，元帝对王昭君一见生情，爱恋之深，以至于废朝不理，守着美人对镜梳妆，赞美有加，爱怜无限。当匈奴大军兵临城下，不得不送昭君前去和亲，元帝伤心无比，至于悲叹“谁似这做天子的官差不自由”，大有恨不能舍弃皇位的悲愤。他不顾大臣的反对，亲至灞陵桥，斟酒举杯送昭君，千言万语道不尽离别情；昭君去后，他悬挂图像以慰相思，怨雁叫惊醒梦境悠悠，下令斩杀毛延寿来祭奠美人。《汉宫秋》浓墨重彩，将汉元帝写得一往情深，其中不无白居易《长恨歌》的影子，将唐玄宗与杨玉环的爱情故事移到了刘奭和王昭君的身上。其后的明清戏曲也好，小说也好，基本上都是沿着这样的线索来刻画汉元帝，将他写成多情的天子，痴情的男人。

元杂剧《汉宫秋》中的汉元帝

虽然呼韩邪和汉元帝的爱情演义在某种程度上都是为了映衬王昭君的美貌，以至于汉王见了汉王爱，蕃王见了蕃王迷，却也因此而增添了这两个人物的光彩，使原来仅仅是善恶忠奸为主题的传说故事有了爱情的滋润，更加具有吸引受众的魅力，更加具有传播的动力。

不过，比较一下昭君传说中这两个人物的形象演变，有一个现象值得注意：关于匈奴单于的爱情演义，其演变的趋向是从爱情变为肉欲，而汉元帝的爱情演义正相反，是从肉欲走向了真正的爱情。如在储光羲的诗中，在《昭君变文》中，单于都是以体贴的温情来对待昭君，处处在在都表现了一种珍惜的感情；到了《和戎记》和《双凤奇缘》，单于则是急于得到昭君而不管不顾，表现的只是占有佳人的生理欲望。当《后汉书》取民间传说，记元帝见昭君而动情时，说“帝大惊，意欲留之，而难与失信，遂与匈奴”，表现的是一种未得拥有美人的私欲惋惜；而到了《汉宫秋》以及《和戎记》等作品，元帝对昭君不仅是深情脉脉，爱得缠绵，爱得热烈，更有恨不能放弃天子之位而作平常夫妻的遗憾，完全是一种由情欲向爱情的升华。

这种演变的趋向应该与昭君传说主要是在汉地流传关系密切。由于受众的主体是汉人而使昭君传说在传播与接受的过程中被不断地输入和灌注着强烈的民族感情。宋元明清时代的中国，汉族与少数民族的矛盾要远比唐代激

《绣像双凤奇缘》嘉庆己卯本书影

《绣像双凤奇缘》文奎堂光绪辛卯刻本书影

烈，尤其是在元代和清代这两个少数民族执掌中央政权的时代。对于汉族民众，元代和清代的统治者不仅代表了权力的专横，更代表了异族的压迫。这样一种民族感情就造成了元代以后的昭君传说，匈奴单于逐渐被丑化，汉元帝则日渐被美化，而丑化与美化的方式都是借助于爱情描写来实现。这种特定时代的汉族民众的心理和感情，给昭君传说打上了时代的印迹。由此反观唐代储光羲的《明妃曲》四首和民间流传的《昭君变文》，那种没有民族偏见的爱情描写，今天读来，更是弥足珍贵。

三、王昭君的形象演变

《琴操》和《西京杂记》是魏晋时期昭君传说的两个重要文本，采录的时间相近，却讲述了两个并非一样的王昭君，代表了民间传讲昭君故事的两种版本。《琴操》所讲述的是一个含恨自请而思亲恋乡的昭君，《西京杂记》所讲述的则是一位操守高洁而遭遇不幸的昭君。

《琴操》中收录的《怨旷思惟歌》，相传是王昭君所作，因而叙述其事。前代学者早已指出，不仅叙事中有种种不合情理之处，歌辞又称“远集西羌”，将在大漠之北的匈奴错置于羌族所在的西北，故批评“其事杂出无所考”，“要之《琴操》最牴牾矣”（韩驹《陵阳集》卷一，《题李伯时画昭君图并叙》）。不过，附会“杂出”正是民间传说的特点，表达的是传讲人的认识和感情，本来就不应当以史实来作求证。研究者需要关注的是这种附会的聚焦点，因为这是传讲者的兴趣汇集之所在。正如民俗学家柳田国男所言：“传说的要点，在于有人相信。”（《传说论》）有人相信，才会有传说。有人喜欢，才会在传讲的过程中添油加醋。“只要是‘活在人们心灵上’的传说，也就不可能不随着时间的推移而演变。其活力，正是体现在那成长、发展与演变之上。”一个传说能够经得起时间的流逝而顽强地生存，能够经得起地域的风情变化而持续地流传，其中一定有某种深入人心而使生活在不同时间和不同地域的人们引起共同关注的东西存在。而这种共同点就是传说得以流布生存的力量。在这个意义上，我们可以说，昭君传说中王昭君形象的历史演变就在某种程度上揭示出其传播与接受过程中的受众的心理期待。

先看一看《琴操》的讲述：

> 王昭君者，齐国人也。颜色皎洁，闻于国中。献于孝元帝，迄不幸纳，积五六年。昭君心有怨旷，伪不饰其形容，元帝每历后宫，疏略不过其处。后单于遣使者朝贺，元帝陈设倡乐，乃令后宫妆出。昭君怨恚日久，乃便循饰，善妆盛服，光辉而出。俱列坐，元帝谓使者曰：“单于何所愿乐？”对曰：“珍奇怪物，皆悉自备，惟妇人丑陋，不如中国。”乃令后宫欲至单于者起。昭君喟然越席而前，曰：“妾幸得备在后宫，粗丑卑陋，不合陛下之心。诚愿得行。”帝大惊悔之，良久，太息曰：“朕已误矣。”遂以与之。昭君至单于，心思不乐，心念乡土，乃作《怨旷思惟歌》。(《艺文类聚》卷三十引)

在《琴操》中，王昭君之所以使“帝大惊悔之”；是因为她的日常形象与在宴会上的形象构成了鲜明的对比。之所以如此，是因为她平日里“伪不饰其形容”，上宴会则“善妆盛服，光辉而出”。那么，王昭君为什么要做这样的惊人之举呢？原来入宫之后，“迄不幸纳，积五六年，昭君心有怨旷”。

皇帝的后宫，佳丽三千，不受青睐，遭遇冷落，通常是大多数后宫女子的命运，故人们往往对她们的青春空抛寄予同情。试想王昭君“颜色皎洁，闻于国中”，本有才姿卓越之名，因而才被献给汉元帝，可是入宫之后，五六年的时光过去，心有期待的她却始终不被接纳，自然心中会有悲伤。面对权威无上的皇帝，一般女子无力抗拒不幸，就只能找出种种理由来自我排解，接受现实而安于宫中生活以打发时光，消耗生命。可是王昭君的反应却不一样，她是“心有怨旷”——谁在旷废她的青春，她就在怨恨谁。显然，她的怨恨对象就是汉元帝。而如何表达她的怨旷呢？这位王昭君，既不愿意被冷落，被忽略，又不愿意去迎合，去疏通，于是平日里“伪不饰其形容”，不求显露，淡泊自守；上宴会则“善妆盛服，光辉而出”，要在众目睽睽之下，展现其绝色，让失于辨识的汉元帝惊艳后悔；进而又“喟然越席”，主动请求出嫁匈奴，让失于亲近的汉元帝大感失落。大庭广众之中，看到元帝的后悔和失落，王昭君入宫以来积郁了五六年的“怨旷”终于得到了释放，那片刻的痛快淋漓，一定让她找回了尊严，赢回了自我价值的肯定。这是一个敢于怨恨皇帝、挑战皇帝的女子，这是一个敢于反抗命运、自主选择的女子。她怀抱“天生我才必有用”的志气，虽然不被赏识，不被任用，却是宁可出塞远嫁，也不甘心枯寂冷宫！宁可承担远行的代价，也要展现自己本来的光采！她就像是夜空里的一颗流星，哪怕闪耀之后就是陨落也在所不惜！讲述者用剥笋递进的方法讲述了一个性格倔强、行动果敢的王昭君，赞扬她，称赏她，从而引起人们的兴趣，乐于传讲她的故事。而去到异域的生活，毕竟与汉地大相隔膜，面对大漠穹庐，牛羊毡服，昭君既释怨旷之恨，又生思亲之情，于是而有此《怨旷思亲歌》：

> 秋木萋萋，其叶萎黄。有鸟爰止，集于苞桑。
> 养育毛羽，形容生光。既得升云，获幸帷房。
> 离宫绝旷，身体摧藏。志念抑沉，不得颉颃。
> 虽得餧食，心有徊徨。我独伊何，改变往常。
> 翩翩之燕，远集西羌。高山峨峨，河水泱泱。
> 父兮母兮，道里悠长。呜呼哀哉，忧心恻伤。

歌辞以鸟为喻，表达昭君志在高飞，以“升云”与“离宫”对比，写期望与现实的巨大差距，以“虽得餧食，心有徊徨”写心中的不甘，于是终于采取“改变往常”的行动来到西羌。然而，自请出塞虽然改变了自己的命运，却要承受永离父母家乡的思念痛苦，所以借歌抒情，以解忧伤。传说与歌辞相互映照，托衬出王昭君刚烈而深情的鲜明个性。

而《西京杂记》以及承继而来的《世说新语》中的王昭君，正如此前的分析，讲述的中心在王昭君的品格。讲述者通过画工索贿，通过丑化图像，讲述王昭君禀志高洁却被小人陷害的遭遇，用不屈来彰显品格，用不幸来唤起人们的同情。相比于《琴操》中的王昭君，《西京杂记》以画工之事来解释她被汉元帝忽略的原因，加入了她与画工的冲突，使情节变得复杂起来，表现了王昭君的高洁品格，却少了对王昭君的倔强个性的展现。这是二者的一大不同。在《琴操》中，王昭君的所有行动都是针对汉元帝的忽略而起，汉元帝是王昭君心怀怨愤的对象，是她盛妆请嫁以示打击的目标。《西京杂记》中的昭君传说则将矛盾集中到画工的索贿与欺瞒，冲突发生在王昭君与画工之间，元帝成了受蒙蔽者，从而解除了元帝的过错。两个传说所批评的对象完全不同，这是二者的又一区别。如果以人物形象而论，无疑《琴操》中个性鲜明的王昭君要胜于《西京杂记》；如果以故事情节言，则《西京杂记》的昭君传说要比《琴操》更具吸引力。尤其是在民间的传讲中，情节的曲折，人情的善恶，冲突的激烈，最容易打动朴实的民众感情。因此，两个形象和意义都有不同的昭君传说几乎同时被记录成为文本，有了进一步的传播，而情节的胜出，使得《西京杂记》的昭君传说逐渐居于《琴操》之上，而成为后世昭君传说与创作的主要蓝本。

今天所能见到的唐代昭君传说的民间文本，无疑以保存在敦煌文献中的四种最值得重视。其中，《昭君变文》与被称为安雅词的《王昭君》也描写了两个不同形象的王昭君。在《昭君变文》中，王昭君满怀哀怨：她怨恨“良由画匠，捉妾陵持”，她思乡恋亲，“千度登山，千回下泪，慈母只今何在，君王不见追来”，她哀痛成疾，缠绵病榻，临终嘱托，长逝不返；其形象之凄婉，感情之悲伤，令人生出无限的同情。而安雅词中的王昭君却是另一番气象：

> 自君信丹青，旷妾在掖庭。悔不随众例，将金买帷屏。
> 惟明在视远，惟聪在听德。奈何万乘君，而为一夫惑。
> 所居近天关，咫尺见天颜。声尽不闻叫，力微安可攀。
> 初惊中使入，忽道君王唤。拂匣欲妆梳，催入已无算。
> 君王见妾来，遽展画图开。知妾枉如此，动容凡几回。
> 朕以富宫室，美人看未毕。故勒就丹青，所期按声实。
> 披图阅宫女，尔独负俦侣。单于频请婚，倏然误相许。
> 今日见蛾眉，深辜在画师。故我不明察，小人能面欺。
> 掖庭连大内，尚敢相蒙昧。有怨不得伸，况在朝廷外。
> 往者不可追，来者犹可思。郁陶乎余心，颜后有忸怩。
> 所谈不容易，天子言无戏。岂缘贱妾情，遂失边番意？
> 二八进王宫，三十和远戎。虽非儿女愿，终是丈夫雄。
> 脂粉总留着，管弦不将去。女为悦己容，彼非赏心处。
> 礼者请行行，前驱已抗旌。琵琶马上曲，杨柳塞垣情。
> 抱案啼未已，牵马私相喜。顾恩不告劳，为国岂辞死。
> 太白食毛头，中黄没戍楼。胡马不南牧，汉兵无北忧。
> 预计难终始，妾心岂期此？生愿匹鸳鸯，死愿同蝼蚁。
> 一朝来塞门，心存口不论。纵埋青冢骨，时伤紫庭魂。
> 绵绵思远道，宿夕令人老。寄语输金者，玉颜常自保。

据说，“安雅”是唐代宫庭演奏的西域安国乐曲之称。而这篇歌辞则带有鲜明的汉乐府民歌的风格。首先，五言四句一章，共计十九章，是一篇合着音乐依次演唱的叙事诗。第二，故事的演进不是通过演唱者的叙述，而是以汉元帝与王昭君之间的对话形式展开。第三，最末一章四句取演唱者的口吻，总结全篇故事，语带讥讽，以教育听众。比较一下汉乐府中的《陌上桑》以及《焦仲卿妻》等诗，其体式与写作手法颇有相似，是典型的民间歌唱。其中“绵绵思远道”，“宿夕令人老”两句，借用了汉末《古诗十九首》中的成句；“太白食毛头”二句是运用天文预测的知识来描写昭君和亲消弭了战争的祸患；可知歌词经过文人的加工。因为资料匮乏，我们不能确知“安雅”《王昭君》的来历。但据此分析似可推测，这篇歌辞出于民间，经过文人的搜集、整理和润饰，因为演唱所配音乐是安国乐曲而有“安雅”之名。

歌辞吸取了《西京杂记》里画工丑化的情节，但是讲述的中心不再是王昭君与画工的矛盾，而是继续着《琴操》里那种昭君与元帝之间的怨愤，将批评的矛头对准了汉元帝：“奈何万乘君，而为一夫惑。”这位昭君不仅明白事理，更有面斥皇帝的勇气。当元帝见到美丽的昭君而准备改换出塞人选的时候，昭君之言，大义凛然：“所谈不容易，天子言无戏。岂缘贱妾情，遂失边番意？”她告诉皇帝，国家利益要重于儿女之情。进而表示“顾恩不告劳，为国岂辞死”，说自己愿意为国家去牺牲，希望此去之后，“胡马不南牧，汉兵无北忧”，两国相处安然，边民生活无扰。这里的批评矛头直指元帝而不是画工，最能显现昭君的勇敢与正直。因此，她的为国牺牲，敢于担当，同样是性格使然，而不像后世故事所描写的是为了回报元帝的爱情，两者的意义完全不同。歌辞塑造了一位性格刚强而明理知义的昭君，表达了民众对于这位远嫁异域而使边境安宁的和亲女子的喜爱和赞美，回响着汉代歌谣里那“昭君守国，诸夏蒙德”的主题和旋律。这位深明大义、勇敢卫国的王昭君与《昭君变文》中那位责怨画工“凌持”、悲哀自身不幸而凄惨忧伤地嘱托后事的王昭君形成了鲜明的对比。最后歌唱者又用“寄语输金者，玉颜常自保”二句来讥讽那些贿赂画工的美人：纵使得到皇帝的一夕宠爱又如何呢？玉颜可能长保？恩宠岂能持久？借此反衬出昭君为国出塞的献身精神长留天地，永存人间。

安雅词《王昭君》与《昭君变文》都吸收了画工丑化的情节，在人物的行为和故事的情节上都有丰富与深化，却刻画了两位形象不同的王昭君，依然保留了民间传说对于昭君人物形象在某种程度上的不同认识，可以视为是《琴操》和《西京杂记》的形象差异的沿续。但是，此后以昭君为主题的作品虽然数量众多，但是昭君的形象却与魏晋以来的传说有不同，一是形象统一，不再有差异；二是悲凄哀婉成为了昭君形象的主调。魏晋以至唐代的传说中的那位敢于批评皇帝、敢于选择命运的昭君也就从此消失，再也不曾出现。

昭君人物形象的这种转变，自《汉宫秋》而到《和戎记》、《双凤奇缘》，可以说是一脉相承。这三部作品都出于下层文人之手，不仅代表了民众的期待，更揉进了文人的意识，两者又相互影响，推波助澜，形成有力的社会传播，以至于明清时代出现的大量的以昭君为主题的创作都沿袭着它们的戏路，继续塑造着凄伤哀婉的昭君。在她的身上，集中了人们对于弱者的深深同情。

在这三部作品中，昭君与元帝的爱情变成了主题，而毛延寿是破坏元帝与昭君相爱的罪魁祸首，单于则退化为一个映衬性的人物，他的所有作为，一是进一步地表现毛延寿的丑恶，一是进一步地表现昭君的忠贞不渝。以一个王昭君而牵出了三条线索，三条线索而牵着三个对象，面对这三个对象，王昭君都处于完全的弱势地位。她与元帝的钟情相爱，元帝掌握着主动权，元帝既不能识别蒙蔽，昭君就只能听凭毛延寿的丑化而被冷落疏远在后宫。她与毛延寿的善恶斗争，身为朝廷命官的毛延寿掌握着主动权，只是在与元帝相见之后，昭君才能得知画像被抹黑丑化的真相，而毛延寿的恶行被揭露，却又导致了献画单于的更大灾祸，她最终也没能逃脱成为礼物而被送去求和的命运。当与单于相对时，昭君虽然可以利用单于而报复毛延寿，但最终却只能拼得一死来维护自己的贞洁，并不能与单于作真正的对抗。她因为与毛延寿的冲突而成为了受害者，她因为与元帝的爱情而成了牺牲者，而面对单于的欲望，她只有以生命相搏而成为殉情者。于是，昭君与元帝的爱情越是真诚，越是缠绵，破坏这爱情的毛延寿就越是罪大恶极，毛延寿被斩杀的下场也就越是大快人心。

《琴操》中关于昭君自杀的结局，本是传讲者出于汉族文化的理解而不能接受匈奴风俗所作的设计。而在这三部作品中，既然元帝与昭君之间的爱情成了戏剧的中心，当昭君不得不去和亲之时，她的自杀也就成了必然的结局：如果昭君不死，就无法表现她对元帝的爱情忠贞。而昭君自杀的地点也势必要放在汉匈边境的界河边，而且不能过河，如果过河，就无法表现她对元帝的始终不渝。

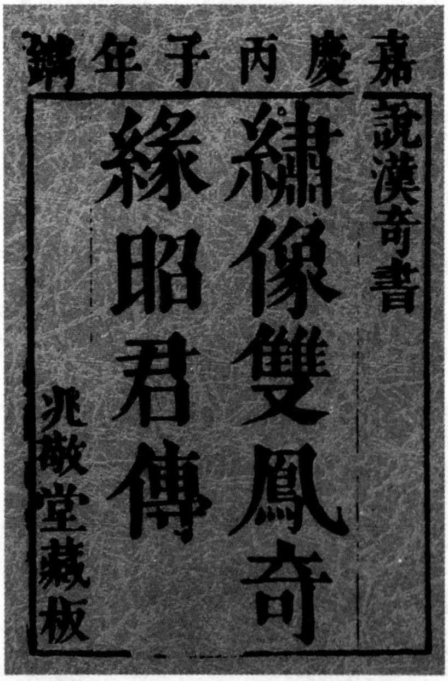

《绣像双凤奇缘昭君传》兆敬堂嘉庆丙子刻本书影

明清以后的作品无论增添了多少人物和情节，这样一位追求爱情而维护贞洁的昭君都是不变的主题，并造就了今天的人们最为熟悉的昭君形象。然而，那位曾经勇敢地批评皇帝的王昭君，那位勇敢地选择自己人生的王昭君，那位以自己的个性和行动曾经赢得人们喜爱和尊重的王昭君，也就消逝在浩瀚的文学人物的历史画廊中，代之而起的王昭君所得到的只是人们的真心同情和涟涟泪水。

从魏晋时期《琴操》和《西京杂

记》的并世流传，到唐代《王昭君变文》和安雅《王昭君》的相对而出，再到《汉宫秋》以及《和戎记》、《双凤奇缘》为代表的明清时期“昭君戏”的流行，昭君传说从民间的流传而进入文人的创作，又从文人创作而回到民间再作流传。这样一种上下流动又相互影响的文学传播，持续的时间从汉末一直到今天，在中国社会形成了深远的影响。它充分表明昭君传说是一具有强大魅力的文学主题，深得中国民众的喜爱，故能历千余年而不衰。伴随着昭君传说的流传，昭君的人物形象也随同历史的演进而发生着启人思考的变化，而成为一种值得关注的文学现象和文化现象。

第二章 地名传说的存留

人物与情节是传说故事必须具备的要件。而传说既是故事，又不是故事。这是因为，故事的虚构可以达到荒诞不经的地步，而传说无论在流传的过程中被附加了多少成分，被填充了多少内容，如果剥落那一层一层的厚厚包裹，其中心之物总是要与现实有着丝缕相牵的联系，存在着一个真实的内核，一个可资纪念的事物。因此，学者通常据此核心物的性质而将传说分为人物传说、风物传说、地名传说和神怪传说四种，而地名传说的核心就是一方水土的真实。

传说的生命力在民间。传说之所以能够保持长久的流传，就在于民众的口耳相传。而民众之所以热衷于传讲，则是出于对传说中的人或事或物怀抱着感情。一旦民众失去这种传讲的热情，传说就会失传而消逝在历史的长河里。地名传说的最大特点是出于当地人的传讲，饱含着当地居民对乡土的感情。人们把自己的乡土生活放入了传说，言而有据的讲述使传说变得真实可信，富于生活的气息，具有当地文化的色彩。而本来悄然岑寂的乡土因为附属于传说而具有了历史的内涵，因为融汇了故事而变得具有了生命的灵动，因为传说的流布而具有了响亮的名声。于是，每当本地民众讲述起这一类传说之时，便会对自己的乡土油然而生自豪之感。因此，在传说的四种分类之中，因为地名的实用性和标志性，地名传说最接地气，附着的情感色彩比较浓厚，生命力比较顽强。地名传说不仅在当地代代相承地传讲而具有长久深刻的影响，而且通过途经者的脚步又被携带到四面八方，扩大其传播的范围，一旦被当地人接受，就有可能在当地落土扎根，生出新的枝桠。有时同一地名传说会出现在不同的地点，原因就在这里。而且，即使随着时间的流逝，传说被岁月的积尘所掩蔽，而地名的实用性和标志性永远都是追溯传说的线索。人们会因为地名而问起传说，传说也就凭借地名而传递着人们的乡土感情，而久远地活在一代又一代人的讲述之中。唯其如此，人们常说地名是民间传说的“活化石”。

王昭君由汉朝都城长安而北上前往匈奴的单于庭，从一位山村的少女最终成为匈奴单于的阏氏，成为汉匈两个民族缔结友好的象征。她的个人命运和这一事件的传奇性，不仅激起人们的兴趣，留下了许多动听的人物传说，同时也留下了许多动听的地名传说。这些地名传说就分布在她一路北上的行程中。王昭君过长江，渡黄河，最终进入草原，这些地名传说就沿着她的足迹而主要分布在三处地方，一是她的家乡，今天的湖北兴山，二是她北上单于庭所经过的路途，今天的陕西与山西，三是她进入匈奴后的生活地域，今天的内蒙古。其中影响最大的自然是内蒙古的青冢和兴山的香溪。

一、青冢

青冢是王昭君坟墓的别称。如李白《王昭君》：“生乏黄金枉图画，死留青冢使人嗟。”如杜甫《咏怀古迹》之三：“一去紫台连朔漠，独留青冢向黄昏。”如皎然《昭君》：“黄金不买汉宫貌，青冢空埋胡地魂。”如王安石《明妃曲》：“可怜青冢已芜没，尚有哀弦留至今。”都是借着青冢抒写王昭君死在胡地、葬在胡地而永远不得重归汉地的哀伤。在数量颇丰的历代吟咏王昭君的诗篇中，琵琶、胡笳、鸿雁、青冢是常常被诗人们使用的意象之物。其中，青冢是坟墓，标志着生命的结束，人生历程的终点，是逝者留在这个世界上的最后的痕迹。因此，相比于琵琶、胡笳、鸿雁等意象，青冢所包蕴的意义更切近生命的本质，无疑更容易激发人们的感慨，触动人们的内心。所以，青冢不仅常常出现在题咏王昭君的诗文作品中，更有专意以《青冢》为题而抒发历史感慨者，而使青冢不仅仅是诗词抒写的意象，也成为了王昭君出塞和亲的历史事件的一个独立的象征物。如唐代以写作《咏史》而著称的胡曾有两首关于王昭君的诗作，一首题作《汉宫》，一首题作《青冢》，以二者的形象对比而高度凝炼地概括了王昭君的命运。如清代文人胡凤丹搜罗历代题咏昭君的诗词而编撰成书，书名就题作《青冢志》，以青冢为象征来记叙昭君出塞带给人们的复杂感受。

岁月流逝无情，记忆存留有意。唐代以后，青冢不仅频频出现在历代的诗文创作之中，更作为标志性的地名而出现在了史籍的记载之中。

清雍正七年修《山西通志》卷五十六记载，天祐三年（公元 906 年）八月，“契丹主阿保机率十万骑入塞攻朔州，拔之，勒石纪功于青冢之南”。

《册府元龟》卷九九五记载：晋高祖天福五年（公元 940 年）四月辛亥，“北京奏契丹于越王进宁掠山后诸蕃，退止于青冢。”

《宋史》卷二五三记载，王承美归宋以后，任为丰州刺史。太平兴国八年（公元 983 年），契丹来寇，承美率军击败其众万余人，“追北至青冢百余里，斩获益众，以功授本州团练使”。

《辽史》卷二十九记载，保大三年（公元 1123 年）夏四月，金兵包围辽主及其“辎重于青冢硬寨”。

关于这件事，《金史》卷七十四的记载更加清楚，说是太祖收定燕京之后，任命斡鲁为都统，宗望为副师，“袭辽主于阴山、青冢之间”。

俗话说：“雁过留声，人过留名”。孔子也早已说过：“君子疾没世而名不

呼和浩特青冢

称焉。”在重视名声的中国文化传统中，一个人的后世声名不仅代表了历史对他的评价，也代表了现实对这种历史评价的认肯。以人事来为地方命名，除非是沧海桑田的翻天覆地，除非是改朝换代的人事敏感，不然，只要地在，名就在；名在，人与事就在。这是一种具有永恒意义的纪念方式。青冢这一地名的出现，是为了纪念王昭君，而且这一地名出现在汉朝与匈奴的边界地域，足以见出两方边民对昭君这一人物的共同热爱，足以见出昭君出塞和亲的历史影响之深刻长远。

那么，昭君墓为什么会有青冢之名呢？

目前所见资料有两种解释。一者如白居易《青冢》诗中所言："茫茫边雪里，一掬沙培塿。传是昭君墓，埋闭娥眉久。凝脂化为泥，铅黛复何有。唯有阴怨气，时生坟左右。郁郁如苦雾，不随骨衰朽。"说是昭君思乡的幽情怨意积郁深厚，以至于死后而怨气不散，笼罩坟上，远看就如同青色的云雾。《大清一统志》卷一二四记载："王昭君死，葬黑河岸，朝暮有愁云怨雾覆冢上。"取的就是这种说法。

另一种说法则采用者更多，见于北宋所编《太平寰宇记》卷三十八："金河县，汉盛乐县。青冢在县西北，汉王昭君葬于此。其上草色常青，故曰青冢。"南宋祝穆所著《古今事文类聚》则有进一步的解说："昭君服毒死，举国葬之胡中。胡地白草，而此草独青，故曰青冢。"（卷二十一）那些有机会去到塞外的汉人观察到秋冬时节的草原，草色干枯而呈白色，与内地草叶枯黄的景色很不一样，于是而有"胡地白草"之说。唐代诗人就常常以"白草"来强调不同于中原的塞上景观。如李白《行行且游猎篇》："但知游猎夸轻矫，胡马秋肥宜白草。"王维《出塞作》："居延城外猎天骄，白草连天野火烧。"高适《送浑将军出塞》："黄云白草无前后，朝建旌旗夕刁斗。"刘禹锡《送南特进赴归行营》："虏云连白草，汉月到黄沙。"《太平寰宇记》说是因为昭君坟上草色常青而称青冢，虽然可以理解成四季常青，但是没有与其它事物的比较，就不能见出这"常青"的特别。《古今事文类聚》说是秋冬时节，胡地草色皆白，只有昭君坟上草色"独青"而称青冢。这就强调了昭君坟上的草色不仅是四季常青，而且秋冬之后更与周围草色形成鲜明的对比。试想在一片连天白草的塞北萧瑟中，只有昭君坟保持着秋不枯、冬不朽的青青，这是一种色彩对比何等鲜明的景象。因此，这"独青"的说法给读者留下了深刻的印象，对后世的影响最大，以至于淹没了"愁云怨雾"之说。如《明一统志》卷二十一："王昭君墓，在古丰州西六十里，地多白草，此冢独青，故名青冢"如明彭大翼所撰《山堂肆考》卷三十："王昭君墓在古丰州西六十里，地多白草，此冢独青，故名青冢。"如《大清一统志》卷一二四引《大同府志》："汉明妃墓在府西五百里，古丰州西六十里。塞草皆白，惟此独青，故名。"如《山西通志》卷一七三："汉明妃冢，在古丰州西六十里，塞草皆黄，惟此独青，因名青冢。"自有"此冢独青"的说法，后世文献言及昭君坟墓之时，绝大部分都取这"独青"之说。（详见延伸阅读十）

昭君坟因草色而称青冢，实有感情含蕴在其中。人们对颜色的感觉往往与情感相通，文艺学上叫做“通感”。“青”或“绿”因与春天相联系，有生长不息之意，故而在诗文中往往用来表达坚贞顽强的生命，或者悠长绵延的思恋。前者如孔子所说“岁寒然后知松柏之后凋也”。后者则多见于诗篇，如汉代古诗：“青袍似春草，长条随风舒。”江淹《别赋》：“春草碧色，春水绿波，送君南浦，伤如之何？”骆宾王诗：“山中有春草，长似寄相思。”春天的草色郁郁青青，绵绵不断，蔓延铺展，一直伸向那心可知而眼望不见的远方。这青色的蔓延就像人的思念一样，在心中萌生，向四周弥漫，无边无际，没有尽头，只增不减，没有止息，令人徒然忧伤满怀，却无从收拾。昭君坟上草是否终年青色不衰，我们无从知道。但是，人们之所以将昭君坟唤作青冢，并加以“塞草皆白，唯此独青”的神奇，其实是为了表达对王昭君思念家乡、思念亲人的同情。人们想象，昭君虽死，魂灵犹存天地，那青青坟上草，便是她的生命的延续。尤其是秋冬时节，塞草一片枯黄，唯此一堆青青，昭然于辽阔的原野，赫然于荒凉之中，仿佛昭君精神的屹立，仿佛昭君魂灵的眺望，一见之下便能体会到坟中人绵长不息的思念，便能感受到坟中人性格的刚

呼和浩特昭君墓碑（李世馨编选：《昭君图册》，内蒙古人民出版社 2004 年版）

毅坚强。青冢，这是诸多昭君传说中一个美丽而忧伤的地名传说。

在长期的流传过程中，青冢已经是载入史册的真实地名。那么，青冢在哪里呢？

在留存的唐代敦煌文献《昭君变文》中说到了王昭君的安葬之事："单于唤丁宁塞上卫律令知葬事，一依蕃法，不取汉仪。"又唱道："单于是日亲临送，部落皆来引仗行。……地上筑坟犹未了，泉下唯闻叫哭声。蕃家法用将为重，汉国如何辄肯行。若道可汗倾国葬，焉知死者绝妨生。黄金白玉连车载，宝物明珠尽库倾。昔日有秦王合国葬，校料昭君亦未平。坟高数尺号青冢，还道军人为立名。只今葬在黄河北，西南望见受降城。"后汉朝使者来吊丧，说是"行至蕃汉界头，遂见明妃之冢"。综合其意而提挈之，即青冢在黄河北岸，汉蕃交界之地，西南可以望见受降城。

汉武帝时，公孙敖受命在居延北筑受降城，为接应准备降汉的匈奴左大都尉。这座防御之城位于今天内蒙古乌拉特中旗的狼山西北，距黄河北岸很远，显然不合"西南可以望见"的条件。

唐代则筑有三座受降城，中受降城在今内蒙古包头市西；东受降城在今内蒙古托克托县南黄河之北，大黑河东岸；西受降城在今内蒙古杭锦后旗乌加河北岸；各相距三百余里，用以防御突厥族的侵扰。这三座受降城分布在东西近千里的黄河以北地区，都与黄河相距不远。但是，这三座都是唐代修筑的受降城，如果用来说明七百多年前汉代王昭君坟墓的所在位置，那就不是汉代的事实，而只能是唐代人的描述。既然唐人的诗文中已经屡屡言及青冢，《昭君变文》所描述的位置自然是一条重要的线索。不过，这一青冢只是唐人的记录，并非就此可以证明这是汉代的王昭君墓。这是研究青冢者首先要注意的问题。

其次，《昭君变文》作为敦煌遗存文献，确实非常宝贵，但毕竟是文学作品，虽然在历史的考证中不无参考价值，但只能作为辅助材料来使用。如果没有更加可信的历史材料，这一类材料是不可以单独成为证据的。有学者据《昭君变文》而认定青冢就是王昭君的坟墓，进而考证其位置所在，这是难以令人信服的。因为论据不可靠，论证自然难以成立。如《内蒙古第二届草原文化研讨会论文集2005》所载孙利中《青冢考》一文。

因此，《昭君变文》所给出的位置是唐人的所见所识，可以作为参考，而要确知唐人所记的青冢所在，还需要从历史记载和实地调查的结合中来作辨识考查，寻找线索。

唐代著名学者杜佑所著《通典》卷一七九所记单于大都护府统领金河县，下用小字说明当地有“王昭君墓”。唐代单于都护府，治所在今内蒙古和林格尔西北土城子，也是金河县的县治所在，至今还保存着唐代的古城遗址。这里既在黄河北岸，唐代修筑的东受降城也确实位于其西南方向。这一处昭君坟，既有杜佑的记载，也符合《昭君变文》所描述的方位，后世也不乏认同者，如宋代《太平寰宇记》卷三十八：“金河，唐武德四年于此立都督府，遂立此县。北为金河，以为邑称，天宝四年于城内置。武德四年平突厥，置云中都督府于此地。青冢在县西北，汉王昭君葬于此。其上草色常青，故曰青冢。”《舆地广记》卷十九：“金河县，唐天宝四年置，有金河，有燕然山，东汉窦宪勒铭于此。有李陵台，有王昭君墓，名曰青冢。”那么，我们是否可以就此确定这里的青冢就是唐代变文所说的王昭君的坟墓呢？事情还不是这样简单。

同样是在官修的地理书中，关于青冢的记载还有不同的说法。如上引《明一统志》卷二十一：“王昭君墓在古丰州西六十里，地多白草，此冢独青，故名青冢。”《山西通志》卷一七三：“明妃冢在古丰州西六十里，塞草皆黄，惟此独青，因名青冢。”查检《中国历史地名辞典》（复旦大学历史地理研究所编，江西教育出版社1988年版），丰州初设于隋开皇三年（公元583年），治所在今内蒙古杭锦后旗东北，大业初废。唐贞观四年所设丰州，治所在九原，今内蒙古五原县西南黄河北岸。唐代后期废置。宋代没有丰州的设置。辽设丰州，治所在今内蒙古呼和浩特东南白塔村。那么，《明一统志》所称的“古丰州”是指哪一个丰州呢？隋代丰州设置时间很短，可以不考虑。辽代丰州的设置时间也不长，又与明代时间相近，明代典籍所称“古丰州”，不可能是指辽之丰州。据清代秦蕙田《五礼通考》卷二百零五所引《黄河考》：“大河在榆林卫北千余里，自宁夏卫东北流六百余里，经古丰州之西，又北折而东，经三受降城南。三城相距凡八百里，至废东胜州西，乃折而南。”作者明言“古丰州”在黄河由宁夏北流而折九十度向东之处，折而向东的黄河然后要流经三座受降城的南面，可知“古丰州”是指唐代丰州而言。唐代丰州治所在今内蒙古五原县西南黄河北岸，西南方向就是唐代的西受降城。所以，也是不仅有史志的记载，又符合《昭君变文》的描述。今内蒙古包头西所存留的昭君坟，就与这“王昭君墓在古丰州西”的记载相近。

在史志记载中，青冢的地点不仅有金河说、丰州说，还有归化说。清朝康熙皇帝为庆贺战胜厄鲁特和噶尔丹部落的胜利，在康熙三十五年（公元1696年）秋天九月曾出行西巡，路过青冢而赋诗，序文说：“由张家口出塞，抚察我边鄙。厄鲁特败残之众，降者踵至，其头目来归者，咸与近职，开诚示信，绝无猜疑。冬十月十三日至归化城，为我兵屯戍之所。城南十余里，土阜突然，传为昭君墓，即志所云青冢也。”（《月令辑要》卷十八，《御制昭君墓诗幷序》）归化城，即今天的内蒙古首府呼和浩特市。今天呼和浩特的昭君博物院就是在此青冢遗址上建成。

这就让《大清一统志》的编撰者遇到了难题：因为历来记载说到青冢，都在黄河的北岸，而康熙所说归化城的青冢却在大黑河畔，虽然在黄河以北，却距离黄河很远。康熙是皇帝，皇帝所言就是圣旨，不得违背；但是作为学者，在良知上又必须尊重史实。面对着多种不同的关于青冢的记载，他们既要维护康熙的话语权威，却又没有充足的证据来否定其他的记载，于是取折衷之术，综合诸说而不作认定，只是将康熙的讲法列在前面："青冢，在归化城南二十里，蒙古名特木尔乌尔虎。《通典》：金河县有王昭君墓。《辽史·地理志》：丰州有青冢，即王昭君墓。《大同府志》：汉明妃墓在府西五百里，古丰州西六十里。塞草皆白，惟此独青，故名。"

应该承认，这是一种通达的做法。传说本来就是从一个小小而真实的内核扩衍、增容、修饰、演化而形成，虚构附会，夸张错置，都是其本色，在所难免。我们既然承认昭君坟之名为青冢是地名传说，自然就没有必要非得坐实只有某处的青冢才是真实，而其余的青冢，不是古城遗址的错误，就是长城土墩的附会，对之加以排斥。何况，已经北上单于庭的王昭君是否在死后被送回安葬在数千里之外的黄河北岸而建有坟墓呢？这是在青冢的位置之外的又一个重要问题：青冢真的是昭君坟吗？对此，古人曾经有过辨说，录在此处，可作参考：

> 青冢，汉明妃墓也。宋辽以来，诸史多言青冢。今在归化城南十余里，黑河之侧。夫归化城，汉五原郡地，距幕北绝远。而《宋史》云："太平兴国八年，丰州刺史王承美败辽师，追北至青冢百余里。"《辽史》："神册元年八月，太祖拔朔州，勒石记功于青冢之南。"《西京志》亦云："丰州有青冢。"《元史》："太祖十四年驻军青冢，由东胜渡河，收西夏。"合诸史核之，其地胥近归化城。此又何说也？按《汉史》：甘露元年呼韩邪款塞，愿留居光禄塞下，保汉受降城，而北边息警者六十余年。岂其时王歙辈实导之而遂克返葬欤？抑好事者艳青冢之名凿空驾虚，流传至宋辽，遂援为典要欤？老杜云："一去紫台连朔漠，独留青冢向黄昏。"曰"一去"，曰"独留"，似有疑辞。间尝询之商旅，塞草皆黄，未闻此冢之独青也。然则志其名，无凿其地可也。（《山西通志》卷一七七）

《山西通志》所载这篇无名作者的《青冢辨》，既以今天呼和浩特城南青冢指为史籍所载的青冢，又提出了王昭君死后是否归葬黄河边的疑问，而认为即使有青冢，也未必是昭君坟："抑好事者艳青冢之名凿空驾虚，流传至宋辽，遂援为典要？"故主张"志其名，无凿其地可也"。也就是说，青冢的存在，只是为了纪念王昭君而已，何必过分穿凿其事而误导后人呢？我也赞同这种处理。

青冢的传说在唐代便广为流传，历宋、元、明、清而传讲不衰，并在这千余年间，由一地而变为了数地。1961 年，北京大学历史教授翦伯赞造访内蒙古，在其散文《内蒙访古》中就提到以青冢为名的地点在内蒙古竟有十余处。王昭君只有一个，昭君坟如果真有，也只会有一座。那么，为什么古往今来会出现这么多以青冢著称的地点呢？这只能说明王昭君得到边地民众的热爱，她一直活在边地民众的心里。无论昭君有没有真实的坟墓，也无论昭君的坟墓在哪里，人们都愿意将自己的家乡与王昭君联系到一起，为她树起一座永恒的纪念碑，感谢她为汉匈民族友好而做出的贡献。

[延伸阅读十] 关于《琴操》中的青冢的记载

就现有文献考察，最早言及"青冢"的是唐代的诗人们。有学者引《琴操》为证来推测青冢的传说不会晚于六朝（张文德《王昭君故事的传承与嬗变》，学林出版社 2008 年版，第 101 页），下言谨慎。不过，《琴操》一书在唐代就已散佚，宋代以后始有人通过各种类书进行辑佚，工作比较粗糙，导致其内容掺杂，很难确认哪些是增补，哪些是原貌。就昭君传说中的青冢而言，最早引录《琴操》的唐代类书，如《北堂书钞》、《艺文类聚》、《初学记》、《白氏六帖》等，都不见青冢之说。宋代以后，青冢之说频频见于地志之书，而北宋初年成书的《乐府诗集》和《太平御览》引《琴操》记王昭君事，仍无青冢之说。直到南宋人杨伯嵒作《六帖补》，始称："青冢，昭君墓也。《琴操》注：

昭君伏毒而死，单于举葬之。胡中多白草，而此冢独青。”（卷九）这里的文字很清楚，书中所补青冢之事不是出于《琴操》，而是出于后人的《琴操注》。

今天传世的《琴操》辑佚本主要是两个版本：《汉魏遗书钞》本和《平津馆丛书》本，两个版本的面貌颇有差异。如《汉魏遗书钞》本末言：“昭君有子曰世达，单于死，世达继立。凡为胡者，父死妻母。昭君问世达：‘汝为汉也？为胡也？’世达曰：‘欲为胡耳。’昭君乃吞药自杀。”也没有提到青冢。晚出的《平津馆丛书》本则在这段文字后多出十五字：“单于举葬之，胡中多白草，而此冢独青。”显然是一种增补。

既然在杨伯嵒之前诸多类书引《琴操》均无青冢之事，而杨伯嵒所补青冢之事已经说明是出于《琴操注》，而不是《琴操》，那么，因为《平津馆丛书》本而推言青冢之出于《琴操》就有失于考据了。

二、蹄窟岭

今天山西省的左云、右玉以及偏关一带，与内蒙的东南相邻，因在雁门关以北，俗称雁北地区。这里，曾是汉与匈奴交往的古道，流传着相当数量的昭君出塞而途经当地的传说。左云学者刘志尧和刘溢海合作写有《昭君出塞经雁北传说》一文（载于邹志斌、蔡长明主编《昭君文丛·传说卷》，四川美术出版社 2009 年版，第 181 ～ 191 页）。兹将此文所记传说转引于下，以便探讨。为节省篇幅，故事一仍其旧，文字则多所改动。

1. 平城东胜店：传说当年呼韩邪单于携王昭君出塞，经过平城，即今天的大同，下榻在一家名叫东胜的客店。从长安出来多日，路途辛苦，单于体谅昭君，就决定在东胜店多住几日，稍事休整。闲来无事，昭君常常怀抱琵琶，轻拢慢捻，乐音悠悠，充满思乡的忧伤。昭君的乐曲感动了周围聚听的乡亲，听着听着总有人禁不住落下泪来。当队伍出发时，为答谢东胜店主人的盛情款待，昭君将自己的琵琶送给了客店主人。客店主人非常高兴，就将客店的名称改为“琵琶老店”。据说自从客店改名，生意兴隆，客源不断，人们都说这是托了昭君的福。在以后的岁月里，客店虽然几易主人，店名却始终不变。唐代咸通年间，节度使段文楚还特别请当时著名的书法家柳公权书写了“琵琶老店”四个大字，制成横匾，挂在店门之上。讲述者说，一直到解放初期，这家老店还在营业。现在老店虽然已经拆毁，但那四字的匾额仍珍藏在大同市博物馆里。

2. 昭君腔与耍孩儿：传说昭君在平城休整之时，常在东胜店中弹奏琵琶，演唱歌曲，平城百姓喜欢昭君的歌，学唱昭君的歌，昭君的歌就渐渐传播开来。后来雁北地区的民众就仿照昭君的腔调填词演唱，成为一种地方曲调。再往后，人们又用这腔调配合故事情节来演唱，就成为了在雁北民间流传很广的地方戏曲，深得当地民众的喜爱。因为这种戏曲以“咳咳”为衬声而贯穿于整个演唱，人们就称之为“咳咳腔”。讲述者说，唐玄宗有个儿子生下后哭闹不已，办法用尽都不得安静，玄宗很是苦恼。有一天他带这孩子来到梨园，一位从平城来的艺人哼唱了一段“咳咳腔”，说来也怪，这孩子一听就立刻停止了哭闹。于是唐玄宗就请这位艺人经常为孩子唱“咳咳腔”，孩子从此变得安静。玄宗很高兴，就将这源于昭君腔的“咳咳腔”赐名为“耍孩儿”。

3. 武州白羊城：传说呼韩邪单于携王昭君出塞，从平城向西北走了一百多里，来到白羊城下时，太阳已经落山，人困马又疲，光暗路不清，难以继续前行，就决定在这里过夜。白羊城是春秋时期北狄种属的白羊部落所建，早已是一片断圮残垣，于是呼韩邪就在废墟上搭起帐篷，生起火盆，还特意找来了胡裘大衣，唯恐昭君不能习惯帐篷的住宿而受冻生病。就在这时，奉令接待的武州县令听说呼韩邪和昭君在相距五十余里外的白羊废城住宿，就

白羊城遗址

用几十辆大车拉着早已备好的饮食赶到了这里。善良的昭君被感动了，叹息道："如果武州县城就在这里，您就不必这样辛苦了啊！"讲述者说，县令将此事报告了汉元帝，经过批准，武州县城就从原来的东古城迁到了白羊城。"于是，旧《左云县志》及《山西通志》中便出现了那句'竟宁元年武州县城迁治白羊城'的记载。"

4. 蹄窟岭：传说呼韩邪和昭君北上的车队离开白羊城后，越过武州川水，向西北方前行，来到了五路山的东麓，开始上山。昭君骑马走过红沙岩口，登上山顶的一块大石，向西望去，前方不足百里就是著名的参合口，穿过参合口，就离开汉界而进入胡地。昭君在马上，西望前方的胡地草原，又策马回转，南望汉境的屋舍炊烟，心中充满对家乡故国的留恋。她在那大石上伫立良久，马儿也在石上踏转良久，最后竟留下了四个深深的蹄印。讲述者说，因为这块大石，此后的人们便将这道山岭叫做蹄窟岭。当地人也称之为"马蹄梁"。或称"啼哭岭"，说是昭君在此不舍家国，啼哭不止。

5. 饮马泉：讲述者说，左云县西北的五路山，由主峰向北二里，有处人工开凿的山口叫红沙岩口。因为这里是战国以来人马通行的古道，这座海拔二千多米的主峰也就叫作古道山。传说当年昭君出塞经过这里，早春时节，山顶还是一片白雪皑皑，人乏马渴，却找不到泉水。人们正在着急，忽见昭君骑的那匹马走到一处山崖下，用四蹄奋力地刨着地上的积雪和雪下的崖土，一会儿就见一汪清泉涌出雪地，汩汩不断地顺着山势流淌。于是雪化了，冻开了，泉水汇聚成了一个小潭。人们高兴地跑上前去，喝足了水，饮足了马，大队人马这才继续地向西行进。

6. 宫扇庄：讲述者说，传说昭君骑马经过红沙岩口时，因山路陡险，不小心将随身携带的一把扇子掉在路边草丛里，后来被一位樵夫拾到了。这是一把从皇宫里带出来的扇子，装饰着宝玉，非常精美。樵夫觉得自己的破茅屋哪里能配得上这样华贵的扇子呢？不如放在山中，让路过的每一个人都可以欣赏扇子的美丽，享用扇子的凉风。他就将扇子放在了一处山崖的下面。哪知这是昭君专用的宫扇，通神有灵，知情知意，受到樵夫善心的感动，这柄宫扇便化作了一座递铺，专供来往的人们歇息食宿。因为有这样的来历，人们就将这递铺称之为“扇庄”。据说左云县三屯乡前铺村西红沙岩口的五里长坡上那个废弃的小庄子，就是传说中的“扇庄”。

7. 换马台：传说昭君骑着马在蹄窟岭伫立良久，在石上留下了深深的蹄印，终于在护卫的催促下，向西继续行进。可是这马儿向西走了不到五六里后，就无论如何都不肯向前，只是围着山顶上的一座土台转圈圈。这座土台，有人说是西周穆王西行经过这里时所筑，有人说是战国赵武灵王北拓边疆所建，有人说这土台是将军检阅兵士所用，也有人说是亮马比武时的检校台。当昭君经过这里，她骑的马儿就在这台前徘徊，护卫们百计想尽，马儿也不肯离开。正在无奈中，有人联想到马儿曾随昭君在蹄窟岭上遥望故乡而留下了四个深深的石蹄印，莫非这马儿知道就要离开汉地而留恋不舍？既然催促不了这匹产自汉地的马，那就换上单于从匈奴带来的胡马吧。于是护卫牵来了胡马，搀扶着昭君下了汉地马，而换上了胡地马。说来也怪，昭君一骑上胡马，胡马就在山顶上一溜儿小跑，很快就下了山坡，进入河谷，转上了去北方的大路。讲述者说，从此这里就流传着王昭君在亮马台边换胡马的故事。

8. 马路坡：传说昭君下了汉地马，骑上了胡地马，继续向西北行进。可是在经过那下山的长坡时，善于在草原上驰骋的胡马不习惯这种坎坷不平的山路，下坡时一蹄踏空，险些将昭君摔下马来，把两边牵马的护卫惊出了一身冷汗。看着那长长的坡道，他们担心胡马再有闪失，就果断地将昭君扶下马来，而换上了人抬的肩舆。于是昭君便坐在肩舆上缓缓地走过长长的坡路，下到河谷以后才又换上马车，沿欧家村河谷一路西北而行，至参合口出塞而进入胡地。讲述者说，那马路坡中部半道上有一块稍平坦的转弯处，据说就是当年胡马失蹄而昭君换乘肩舆的地方。也因为这个故事，那道长坡从此就被人们叫成了“马路坡”。

这些传说很生动地描述了王昭君在今天的山西境内向塞北行进时的路线和情景。因为这里是出塞之前的最后一程汉朝土地，传说特别注重表现王昭君对家乡故国的眷恋不舍，特别注重表现呼韩邪单于对昭君的爱护和关心，传达出民间百姓喜爱昭君的朴实感情。尤其是两则关于汉地马儿的叙事，让人联想到屈原《离骚》中的名句：“仆夫悲余马怀兮，蜷局顾而不行。”在传说中，马儿在坚硬的大石上留下了伫立的蹄印，围着汉地的土台打圈圈而不肯离开，将马儿写得非常地通人情，有人性，正所谓马尚如此，人何以堪？写马其实正是为了写人，用马儿的眷恋来映衬昭君的深情，读来令人感动。

然而，这里有一个严肃的问题需要讨论：传说出于民间，表现的是民众的感情，反映的是民间的文化。这些在民间口耳相传的传说，因为有采风者的收集和整理，才得以成为文字，才有了保存的条件，才得以超出地域和时代的限制而得到广泛和久远的传播。就此而言，采风者功莫大焉。但是，如何保持民间传说的原生状态，从而能够真实地反映民众的感情，真实地表现民间的文化，真实地记录历史，这是做田野调查和民间采风的人需要放在第一位的专业素质和专业要求。如果民间传说不能真实地、完整地反映民间文化的风貌，如果民间传说因为文人的记录而带入了太多的创作因素，那么文人的采风就失去了保存民间文化的意义，而成为一种个人风格的书写。如果民间传说的记录加入了太多的创作因素而成为一种纸上的个人传说，传说不仅因此而失去了生命力，因此而遮蔽了传说的本来面目，还会因此而误导读者视个人创作为民间传说，进而影响到人们对于历史的认知。

王昭君出塞而从雁北出汉境进入胡地，明清以来的史地之书是有所记载的，如：

雍正七年《山西通志》卷二十二："蹄窟岭在（右玉）县东五十里，高数十丈，递高十里，盘踞三十里，连左云县界高山堡，北连边墙三十里，上有三峰。相传汉王昭君出塞道经此岭，有马蹄迹，至今尚存。"

同书卷五十八："（右玉县）东古城东南五十里，相传汉明妃居此。"

同书卷五十九："昭君坞，在（偏关县）西北二十里。相传明妃过此，遗一足痕于石盘。"

乾隆二十九年《大清一统志》卷一〇八："昭君坞，在偏关西北二十里，相传王昭君过此。"

这些记载足以证明，昭君过雁北出塞在山西民间确实是流传已久的传说，并留下了诸如"昭君坞"、"蹄窟岭"等地名以及马蹄印甚至昭君足迹这样的传讲。但是，这些记载所说的"昭君居此"、"昭君过此"的地点并不一致：如右玉与左云相邻，但两地与偏关不在同一方位。正如上一节对今天内蒙古有十数处青冢的分析一样，人们总是自觉或不自觉地将所热爱的人物与自己的乡土联系到一起。雁北地区这种有关昭君的地名传说散布于不同地点的存在状况，恰恰反映出千百年来传说在传播的过程中对于相邻地带的民众所产生的影响。因此，相邻地带的不一致往往是传说传播的真实状况，而上面所引的八个传说在地点与行程上的连续一致则透出了一种人为的安排。

考察昭君传说的历史存在，在人物传说一节中就已经谈到，一直存在着民间传说与文人创作相互交流、相互影响的情况。并且，这种上下社会阶层的文化互动是昭君传说成为具有社会影响的文学主题而历千百年不衰的重要原因。在中国，无论是下层的百姓，还是上层的文士，都可以在昭君传说中找到自己的阅读角度，都可以在昭君传说中加入自己的人生体会，因此，昭君传说才能生生不息地流传下来。

不过，这种上下文化层面的流动本是一种自然状态的互动，在这里起到选择和整合作用的力量是不同社会阶层的人们所共有的价值取向和情感认识。正是因为有这种共同的价值取向和情感认识，故而这些传说才经过了时间的检验和历史的淘洗而长久地流传，虽然有着层层附加的内容，却不失历史的真实。历史上的这种出于共同情感而赢得认可的民间加工，与今天的一些出于各种利益因素的考虑而做出的加工是不可同日而语的。比如武州白羊城一则，传讲者说“于是，旧《左云县志》及《山西通志》中便出现了那句‘竟宁元年武州县迁治白羊城’的载述”。但是经过全面的搜检，无论是《左云县志》也好，还是《山西通志》也好，都没有竟宁元年武州县迁治的记载。这种空穴来风式的采录，不仅破坏了原有的历史存在，更造成了新的历史误会。因此，当我们来考察昭君传说，进而研究昭君文化，务必要警惕这样一种为出成果而制造证据的现象。

那么，本书为什么还要收进这些传说呢？两个原因。一是虽然这些传说中有今人的创作因素，却不是八个传说全都如此，也不是所有的情节全都如此。也就是说，其中保留着出于民间的历史传说，比如蹄窟岭一则，比如昭君曾居东古城东南五十里的说法。二是，既然我们承认传说的生命力在民间，承认传说从来就有不同社会层面的文化交流，那么，这些今天为着某种目的写出来而标上了“传说”之名的传说，我们不妨称之为当代传说，姑且保留，以观后效。也就是说，在今天的条件下，如果这些写出来的当代传说真的能够赢得民众的认可和喜爱，真的能够从此在民间广泛流传，那么，它们就能走出纸本而活在民众的口头和心头，写出来的传说也就可能变成真正的传说。考察传说的流播历史，这种可能性是存在的。因此，只要我们认清这一类传说的性质，不把它们认作历史，而是视为当下正在萌生的传说故事，就不会产生太多的认知障碍。

我们研究昭君传说，一方面要警惕这种人为编写的当代传说，在研究中作出分辨，另一方面也不妨为这类当代传说保留一点生存的机会，让民众的感情来检验它们，让流逝的时间来考验它们。对于这样一种古今真假相杂相混的传说状况，我们主张，研究者既不要固执一端，也不可全盘收纳，保持清醒和明辨，或许才是真正客观和科学的态度。

三、香溪

汉代的秭归县，三国时属于吴地，随着开发程度的提高而分出了兴山县，王昭君生长的小村庄也就从此归属了兴山。在兴山，不仅历史上有过昭君祠、昭君庙、昭君院、昭君台等各种各样的祠祭之所，也一直保留着一些与昭君传说相关的地名，今天仍在使用，其中最著名者，自然是非香溪而莫属了。

在兴山一带，同样存在着当代传说的写作之事，同样造成了古今真假相杂相混的传说状况。与对待山西的传说一样，我们依然秉持既不固执一端也不全盘收纳的态度，尊重历史传说，宽待当代传说，以发展的眼光来作考察。以下传说故事均取自邹志斌、蔡长明主编的《昭君文化丛书 · 传说卷》，故事一仍其旧，文字多所改写。如有古代记载，则附于其后，略加评说，以供读

“香溪孕秀”石刻

者参考。

1. 香溪：讲述者说，香溪原名乡溪。这条从深山老林中流出的溪水既清沏，又甘甜，两岸的百姓都靠着它生活，灌溉，饮用，浣洗衣物，片刻不能分离。小溪既是乡土的一部分，热爱家乡的人们便直接唤它为“乡溪”——乡里的溪水。王昭君就住在乡溪边上。当昭君被选入汉宫，要离开家乡北上，她早早起床，来到乡溪水边，一个人边走边想，边想边走，不知此去还有没有机会重返故里？不知此生还没有机会再尝乡溪的清甜？伤感的昭君将随身带来的葫芦放到小溪里，灌满了溪水，准备带去北方，早早晚晚看一眼，过年过节尝一点，就当回到家乡一样。她心发酸，手发抖，葫芦里的溪水滴滴哒哒地流到了她的衣裙上。昭君慌忙掏出手帕去擦拭衣裙，却不小心将手帕掉在了乡溪里。湍急的溪水带走了昭君的手帕，手帕上的芳香却留在了溪水里。从此，这条小溪的水不仅清沏甘甜，还带着一股沁人的香气，于是人们就改口叫这条小溪为“香溪”，以纪念从这里走出去的王昭君。

香溪与王昭君的关系可谓源远流长。唐代张泌《妆楼记》说：“明妃，姊归人，临水而居，恒于溪中盥手，溪水尽香，今名香溪。”北宋初年的《太平御览》则引“《郡国志》曰：王昭君，秭归人也。有香溪，即昭君每常游玩之处。”（卷六十七）时间相近的《太平环宇记》也说：“香溪，在（兴山）邑界，即王昭君所游处。”（卷一百四十八）可见香溪的得名源于王昭君，是距今千余年前的唐宋时期的人们就已经相当熟悉的说法。而明代周嘉胄所著《香乘》就说得更神奇了：“香溪，归州有昭君村，下有香溪。俗传，因昭君草木皆香。”（卷九）

在古代的传说中，香溪的得名与王昭君有关，或是她常在此处游玩，或是她常在溪中洗手，于是因为昭君而染香的不仅是溪水，更有溪边的草木，馥郁盈蕴于山谷。这真是一个美丽动人的传说，远比手帕之说更有意蕴，也更有韵味。正是因为香溪之香是因王昭君而起，香了满河的溪水，也香了两岸的草木，所以古代地志也直接把香溪称作了“昭君溪”。如《方舆胜览》卷五十八：“香溪，即昭君溪也。”《明一统志》卷六十二：“香溪，在归州东一十里，源出兴山县，流入江。即昭君溪也。”

2. 珍珠潭：讲述者说，昭君出塞和亲之前，回到家乡兴山看望父母之后，动身返回长安。这天，她乘船顺着香溪下行，转过几个急弯，听得河滩上有人在哭喊，就吩咐船工靠岸，一问究竟。在河滩上哭天抢地的妇女告诉昭君，这溪河上有一处深潭，潭里住着一条恶龙，她的小儿牵着牛来溪边饮水，竟被这条恶龙连人带牛一起拖进了深潭。昭君忙问大家有无办法救孩子、除恶龙。沉默中，一位白发长者说：“听老人说，龙上天入地，呼风唤雨，只有夜明国里的珍珠可以降服。不知是也不是？”昭君说：“若是夜明国的珍珠，我身边正有一颗，是呼韩邪单于所送的订亲礼物，不妨一试。”说着便向颈边项链上去解那珍珠。大家慌忙劝说：也不知这话是真是假？这么珍贵的礼物，岂可扔到潭里去作尝试？可是昭君不顾大家的阻拦，解下那颗硕大的珍珠，对准潭中的恶龙便砸了下去。话说那龙已将小儿吞于肚中，正在潭底打瞌睡，忽然被这珍珠当头一击，顿时骨酥筋麻，两眼盲瞎，痛得在潭底翻滚打绞，掀起了满河水浪，然后哇的一声，从口中吐出了小儿。大家急忙上前，从水中抱起孩子，那小小的身体软软的，还有一口气。于是昭君赶紧取来人参汤灌入孩子口中。停了一会儿，被妈妈抱在怀里的孩子睁开眼睛，哭出声来，周围的人们都长吁了一口气，放下心来的昭君也绽开了笑容。人们这时才想起那条恶龙，转头去看那深潭，恶龙早已不见了踪影，香溪早已恢复了平静，潭水处湛绿湛绿，泛着珍珠一样的莹光。从此，人们就将这里叫做“珍珠潭”，来纪念善良而勇敢的王昭君。

兴山有处珍珠潭，得名源于王昭君。清代以来，传说就是如此。《大清一统志》卷二七三记载：“珍珠潭，在兴山县南一里。俗传昭君涤妆，遗珠于此，故名。”《湖广通志》卷十也说：“香溪，州南二十里，源出兴山，至州左入大江。传为昭君洗妆处。珍珠潭，县南一里。相传昭君盥水，坠珠花于此。”可见在历史传说中，是昭君在潭边梳洗而将珠花遗落到了潭里，潭因此而得名珍珠潭。这梳妆遗珠的讲法取材于日常生活，带有浓浓的乡土情感。昭君因为出塞而成为了名人，于是乡亲们讲述她曾经在这里生活的故事，指认她曾经留下的生活遗迹，表现的是一方水土养一方人，是这里的山水养育了昭君这样的名人。而现在的故事则重在表彰昭君这位人物的品德，将她置于善恶斗争之中来表现她对民众的殷殷关心，表现她的无私救援，将她视为了英雄。同一地名的传说和故事，隔着时空对视而传达出了不同的感情内蕴。这则传说记录的改写带有浓厚的今人意识。

3．响滩：香溪从山林中流出，奔向长江，沿途不断有山水汇入其中，终于成为一条喧腾的河流。讲述者说，在白沙河与称土河汇合而进入香溪的地方，是一块冲积而形成的沙嘴滩，原来的名字叫做“想滩”。传说昭君知道自己被选入宫的消息后，就常常在这河滩上独自徘徊。她一边在河滩上走着，一边在心里想着，想着留在这里的爹娘，从今以后不能侍养，想着此去北方的皇宫，往后的生活不知是啥样，她想着这里的山水，处处都是那样的亲切，她想着这里的伙伴，心中有无尽的留恋……当她上船离开村庄，说来神奇，两岸的桃花被风纷纷吹落，艳丽的花瓣随着河水飘流到昭君的船边，分成两股，将船团团围住，仿佛是不舍昭君而来作挽留。见此情景，昭君不禁泪水长流。她的泪珠落到水中的桃花瓣上，那花瓣便化作了一条一条红色的小鱼儿，簇拥在船的两边游动。艄公挥桨划船，鱼儿便随船缓缓行进，一直护送昭君到达香溪口。当船驶入长江，鱼儿便留在了香溪。从此，香溪里便多了一种被叫作桃花鱼的红色小鱼儿，人们就把这块滩地叫作了“想滩”。久而久之，想滩的名字渐渐被写成了“响滩”，人们又把这里溪水的喧腾声说成是对昭君的思念。响滩水声日夜不息，兴山人对昭君的思念长存天地。

4. 琵琶河：讲述者说，在神农架的深山里，有一条琵琶河，河边生长着珍贵的珙桐树，这里就是香溪河的源头。传说昭君最爱弹琵琶，只要得空，便怀抱琵琶弹奏起来。时间长了，她的手指磨出了茧，琵琶也弹断了弦，弹折了颈。昭君想做一只新的琵琶，却没有合适的材料，就拜托住在神农架大山里的舅舅说：“听说珙桐树上落凤凰，珙桐做成的琵琶，音声最漂亮。”舅舅最疼爱昭君了，就开始在大山里不停地寻找，从早到晚，从春到冬，走过千山万岭，也不知哪一棵树才是珙桐。这天，舅舅实在太累了，就坐在石包上休息，忽然听到林子的深处传来一阵音响，特别悠扬，特别清脆，就像昭君在演奏琵琶一样。舅舅站起身来，直向那音响奔去。他看到河边有两棵高大的树木，枝叶葱郁，白花盛放，那花儿就像白鸽一样，抖着翅膀正待飞翔。舅舅摸摸树身，光滑如洗，敲敲树干，声响如钟，剥开树皮，木质细腻，就高兴地说：“这一定就是珙桐啊！”当舅舅将做好的琵琶送来，昭君非常高兴，即刻抱着琵琶弹奏起来。乐曲绕梁，久久不息，召来了一群白鸽在昭君的身边盘旋，然后落在河边树上，化作了珙桐花。从此，人们就将这条小河叫作琵琶河，而河边的珙桐树也就成了昭君家乡的最珍贵的树种。

5. 绣鞋洞：讲述者说，昭君奉旨进京，乘船沿香溪而行，一个浪头打来，将立在船头向乡亲们挥手告别的昭君的鞋全打湿了。昭君让船儿靠岸，走上山坡，脱下打湿的鞋，又换上一双干鞋，然后将湿鞋放进山坡上的一处岩洞里，仿佛是要在家乡留下自己永远的足迹，这才转身向乡亲们深深地行过礼，依依不舍地乘船而去。话说朱勉夫妻从十多里外的地方赶来送昭君，赶到这里，昭君已经远去，只见到了岩洞里昭君留下的一双绣花鞋。夫妻俩非常遗憾，就拾起一块小石头，向洞里投去，一边喃喃地说道："昭君姑娘，保佑我们吧！"小石头落进洞里，传来一声清亮的"叮咚"，夫妻俩高兴地说："昭君姑娘应声啦！"说也凑巧，朱勉夫妻结婚多年都没有孩子，可就从这绣鞋洞回去后不久，朱勉的妻了就怀孕了，十个月之后，就生了一个胖小子，长得眉眼俊秀，特别漂亮。夫妻俩见人就说起投石洞中的事，认为这都是昭君姑娘赐给的幸福。大家都说：昭君留下了绣鞋，就是留下了秀孩儿呀（兴山人读鞋为 hái，与"孩"谐音）。打那以后，人们便叫这岩洞为绣鞋洞，说是只要把石子投进洞里，无儿可以得儿，无女可以得女。于是十里八方求子的人常来这里投石许愿，得子之后，便来还愿，在洞里放上一双绣鞋表示感谢。老辈子讲，从前的绣鞋洞里经常放着许多许多的绣鞋呢。

6. 娘娘井：讲述者说，有一年，兴山大旱，山溪干涸，河滩无水，禾苗树木都快干死了，乡亲们非常着急。这天昭君上山去，见到路边的岩石缝里长着一兜荷花，叶儿绿油油，花儿红艳艳，就想：荷花能生长，这岩缝里一定有山泉。于是她回到村里约了十来个女伴，第二天一早，就带着锤子、凿子等工具上山来挖井救旱。女孩子们扶钎的扶钎，挥锤的挥锤，刨土的刨土，运土的运土，忙得满头大汗，连水都不得喝上一口。可是这岩石特别大，又特别坚硬，一天过去，不见动静，十天过去，仍然没有动静，一块儿上山的金定、银定等几个姑娘失去了信心，扔下工具下山去了，就剩下昭君带着六个女孩还在坚持。人少了，工多了，昭君和伙伴们更加努力，日夜不停地凿石刨土，叮叮当当的锤声日夜不息，惊动了天上彩虹宫里的七位仙女。当仙女们知道昭君和她的伙伴们是为了救旱而挖井时，都被感动了，于是拔出头发上的金簪，化成金钎和金锤，也加入到凿石挖井的行列里。很快，岩石凿开，水源露面，清清的泉水汩汩不断地涌出，一直流向山下，流向村里。昭君和她的女伴向七仙女深深致谢，高高兴兴地下山去。沿途见到，泉水过处，草绿了，山绿了，苞谷苗绿了，村庄绿了，昭君和她的同伴们都笑了，七个女孩的笑声撒了一路。

传说昭君开凿的这口井，无论遇到什么样的大旱，从来都不曾干涸，永远是一汪盈盈可掬的清泉，村里的人们再也不愁没有水了。后来，昭君出塞去了匈奴，做了阏氏，人们怀念她，就将这口井叫作“娘娘井”。

这些出于兴山的传说，带着浓厚的南方气息。如在内蒙古流传的青冢，置身于大漠荒原而彰显其高隆的青色，那是昭君坚毅品格的象征；在山西流传的蹄窟岭和亮马台，乘马和山岭在传说中扮演了重要的角色，那是昭君离乡感情的表达；而在兴山流传的香溪传说也好，珍珠潭传说也好，水是传说中最引人注目的地理特征，由水而草而花而树而山，描画出一种灵秀而幽静的环境，渲染出一种温润而清新的氛围，烘托出生养昭君的这方土地所具有的魅力，映衬出兴山女儿王昭君的美丽。

兴山是王昭君的故乡。近些年来政府正在努力开发经济，进行文化建设，包括大力地宣扬昭君文化。这些传说就是这些工作的成果。在传说中，昭君被认作英雄，被说成是具有神性的人，讲述者着眼于她造福于乡土、救难于民众的功绩，表达出一种敬仰的感情，这是完全可以理解的。不过，在兴山，昭君不仅是人们尊重的历史名人，感念的故事主角，还曾经是成年人吓唬孩子的民间咒语。据老人说，过去的兴山人每以“昭君娘娘和北蕃”一语来咒人“不得好下场”，王姓人曾经因为昭君出塞嫁外蕃是族中耻辱而被人讥笑，而羞于言及（参见饶晓敏的硕士论文：《王昭君民间传说美人叙事研究——来自香溪河畔的田野调查》)。这种与当代传说完全相反的感情，与唐宋人所记载的因为王昭君的出塞而兴山有在女子的脸上烧灼瘢痕的风俗，传达的是相同的历史认识，反映出本地人对昭君出塞有一种家乡人的复杂心态，并不完全以为是骄傲。而这样一种完全不同的传说和历史认识，在当代传说的语境中受到了挤压，处在即将完全消失的境地。这种现象应当引起我们的重视和警惕。

历史文化的生命力在民间，而民间文化的成长需要宽松而自在的人文生态环境。如果人为的干预过于强势，就会扼杀处于萌生时期而生命力脆弱的文化因子，而使民间文化失去源头活水，失去不同的成分滋养，鲜活生动而以多样性为特征的文化特性也就无复存在。考察昭君传说的当代状况，一方面为之得到政府的重视和有力的扶持而感到高兴，另一方面也为其所面临的过于单一的人文生态危机而感到忧虑。也许这是一切民间文化在社会的现代化进程中所不得不付出的代价吧？但是，我们仍然衷心而热切地希望有心人和有志者能够携手做出努力，为社会发展的长远计，使历史传说与民间信仰在今天的环境中能够得到一定程度的保护，能够在自然的人文生态环境中成长和发展。

影响篇

“影响”可以视为一种生命的延续和存留。虽然这种延续和存留不是一种实体的存在，但其生命的张力却在时间和空间上超越了任何一种存在的实体。

王昭君的出塞和亲，只是西汉王朝的诸多和亲事件之一，她本人，不过是汉元帝刘奭从后宫诸多女子中挑出而赐予匈奴单于呼韩邪的一件礼物。但是，这一次和亲的影响远远地超出了此前的数次和亲，地位低下的良家子王昭君的个人影响更是远胜于那些身为公主而出塞和亲的刘姓宗室女子。昭君出塞所产生的影响之大，带来了汉匈边界数十年的和平安宁。及至东汉以后匈奴分裂为南北两部，欲依附汉朝的南匈奴单于再度号称呼韩邪，自称汉朝外甥，也依然是因昭君和亲所产生的政治影响的余绪。而且，将昭君和亲置于整个中国古代王朝政治史来看，其影响也超过了其它的和亲事件。中国历史上因为和亲而著名的女子，在王昭君之前，有汉武帝时代的乌孙公主刘细君，在王昭君之后，有唐太宗时代的文成公主，她们都在中国历史上留下了自己的足迹，得到后人的肯定和称扬。不过，正如明人张宁的诗所言：“共怜青冢蛾眉怨，不记乌孙公主碑。”同为远嫁异族而身负政治使命的女性，同为承受命运安排而完全没有个体自主权的女性，就所得到的历史关注而言，王昭君的影响无疑远远地超过了身为皇室贵胄的刘细君和文成公主。我们不妨作点统计性的比较。

一是以《四库全书》所收历代文人别集中的题咏诗歌为统计对象来做比

较。《四库全书》所收历代文人别集总计九百五十一部，一万八千零三十八卷，运用搜索软件进行检索而得到的结果是，以《乌孙公主》为题的诗作仅三首，以《文成公主》为题的诗文创作一首也不曾搜到，而以《昭君怨》为题的诗作有四十九首，以《明妃曲》为题的诗作有四十七首，其它相关的题咏，如以《王昭君》、《昭君村》、《青冢》等为题者，以及大量的题画诗，都还没有计算在内。实际上，粗略统计历代吟咏王昭君的诗词已经接近千首。这样的数字比较虽然有失于简单，却可以概括一个基本的事实，那就是历代文人因为王昭君的出塞和亲所激起的兴趣和关注要远胜于乌孙公主和文成公主，所以才出现了数量庞大、蔚然可观的吟咏之作。也就是说，同是为中国的古代王朝承担了和亲使命的著名女子，王昭君的历史影响可谓最大。

二是以可永雪、余可钦编《历代昭君文学作品集》（内蒙古人民出版社2009年版）所收古代的题咏诗歌为对象来作考察。粗略统计，此书所收历代题咏昭君诗作八百六十二首，其中汉代三首，魏晋南北朝时期十六首，隋唐两代七十九首，两宋时期六十九首，金元两代五十六首，明代一百六十首，清代四百七十九首。这一组数据显示，经历了二千余年的朝代更替和社会嬗变，却是不管历史在发生着什么样的改变，文人对于王昭君的兴趣和关注始终不衰，且有逐渐增长之势。古代社会里那些著名的女性，或是美貌如西施，或是才华如蔡琰，或是勇敢如缇萦，或是智慧如老莱子妻，也都曾经是文人们歌咏的对象，或是作为典故而用于诗文，她们都是具有历史影响的女性。但是，在这些著名的古代女性中，却没有任何一位女性像王昭君这样地成为文人们热衷于讨论和持续地关注的对象。从这些数据看，中国文人关注王昭君的热情从未随同时间流逝和历史变迁而消减衰退。

依据上面的统计性比较，我们可以说，自竟宁元年（公元前33年）以来，昭君出塞就成为了一个历史的话题，常为人们所提及，所感叹，所议论。无论是战乱的时代，还是和平的时期，人们都可以从昭君出塞中发掘出不同的涵意；无论是处于社会上层的文人，还是处在社会底层的平民，人们都可以从昭君出塞中找到人生的共鸣。《庄子》有言："大人之教，若形之于影，声之于响。"大人的影响当然是大的。那么，何谓大人呢？《孟子》说："充实而有光辉之谓大。"就其身分和地位而言，王昭君只是一个弱女子，完全算不上是古人心目中尊贵的"大人"。但是，她的人生确实充实而有光辉，具有"大人"一样的影响，照耀着后世而成为了一个吟咏不尽的主题。

那么，在后人的心目中，王昭君是一位什么样的女性呢？她唤起了人们什么样的感受？她又带给了人们什么样的思考？人们是怎样评价这样一位在和亲史上具有特别意义的女性的呢？这就是本篇所试图讨论的影响问题。

第一章　美女昭君

王昭君无疑是美丽的。唐人李白说："昭君一朝西入胡，胡中美女多羞死。"（《于阗采花》）说是汉族美女王昭君远比异族的美女更美丽。如果说李白的观点多少有些大汉族主义的炫耀，宋人邢君实则描写道："嫣然一笑金舆侧，玉貌三千敛颜色。"（《明妃引》）这就是说，即使在选入汉元帝宫廷的汉地美女中，王昭君也依然是最美的。于是明人魏偁叹息："王嫱有艳色，天下花不如。"（《王昭君》）可见在古人的心目中，无论是在匈奴，还是在汉地，无论是与人比，还是与花比，王昭君都是一位天下最美的女人。

可是，不同的人对于美的认识有不同，对于美女的认定也有区别，有人以丰满为美，有人以高挑为美，有人喜欢窈窕淑女，有人喜欢强壮健妇，所谓个性不同，口味各异。那么，王昭君究竟是一种什么样的美丽而让古往今来的人们众口一辞，赞美不已呢？

一、"四大美女"之说

今天的人们说起中国古代的美女，常常会提到一个固定的名称，叫做"四大美女"。这是将西施、王嫱、貂蝉和杨玉环集合排列而形成的一个特定的称号。这种表述形式代表了人们认定她们四位，不仅是美女，而且是中国历史上最美的美女，并且以沉鱼、落雁、蔽月、羞花四个词语来分别形容她们的容颜之美。在这个特定的称号中，人们用比较少见的“王嫱”来称呼王昭君，是为了与前之西施和后之貂蝉的二字之名相称，读起来比较顺口。而四位美女的排序则是依照时代的先后，并没有比较优次的意思，故生活在西汉的王昭君位列第二，排在了春秋时代的西施之后，东汉末年的貂蝉之前。

所谓“有沉鱼落雁之容，有蔽月羞花之貌”，是明代文人彭大翼《山堂肆考》卷一一三对《丽情集》一书的评语。《丽情集》二十卷则是宋代署名张君房所编辑的一部以女子为主角的爱情故事集。所以，这四个词本来并非专门对应这四位美女而言，只是从古书中抽绎而出的对于美女之美的夸张式形容。

西施是传说中春秋时期吴国的美女，在被越王勾践送去取悦吴王夫差之前，生活在今天浙江诸暨的乡村中，卖柴度日，又常在溪边浣纱，相传至今当地尚有遗迹存留。人们试想，这样的美女走到溪边，怕是水中的鱼儿也要

昭君琵琶图 ［明］仇英画作

惊讶于她的美貌而羞惭地躲开。据说王昭君出塞后，望长空而思故乡，感叹自己永居塞外，因而羡慕那秋去春来的大雁，虽然一年一回，却毕竟可以回到汉地。人们试想，当昭君叹息之时，天上的大雁也为这美丽女子的乡愁所感染，主动地从高空飞下，为她传递书信。且不说形容美女了，这样的传说本身就很美丽。不过，这沉鱼落雁之说是出于《庄子》的典故转化，原意与美貌有关，却并非赞赏之词。

《庄子·齐物论》认为，人之所以困扰于欲望的追求，是因为受到外界事物的差异存在的左右，而外界事物的差异存在，实际上是人自身的认识区别所导致。因此，要挣脱欲望的困扰和束缚，就要摆脱对事物的认识区别；而要摆脱对事物的认识区别，就要洞悉所有的区别只是一种人为的设置，相对的存在。庄子由此而举例说："毛嫱丽姬，人之所美也，鱼见之深入，鸟见之高飞，麋鹿见之决骤。四者孰知天下之正色哉？"人之眼中以为极美的女人，临水照影，却吓得鱼儿惊慌地潜入深水；田野漫步，却吓得鸟儿振翅飞入高空，麋和鹿急速地逃向远方。人以为美的东西，鱼、鸟、麋、鹿非但不认可，反而以为可怕，逃之唯恐不快，避之唯恐不远，所以庄子说"此亦一是非，彼亦一是非"。是非美丑一类的认识判别既然只是一种相对的存在，并非绝对的确定，人又何必执着于区别而烦恼自己呢?

沉鱼和飞鸟本来是庄子用来说明人生哲理的比喻，人们转而用来形容美女，将具有讽刺意味的典故转化为美貌达于极致的夸张。后来人则进一步将沉鱼与有浣纱故事的西施结合，飞鸟则转化为落雁，与有托雁传书之说的王昭君结合，赋予"沉鱼"和"落雁"以具体的人物故事，而使这两个词语成为了西施和王昭君之美貌的指征。这种文学性的改造很生动，很形象，一经使用，便迅速流传，广泛接受，以至于现在的人们不需要道出人名，只要说起"沉鱼"或者"落雁"，就会自然地联想到西施或者王昭君，联想到她们那无与伦比的美丽。

“羞花”是指代唐朝的杨玉环。唐玄宗与杨玉环的故事经过白居易《长恨歌》的吟咏，从“女祸误国”的批判中又翻出了一段爱情的新意，所谓“在天愿作比翼鸟，在地愿为连理枝”，使之成为脍炙人口的佳话。据唐人杂记《天宝遗事》所载，八月时，皇宫里的太液池中有名贵的千叶白莲花盛开，唐玄宗携杨玉环与贵臣们一起饮酒赏花，诸人皆对这珍异的莲花赞叹不已，玄宗则回身指着杨玉环说：“怎如我解语花？”解者，理解。语者，表达。意思是说，莲花虽美，徒然外貌而已；杨玉环则不仅外貌美，更能善解人意，柔情脉脉，温言慰心，款款释怀，远胜于池中的白莲花。在唐玄宗看来，美丽珍贵的草木之花，可以悦目，可以赏心，却不能感知情意而暖入心怀，既有赏心悦目之容，又能知情达意者，唯杨玉环而已。“解语花”一词，精炼形象而富有意蕴，一语既出，便成经典，深得文人的喜爱，常常用作诗词中的典故。如唐人罗隐诗句“若教解语应倾国，任是无情也动人”；如宋人苏轼诗句“壁上墨君不解语，见之尚可消百忧”；如元人王恽词句：“一曲清歌花解语，落红羞满沙头路”。后人遂由“解语花”而转引出“羞花”一词来形容杨玉环的美丽。

“蔽月”是指代汉末的貂蝉。因貂蝉有焚香拜月之事，故形容她的美貌让天上的月亮也感到羞惭而进入云中去躲避。“蔽月”或写作“闭月”，大失趣味。“闭月”的施动者是貂蝉，可是无论貂蝉多么美丽，地上的她也无法灭闭天上的月光。“蔽月”的形容则将月亮拟人化，因为貂蝉而主动地躲避，让世间所有赞赏美丽的眼光都集中于貂蝉的身上。“蔽月”的夸张不仅写出了貂蝉之美，还把月亮写得有情有意，进一步地烘托出貂蝉的美丽。

但是，貂蝉不同于王昭君与杨玉环，她不是历史上真实存在过的人物，而与传说中的西施有些相类。只不过西施的传说起源较早，她是战国时期的学者就很熟悉的美女，常常用作比喻来说理。如《庄子》中就记载了西施有病而捧心皱眉、东施效颦却受人耻笑的故事。《孟子》说：“西子蒙不洁，则人皆掩鼻而过之。"《韩非子·显学》说："善毛嫱西施之美，无益吾面，用脂泽粉黛，则倍其初。"《战国策》中也有"世无毛嫱西施，王宫已充矣"的说辞。秦汉以后，西施作为美女之代称的运用就更加广泛，民间传说更为之添色增彩。东汉后期出现的杂史《越绝书》和《吴越春秋》，都称西施就是越王勾践送给吴王夫差的美女，并最终导致了越国灭吴而夫差身死国灭，进一步完善了西施之天下绝色的故事。因此，历魏晋而入唐宋，西施的名气大，影响大，无人怀疑她的存在，尽管她的身世不无疑问。貂蝉就不同了。她是东汉末年的人物，既没有古书的记载，也未见于民间的传说，而是出现在明代的章回小说《三国演义》之中，是一位虚构的美女，她那拜月烧香的故事自然也是小说家言，并没有历史的依据。因而貂蝉的天下最美之美女的身分，认定既晚，素来也不乏质疑的声音。

正是由于貂蝉是《三国演义》中的小说人物，没有小说《三国演义》，就没有小说人物的貂蝉。因此有学者断言，西施、王嫱、貂蝉和杨玉环并称为"四大美女"的说法，只能出现于元末明初（见纪连海《又说四大美人》，辽宁人民出版社 2009 年）。那么，以沉鱼、落雁、蔽月、羞花来指代西施、王嫱、貂蝉、杨玉环的说法自然也是明代以后人的附会。

既然王昭君身列其中的"四大美女"之称出现于明代，而王昭君是早于明朝一千多年的汉代人，那么，明代以前的人们对她的容貌的评价如何呢？

二、两种"四美"的组合

其实，"四美"之说，由来久矣。明代以前，王昭君就已位列"四美"之中而成为历史公认的中国最美的美女。

1909 年，沙皇俄国的探险家柯兹洛夫在今天内蒙古自治区阿拉善旗境内的西夏黑水城遗址发现了一批珍贵的文物，其中有一张学者鉴定为宋金时期的木刻年画，署名“平阳姬家雕印”，上有“隋朝窈窕呈倾国之芳容”的标题，画中则是标注了姓名的四位女子：王昭君、班婕妤、赵飞燕、绿珠，人称“四美图”。平阳，即今山西临汾。宋金以来，晋南地区的雕版印制业相当发达，已经形成颇具规模的刻印年画的商业经济。“平阳姬家雕印”，即雕版印制年画的商家姓姬，店铺或许就叫做姬家店。这张在黑水城发现的年画是迄今发现的中国最早的年画，有“中国年画之祖”的美誉，现收藏在俄罗斯的莫斯科博物馆。

考察一下可以发现，“四”这个数字，在人们概括知识、集合人物的活动中运用得比较频繁。这与古人以偶数为吉利，习惯以“四”为总结的思维方法有关。传留下来直到今天还在使用的许多词语，如“四方”、“四维”、“四季”、“四海”、“四野”、“四邻”、“四壁”等等，莫不以数字的“四”来代表“齐全”、“完整”、“周备”的总体概念。而古人诗文中常见的“四美难具”的感叹，则是换了一个角度来说“四”之“齐全”不容易。古代的美女很多，见于记载者也不少，文人往往集合数位来作题咏而逞其诗才，“四美”就是常

昭君出塞　萧玉田画作

见者之一。同样，这种以“四”为概括的思维方式也表现于绘画之中。如现在传世的宋代佚名画家所作美女图像，画面上就是四位女子，被冠名为《宋四美图》，代表了宋人心目中的美女形象。此画原来是中国故宫的收藏，现在则流落到了美国私人收藏家的手中。明代著名画家唐寅所作《王蜀宫伎图》，现藏北京故宫博物院，画的也是四位女子，以代表五代十国时期前蜀王建宫中所有的美女。由此可以说明，“四美”是一相沿甚久的古人的思维习惯，它代表着对美丽和美好的总括。

王蜀宫伎图 ［明］唐寅画作

隋代以前的美女，像齐姜、毛嫱、西施、罗敷等等，都很出名。而这张年画中出现的四位美女，都是真实的见于记载的历史人物。王昭君是汉元帝赐予匈奴单于的后宫良家子。班婕妤是汉成帝的妃嫔，赵飞燕是汉成帝的皇后，绿珠则是西晋人石崇的爱妾。汉成帝是元帝之子，故王昭君、班婕妤和赵飞燕可以说是同为西汉时期的美女而被集合到了一起。人们之所以要将与她们相距近三百年后的西晋人绿珠加入其中，大概只是为了满足“四”这一古人认为吉祥的数字，为了满足“四美”这一古人习惯的认识而已。

限于资料，我们不能知道当时是否还有其它组合的“四大美女”。不过，年画虽然是民间艺术，却是一种商品，以销售盈利为目的，其内容和形式都需要去迎合民众的趣味，得到民众的认可。因此，年画的内容往往就是民众最熟悉的内容，年画的形式往往就是民众最喜欢的形式。如果不是这样，就不可能有批量的销售，就不能实现盈利的目的，商家也就没有了从事这桩生意的动力。就年画作为销售品来看，王昭君、班婕妤、赵飞燕和绿珠这四位美女的并列组合在当时的中国社会显然是一种相当普遍的看法，尤其是在民间流行广而影响大，否则，这种年画的印制就难有销路，商家就赚不到钱。可见“四大美女”之说并非起于明代以后，而是在宋金时期就已经出现。只不过，宋金时期流行的“四大美女”，除了王昭君之外，其余三人不是明代以后人所熟知的西施、貂蝉和杨玉环。但是，明代以后出现的四位美女的组合，显然名气更大，传播更广，接受者更众，进而完全取代了宋金时期流行的“四大美女”的组合，以至于今天的人们只知道明代以后的“四大美女”的组合，而不知道王昭君还曾经与班婕妤、赵飞燕、绿珠集合并列而被称为是四位“窈窕”“倾国”的“芳容”大美女。

那么，为什么明代以后的“四大美女”能够取代宋金时期流行的“四大美女”呢？

两相比较，王昭君、班婕妤、赵飞燕和绿珠并列的“四大美女”显然不及西施、王嫱、貂蝉和杨玉环组合而成的“四大美女”的概括性强，更富有文化意蕴。

首先，王昭君和班婕妤、赵飞燕、绿珠的四人组合，尽管都是美女，地位相差却很大。班婕妤和赵飞燕都是身在皇宫、陪伴君王的美女，王昭君虽然没有得到汉元帝的宠爱，却也是匈奴单于的阏氏，与班、赵二人地位相当。而绿珠既不与她们同一时代，又只是西晋富豪石崇的姬妾，虽然同具貌美之特点，毕竟不在同一地位，不属同一类人。

其次，王昭君和班婕妤、赵飞燕、绿珠的四人组合，尽管都是美女，据以出名的事迹却差异很大。王昭君之著名在于出塞和亲的政治事件。班婕妤是成帝后宫里最有文化的美女，以才华著称。她不仅能诵《诗经》以及《窈宛》、《德象》、《女师》等古代教育女子的箴言之书，还能写诗作赋，《汉书·外戚传》中就收入了她所写的《自悼赋》，得到后人的赞赏。《汉乐府》中有首流传很广的《怨歌行》："新裂齐纨素，皎洁如霜雪。裁为合欢扇，团团似明月。出入君怀袖，动摇微风发。常恐秋节至，凉飙夺炎热。弃捐箧笥中，恩情中道绝。"相传也是她的作品。赵飞燕的特点在身轻如燕，姿态优美，据说能为掌上之舞，因号"飞燕"，她的真实名字反而失传。绿珠的名气大则是她精通音乐，能演奏多种乐器，而特别善于吹笛。这四位女子同具貌美的特点，但是各有其事，名气并不相同。

第三，王昭君和班婕妤、赵飞燕、绿珠的四人组合，尽管都是美女，但是她们的命运不同，处事态度不同，得到的历史评价也不同。王昭君因出塞和亲而终老于匈奴，听命于君王的个人遭遇中不无去国思亲之悲，却有功于汉朝和匈奴的两国关系，后人的历史评价多着眼于此而加以赞扬或怜悯。班婕妤因其诗赋作品传世而被称为"才女"，又在赵飞燕姊妹得宠之后，主动请求去长信宫侍奉太后，从而超然于后宫里争宠夺爱的厮杀，后人常常因此而推举她远祸避害的明智，对她持有尊重和同情。赵飞燕则历来被视为心狠手毒的坏女人。她出身贫贱，入宫受宠并作了皇后，却一直没有子嗣，为了保住地位，她排挤陷害许皇后和班婕妤，不惜杀害成帝与其他女人所生的孩子。《汉书》卷二十七记载当时民谣："斜径败良田，谗口乱善人。桂树华不实，黄爵巢其颠。故为人所羡，今为人所怜。"史家解释这就是在预言赵飞燕作恶的结局。成帝死了以后，上书论其罪者不绝，于是皇太后下诏，令赵飞燕自杀以谢天下。后人续

明刻历代百美图之王昭君

《列女传》，将赵飞燕归在“孽嬖”的题目之下，与西周的褒姒同类而被认为是“灭国祸水”。绿珠深得石崇的宠爱，西晋的新贵权臣孙秀仰慕绿珠之名，索要不得，便派出重兵围攻石崇的府第，不仅要带走绿珠，而且要诛杀石崇。在此危急之时，绿珠流泪告别石崇，从楼上跃身而下，表示自己宁死也不事他人，以生命来报答石崇的厚爱。后人因此一方面肯定绿珠的忠诚，另一方面也由此得出美色生祸的教训，常常引作箴诫。因此，这四位女子同以美貌著称，得到的历史评价却相差很大，这就使得她们的组合徒有外在的相似而缺少了内在的合理性。

明代以后流行的“四大美女”的组合，虽然西施和貂蝉都是传说中的人物，缺少史书记载的真实依据，但是，她们与王昭君和杨玉环所构成的组合，不仅是四人同为大众所公认的美女，有着外在的一致性，而且还有着内在的逻辑联系，从而成为中国古代美女文化的典型。

不同于王昭君和班婕妤、赵飞燕、绿珠的组合只是一个西汉王朝与西晋王朝的简单相加；西施、王嫱、貂蝉、杨玉环的四人组合，从春秋时期，历两汉而到唐代，时间跨度长达一千多年，涵盖了中国人相沿以久的社会生活，而且每一位女子都代表了一个时代，不仅代表了那个时代的历史，也是那个时代的美女代表，因此，她们的组合更具有历史的概括性。

在王昭君和班婕妤、赵飞燕、绿珠的组合中，虽然都有名声大而地位高的男性站在她们的身边，彼此不无联系，但是这些故事都是属于她们自己的故事，各具特点。比如班婕妤和赵飞燕同为汉成帝的后妃，她们的故事虽然与成帝有关，却毕竟是后宫的权力斗争，她们是对立的双方，争夺就发生在她们之间。而且，班婕妤和赵飞燕的宫廷故事，与昭君的出塞和亲，与绿珠的殉情自尽，在故事上也不具有关联性。因此，这一组合只是四位美女的简单罗列而缺少了内在的联系。而在西施、王嫱、貂蝉、杨玉环的组合中，每一位美女的身边都站着一些地位高而权势大的男性，她们的故事与这些男性有着密切的关系，她们的故事是与这些男性一起完成的故事。试想，如果没有越王勾践的选送和吴王夫差的宠爱，西施就不可能完成其灭吴的政治使命；如果没有呼韩邪的请婚和汉元帝的赐诏，王昭君就不可能成为匈奴单于的阏氏而完成推动汉匈友好的外交任务；如果没有董卓的权势以及吕布的争风，貂蝉就不可能完成王允的连环计；如果没有唐玄宗的"三千宠爱在一身"与杨国忠的专权跋扈，杨玉环就不会落到缢死马嵬坡的境地。在这些男性人物中，勾践和夫差，刘奭与呼韩邪，还有李隆基，他们都是权势无比的帝王。其中的董卓虽然没有称帝，但他怀有篡政之心，当时权力已经是"挟天子而令群臣"，算得上是一位没有坐上龙椅的皇帝。因此，有这些地位和权势相同的男性站在身边，这一组合的四大美女既有各自的故事，而不同的故事之间又隐隐昭示着一些相似的因素，这就使这一组合的"四大美女"具有了相通的内涵。

四美图　金代木版年画

尤其是在西施、王嫱、貂蝉、杨玉环的组合中，虽然四人生活的时代不同，面对的问题不同，命运结局不同，所讲述的故事不同，却有着一个类似的故事背景：她们所活动的历史舞台上正弥漫着战争的硝烟。西施之被勾践送给夫差，是因为吴越两国发生了战争，战败的越国需要时间来恢复国力，需要讨得夫差的欢心而放松对越国的警惕，所以需要西施去迷惑夫差。王昭君之被汉元帝赐给呼韩邪去做阏氏，也是因为汉朝与匈奴之间经历了长期的战争，由于各种因素的综合而导致了两国此时的修好，双方都需要巩固和平的成果而再行和亲之事，所以需要王昭君去往匈奴而代表汉朝的诚意。貂蝉之被王允送给董卓，同样是因为东汉末年的动乱造成了极大的社会灾难，皇权微弱，民不聊生，而消灭董卓就是平定动乱的一个重要步骤，所以需要貂蝉去施行连环计，借吕布之手除掉董卓。而唐玄宗与杨玉环的故事虽然发生在和平而繁荣的盛唐时期，他们的爱情沉溺却是导致“安史之乱”的重要因素，所谓“渔阳鼙鼓动地来，惊破《霓裳羽衣曲》”，强盛的唐朝伴随着他们的故事起落而开始走向衰微。这种类似的故事背景为四位美女的组合提供了一种讲述的逻辑，即她们都置身于安危未定的社会形势之中，或是承担了一种政治使命，或是导致了王朝的衰落。这就使她们的组合具有了一种情节上的关联。而在王昭君和班婕妤、赵飞燕、绿珠的组合中，就没有这样相似的背景因素，她们各自讲述着各自的故事，彼此不相关联，因而她们的组合很松散，很随意，很容易被拆解——既然中国历史上著名的美女有那么多，既然这四位的组合缺少内在的合理性，那么，新的四大美女组合出现，旧的四大美女组合没落，以至于被人们遗忘，也就是一件顺理成章的事情了。

通过梳理和分析可以看到，西施、王嫱、貂蝉、杨玉环这四位美女之所以被组合到一起，是因为她们的故事有着一种内在的意义关联，那就是王朝政治。故事中，她们的行为不仅切关于王朝的安危，甚至她们的个人命运就是王朝的命运。四人中，西施、王嫱和貂蝉的故事是通过美女而成功地实现政治谋略的故事，杨玉环的故事则是从反面来说美女对于王朝政治的坏影响。在此意义上，四大美女的故事与其说是女人的故事，不如说是王朝政治的故事，是讲给男人听的女人故事——因为在中国的传统社会里，君权至上，男权至上，政治本来就是男人的事情。

在这种社会的传统意识之中，女人只是男人的附庸，却又是迷惑男人的祸水。一方面是“女为悦己者容”，女人生来就是为了取悦于男性的，所以她们只是工具，可以成为政治阴谋的牺牲品，可以被当作礼物赠送给他人，没有人在意她们的生死，却可以计算用她们的生命换来的利益；没有人在意她们的感受，却可以津津乐道地讲述她们的故事以为娱乐。明清以后出现的《三十六计》一书，总结中国古代的兵法策略，“美人计”就堂而皇之地写在了第三十一策，举出的历史事例就是“报国仇西施赴吴”。另一方面“红颜薄命祸水多”，对于敌人是武器的美女，也是可以自伤的利刃。传统意识认为，对于男人，尤其是掌握权力的男人，美女之美，炫人心目，乱人神思，耗人精气，如果不加警惕，就会造成祸国亡身的后果。唐朝鼎盛之时爆发的“安史之乱”，其原因是多方面的，既有唐玄宗个人的昏聩荒淫，也有王朝制度的本来弊端。而传统的思维立足于维护君主的绝对权威，既将复杂的情况简单化地归结于君主的个人行为，又将罪责推到被君主宠幸的女人身上。这一类故事，史书早有记载和训戒，如夏之妹喜，商之妲己，周之褒姒，唐之杨玉环不过是又一例证而已。所以古人所言的“四大美女”一称，并不是一个简单的赞誉，其中不无对男性的警戒意义。在这里，“女祸论”又一次地成为了故事潜在的意蕴。而“女祸论”在中国的传统社会中，影响很大而且深入。因此，这一组合的“四大美女”之所以为社会所广泛接受，进而取代了王昭君和班婕妤、赵飞燕、绿珠这一时间更早的美女组合，正是因为它更加切合于中国文化的传统意识，而体现了中国美女文化的精髓。

在古人题咏王昭君的诗文中，经常可以见到为毛延寿张目而主张为之记功的说法。如宋人郑清之有诗《偶记赋王昭君漫录之》，诗前还加有序文来说明写作之由：“因览诗话中赋昭君者，命意多溺于情，遂出此作：伐国曾闻用女戎，忍留妖丽汉宫中。如知褒姒贻周患，须信巫臣为楚忠。青冢不遗芳草恨，白沟那得战尘空。解移尤物柔强虏，延寿当年合议功。”就是直接以“女祸”和“移祸”来解说昭君出塞事。明人陈涧《读明妃引》则以褒姒、杨玉环与昭君并提而发议论：“骊山举燧因褒姒，蜀道蒙尘为太真。能遣明妃嫁夷

四美图　朱仙镇木版年画

狄，画工原是汉功臣。”主张为毛延寿翻案而认他是汉朝功臣。又如明人杨维桢《王嫱》：“蛾眉既出塞，无盐在宫中。画工意则缪，画工事则忠。”无盐是《列女传》所记载的貌极丑而德行高的齐国女子钟离春。作者以丑无盐与美昭君对举，说明毛延寿丑化昭君而导致她的出塞和亲是做了一件对君主忠诚、对国家有利的事情。在这种思想意识之下，世人声称“家有丑妻是个宝”，也就不足为怪了。

古代的“四大美女”之说，固然是将人们所公认的最美的美女组合到了一起，但是支持这种组合的背后却是“女祸”说的古代思想意识，与今天的人以“四大美女”为盛赞和称誉有很大的不同。不过话说回来，持“女祸”说者，认为女人越美，危险越大，却并不否认女性美的客观存在，也不拒绝历史美女的集合和评选。而为了强调男人要对美女保持警惕，他们也热衷于这种集合与评选。因此，尽管“四大美女”的历史评选藏含着对男性的政治警戒，却毕竟是对史上最美女人的认定，不然，不足以宣示其警戒意义。而王昭君无疑是获得最大认可的史上最美的女人。无论是宋金年画中的“四美”，还是明代以后的“四美”，无论是民间的流行，还是文人的评选，随着时间的流逝，“四美”的人员组合发生了变化，但是，王昭君却是其中唯一一个不变的美女，是在两种“四大美女”的组合中都获得承认的最美的美女。即使那些用她的出塞为“女祸论”做注脚的文人，也不能否认她的美丽。那么，昭君之美，究竟美在何处呢？

三、超越时空的美女昭君

我们通常所说的“美女”，只是就外观容貌而言，可以不涉及内在的美。不过，“腹有诗书气自华”。修养良好而内涵丰厚者，自有一种渗透行为举止的意味散发，盈溢于人的言谈声容，浸润于人的身姿步态，这就是古人所说的“气韵”，今人所言的“气质”。因此，谈美女其实离不开内外两面。虽然如此，毕竟认定美女的先决条件还是外貌，这是人们判别女子美与不美的最为直观的第一印象。所以，谈昭君之美，自然要从她的模样说起。

问题是，昭君是公认的古代美女，却没有人知道她的模样。她的个子是高还是矮？身体是胖还是瘦？她是长脸？还是圆脸？她是丹凤眼还是杏核眼？她的肩腰如何？肤色如何？对于这位史上最美的女人的容颜，好奇的人们会有一系列的疑问，然而除了那些与她生活在同一时期并且亲眼见到过她的人，谁也不能回答这些问题。而那些与王昭君有过实际接触的人又没有留下任何关于她的容貌的文字。因此，无论是今天的我们，还是古代的那些写作诗文曲赋以赞颂昭君之美的作者，其实都不知道王昭君到底长的是什么模样。

《汉书》是最早记载昭君出塞的史书，没有对昭君容貌的记录。刘宋时期的学者范晔在《后汉书·南匈奴传》中有一段关于昭君之美的描写，吸引了无数读者，经常为人们所引用：“昭君丰容靓饰，光明汉宫，顾景裴回，竦动左右。”这段文字，写出了昭君惊人的美丽：她精心地装扮自己，脸上有妆，身佩饰物，一出场便让人们眼前一亮；她缓缓地走来，姿态优雅，神情则略带忧郁，让在场的人无不为之动心而动容。范晔只用了十六个字来写昭君之美，读者仿佛见到了现场观看者的各种不同的表情，或惊讶，或艳羡，或感动，或赞美，或向往，或杂念在心，贪欲在脸，总之是无人不为昭君的美而绝倒在地。但是，所谓“惊艳”，表现的是观者的感觉，读这十六字，可以想知在场者被深深吸引的情景，可以感知昭君那惊人的美丽，却依然不能知道昭君的模样——因为范晔所描写的是昭君走出时的现场效果，而不是昭君本人。这样一种描写，可以放在任何一位美女的身上去作夸赞，而无论这女子是不是“你”所喜欢的美女类型。

历代题咏昭君的诗人，也无不赞扬昭君是位美女，而使用了大量的形容词，诸如“蛾眉”、“皓齿”、“纤腰”、“艳色”、“玉容”、“玉貌”、“玉颜”、“玉姿”、“娉婷”、“婵娟”，等等，等等。然而，问题与范晔的描写一样，无论诗人们怎样去形容昭君的美貌，这些形容词同样可以用来去赞美任何一位美女，无论是古代的还是今天的。所以，不管诗人们怎样努力地表现昭君的美貌，人们还是不能知道王昭君的具体模样。

历史上有没有可以知其相貌的美女呢？有的。在中国最早的诗歌总集《诗经》中，有首《卫风·硕人》。根据汉代经师的说法，春秋时代齐侯的女儿庄姜嫁给卫庄公为妻，这首诗是卫人为庄姜而作，赞美她的美貌：“硕人其颀，衣锦褧衣”，“手如柔荑，肤如凝脂，领如蝤蛴，齿如瓠犀，螓首蛾眉。巧笑倩兮，美目盼兮。”诗一开篇便言“硕人其颀”，告诉人们，庄姜身材高大而体格健壮，接下来便用了一连串的比喻来作形容：她手指的纤长像柔嫩的草芽，皮肤的光滑像凝结的油脂，细长的脖颈像白胖的桑虫，整齐的牙齿像剖开的葫瓜，她的额头端正，她的眉毛弯曲，她一微笑便绽开了颊上的酒窝，她略转眼睛便神采流动，顾盼生情。这是生活在完全的农耕时代的人们对于美女的衷心赞美，细致而具体的描摹勾画出了庄姜的身体、面容和神态。同时，这样细致而具体的描绘也传达出那个时代的人们对于何为美女的认识，以及如何认定美女的标准。读其诗而想其人，庄姜如在眼前。

再比如，汉朝的赵飞燕以轻盈著称，唐朝的杨玉环以丰满得宠。体轻者瘦，姿态婀娜而得人怜爱；丰满者肉，体态雍容而让人倾慕。赵飞燕与杨玉环，两个时代的美女，两种不同的美丽，于是人们用“燕瘦环肥”来概括她们不同的身体特征。

上面已经说到，关于美女的认定，首先是与身体容貌有关。而不同的时代有不同的审美风尚，人们对于美女的评价标准就不会一样。体肥的杨玉环如果生在汉代，一定不是美女，身瘦的赵飞燕如果来到了唐朝，也未必能得到玄宗的宠爱。至于被称之为“硕人”的春秋时代的庄姜，如果进入秦汉，恐怕也得不到热情的赞扬。

庄姜、赵飞燕和杨玉环代表了不同时代的美女形象，而王昭君，我们却找不到这样一种具体而富有特征的身体描写，也就无法知道她的具体容颜。不过，王昭君是汉人，生活的时间与赵飞燕相近。她之进入汉元帝的后宫，既然属于“郡国献女”，挑选的标准就应当合于时尚。由此推想，她想必不是硕人庄姜一类，也不会是肥女杨玉环的同侪，其体形可能纤瘦而近于赵飞燕。

除了可以推测其体型特征与赵飞燕相近之外，身为美女的王昭君，再无任何容貌的特点可言。这也许让后人不能近窥昭君之美而不无遗憾。但是，从另一个方面来看，这也为那些关心昭君、喜爱昭君的人们留下了巨大的想象空间。人们可以用自己的审美想象来填充王昭君的美丽。比如同样是写眉毛，在文人的笔下，昭君可以是蛾眉如线，也可以是柳眉如叶：梁沈约的描写是“于兹敛双蛾”（《昭君辞》），唐骆宾王则描写说“愁眉柳叶颦”（《昭君怨》）；同样是写身姿，可以是“纤腰不复汉宫宠”（唐刘长卿《王昭君歌》），也可以是“绰约丰容广殿寒”（宋王洋《明妃曲》）。不同时代的人们，有着不同的审美取向，对于王昭君的美丽，也就有着不同的想象，于是在古代文人的笔下就出现了千姿百态的美女王昭君。

古代文人对于昭君出塞始终抱有浓厚的兴趣，美女王昭君不仅是诗文题咏议论的对象，也是绘画的常见题材。就搜集的资料来看，唐代著名画家阎立本、陆滉都作过《昭君出塞图》，韩幹画过《昭君上马图》，宋代著名画家李公麟、刘松年也画过《昭君出塞》，明代著名画家仇英画有《昭君渡黑河》，唐寅画过《昭君出塞》，清代宫廷则收藏着不止一幅明代无名画家所作的《明妃写照》、《明妃写容》和《昭君出塞》（见《佩文斋书画谱》等）。时间流逝，世事沧桑，这些画作有的已经佚失，尚存在世的早已是价值连城的收藏珍品。可是，既然无人知道王昭君的真实容颜，这些画像就完全出于画家的想象。这些画家，时代不同，审美风尚不同，个人的审美趣味也不同，他们笔下的王昭君肯定不会是一个模样。

在阎立本的《昭君出塞图》面世不久，唐代学者张彦远就曾对此图提出过批评："若论衣服车舆，土风人物，年代各异，南北有殊，观画之宜，在乎详审。只如吴道子画仲由，便戴木剑，阎令公画昭君，已着帏帽，殊不知木剑创于晋代，帏帽兴于国朝。举此凡例，亦画之一病也。"（《历代名画记》卷二）原来阎立本所画的昭君戴着帷帽，即今天俗称的斗篷，这是后来许多昭君画像的服饰所本。但是张彦远认为，这恰恰是画像的毛病所在。因为帷帽这种服饰是受到进入中原的少数民族的影响而在唐朝以后才逐渐流行开来，而王昭君是西汉人，那时的汉人还不可能有这样的穿戴。虽然阎立本是著名的大画家，虽然阎立本的《昭君出塞图》画得很好，获得了很高的评价，但是将后于时代数百年的服饰提前而置于昭君的身上，这就是白璧之瑕，画像的不足之处。这批评很有意思。张彦远并不在意阎立本的昭君画得像还是不像，只就其中服饰的真实性挑错，可见即使在文艺批评家的心目中，昭君的人物之美是可以想象的，而表示时代的细节特征则必须是真实的。

也就是说，正是因为王昭君的容颜没有文字记载的传留，既然所有的人都认可她是美女，那么，每一个人都可以用自己心中的美女图像来塑造她的形象，创造出具有不同的时代审美特征的美女王昭君。因而在众多的画家笔下的王昭君同样是千姿百态，各擅胜场。因为王昭君的容颜没有文字记载的传留，当观赏者面对不同时代的不同画家，面对画图中那形象各异的王昭君，自然也没有人去质疑昭君形象的真实与否，人们最关注的是这一位画家是否真实地表现了自己心目中的王昭君，并以此来评说画艺的高低。

这就使得王昭君的美丽超越了时代的审美取向，超越了地域的美学偏好，无论是高是矮，是胖是瘦，是圆脸还是长脸，是丹凤眼还是杏核眼，都无关紧要，不同时代的人们总是用自己认定的美女来描摹她。而像庄姜、赵飞燕或者杨玉环，虽然有具体的身体特征在，带给人们的直观感受很强，但是，这种具体而直观的形象却也束缚了她们的美貌。当时代风尚发生变化，人们对于她们的美貌就会随着风尚而出现不同的评价，喜爱的程度也会随之变化。反倒是王昭君的美貌，既然没有具体的形象，她就是永远活在人们心中的美女。无论风尚如何变化，昭君是美女的时代评价永远不会变。

第二章　怨女昭君

“千载琵琶作胡语，分明怨恨曲中论。”这是唐人杜甫咏昭君的名句。的确，后人感于昭君出塞之事而创作的数量颇丰的诗文词曲，其中都贯穿着一个“怨”字。追溯一下“昭君怨”的抒写之起，则早至汉代，可谓由来久矣。

自汉武帝刘彻的时代开始，国家的音乐机关——乐府就有采集民间歌谣之事，在经过整理和排演之后，有选择地用于朝廷礼仪所需要的场合。乐府的这项工作断断续续地延及东汉以后，保存了相当数量的汉代的民间歌谣。因此，魏晋以后人们就将这些通过乐府机关而保存下来的汉代歌谣统称之为“汉乐府”。这是中国民间文学史上的一件盛事。因为有了汉代乐府的这项工作，才让今天的我们还可以读到二千多年以前的汉代歌谣。不然，只在口头传唱的民间歌谣，没有及时的搜集，没有文字的记录，就难以穿越漫长的历史时间，经历无数的天灾人祸而得到保存和流传。在这批汉乐府所保存的歌谣中，有一支名为《王昭君》的乐曲。西晋时，文人石崇曾经为此曲填写新词，为避晋朝先皇司马昭之讳而改名为《王明君》。石崇说：“其造新曲，多哀怨之声。”（《文选》卷二十七）可知汉曲《王昭君》以及改名后的《王明君》，写的都是昭君出塞的怨思。大约在东汉末到魏晋的时期，又有了一支题名为《昭君怨》的琴曲（详见延伸阅读十一）。这两支演唱王昭君的音乐曲调早已失传，这两支乐曲的标题则因为后代人络绎不绝的拟作和填写，成为了古代流行的诗题。目前可见的大约近千首题咏王昭君的诗作，大部分都是在这两个诗题之下的抒写。

和亲而嫁去乌孙的公主刘细君写过一首楚歌体的《悲愁歌》，人们由此而知道她出塞远嫁的心情和感受。王昭君却没有留下任何可以探知其心情和感受的线索。当王昭君出塞和亲之际，她是否有怨？因何人而怨？因何事而怨？如何怨？怨有多深？既然她没有像刘细君那样留下自己的抒写，那么，这些问题就像她的容颜一样，成了后人无法知悉其真实的问题。因此，所谓“昭君怨”，其实完全出于人们的猜测和推想。

作于西汉的《焦氏易林》记录了一些当时的歌谣，其中如“昭君守国，诸夏蒙德”的赞扬，反映了当时人对于昭君和亲这一政治事件的态度。关于和亲政治，其实人们的历史评价并不相同，或赞成，或反对。但是，无论人们怎样评价王朝的和亲政治，而对置身于这一事件中的王昭君个人，绝大多数人的态度都充满了同情和怜悯。《王昭君》与《昭君怨》两个乐题的汉代原作已不可见，但是数百首的拟作绝大部分是以悲怨为主调，也就可以想知原作的内容，可以推测汉人在赞扬昭君出塞的外交成果之时，对于昭君本人，则不无悲悯之心。唯其如此，才有歌谣中“交和结好，昭君是福”的感激。

俗话说“人同此心，心同此理”。虽然在政治和外交的层面，人们会赞扬昭君的功绩，但身为女子而远嫁异族，从此与父母亲人天各一方，在陌生的土地上寂寂终老，这样的个人遭遇总是会激起人们无限的同情。面对一个和亲远嫁的女子，设身处地，以己度人，揣摸心思，肖其口吻，汉人如此，后人也是一样，于是在历代以昭君出塞为主题的诗文曲赋以及戏剧绘画等创作中，就有了一个悲怨愁苦的王昭君，一个起于汉而历魏晋唐宋，至于明清的二千余年中，不曾改变过悲怨形象的王昭君。

一、心结千千

昭君的悲怨出于人们同情的想象。千百年来，无数的作者，无数的创作，为了王昭君而体会并抒写了无尽的悲伤和怨恨。

人们说，昭君有远嫁的悲伤。晋人石崇的诗说："我本汉家子，将适单于庭。"(《王明君辞》) 梁人沈满愿的诗说："今朝犹汉地，明旦入胡关。"(《王昭君叹》) 唐人孟浩然的诗说："胡地迢迢三万里，那堪马上送明君。"(《凉州词》) 一个汉族女子，身嫁匈奴单于，去往万里之外的塞北大漠，完全陌生的环境，未可预测的生活，昭君能不心怀悲痛？尤其是此一去，再无回头的可能。所以李白说："一上玉关道，天涯去不归。"(《王昭君》) 欧阳修说："上马即知无返日，不须出塞始堪怨。"(《明妃小引》) 而司马光说："宫门铜环双兽面，回首何时复来见。"设想昭君出宫之时，难掩悲痛地一步三回头，那宫门上的兽面铜环随着人的前行而不断地远去，直至模糊不清，紧闭的宫门就变成了永恒的隔断，让回首瞻望的昭君伤心欲绝，破碎一地。诗句将那种留恋不舍的感情表达得细致而传神。

人们说，昭君有去国的悲伤。梁人阴铿的诗说："汉地随行尽，胡关逐望新。"(《昭君怨》) 唐人储光羲的诗说："西行陇上泣胡天，南向云中指渭川。"(《明妃曲》) 宋人秦观的诗说："行行渐入阴山路，汉宫不见空回顾。"(《王昭君》) 和亲的队列向着匈奴境地前行，生于斯、长于斯的汉朝土地就这样一步一步地留在了身后。昭君随着呼韩邪一路向北，越是走近单于庭，与汉朝的距离就越遥远。一路上，汉境之内的景物熟悉而亲切，而越是想要记住它们，就越是感觉到深入记忆里的痛；大漠上的风光陌生而苍凉，而越是感觉陌生，就越是难忍悲伤。所以梅尧臣说："马上山川难记忆，明明夜月如相识。"

(《和介甫明妃曲》)何景明说："单于日近汉日远，万里风沙魂不返。"(《明妃行》)屈原当年思乡心切而叹息"惟郢路之遥远兮，魂一夕而九逝"，说是即使人回不去，而承载情感的灵魂必要回去。可是昭君此去出了国门，到了异域，怕是连魂灵也找不到归乡的路！这是何等惨烈的悲痛。诗人们刻画昭君北上单于庭的途中心情，着意以"胡""汉"对举，用两地景物的鲜明比照和巨大落差来写昭君内心渐行渐深的撕裂般悲痛，体会真实而强烈，很有感染力。

人们说，昭君有思亲怀土的悲怨。《琴操》所载的《怨旷思惟歌》，托名王嫱，实是后人的代言之作，借昭君之口，写昭君之情，抒写最为深长的就是对父母亲人的思念："高山峨峨，河水泱泱。父兮母兮，道里悠长。"大漠与江南，相去万里遥，山高水长，道路阻绝，昭君欲归不得，欲见不能，刻骨的思念难以言表，就以直接的呼唤父母来作表达。司马迁说"人穷则返本，故劳苦倦极，未尝不呼天也；疾痛惨怛，未尝不呼父母也。"(《史记·屈原贾生列传》)这种呼喊式的抒情方式简单直白，却也朴实动人。念亲思乡的情感抒发是历代题咏昭君的诗文创作中最集中的主题，作者多，作品数量多，传承接续，逐渐提炼出一些固定的意象，如鸿雁，如明月，如琵琶，而将昭君的乡土之思抒写得更具形象性，感情表达更细腻，更深入，也更具文采。比如同是以秋雁而寄情，唐卢照邻的《昭君怨》说："汉地草应绿，胡庭沙正飞。愿逐三秋雁，年年一度归。"戴叔伦的《昭君词》说："惆怅不如边雁影，秋风犹得向南飞。"前者说但愿能追随秋雁而飞回汉地，后者则惆怅地说，这是不可能的。"但愿"本是昭君情到深处的一点祈求，明知是奢望，权且作安慰。可是戴叔伦说"不如"，这就用冰冷的现实将人在悲伤无奈中的一点愿望击得粉碎。这种表达，虽很残酷却很真实地表现出昭君思亲之际的绝望。其它如宋王安石《明妃曲》："寄声欲问塞南事，只有年年鸿雁飞。"曾巩《明妃曲》："黄云塞路乡国远，鸿雁在天音信稀。"元刘因《明妃曲》："飞鸿不解琵琶语，只带离愁归故乡。”都是用人不如雁的伤心来刻画昭君的思乡之情。又比如同是以明月而寄情，明人高启的《王昭君》说：“相随万里到穹庐，只有长门旧时月。”清人王筠的《明妃怨》说：“独有穹庐深夜月，清光不异汉宫秋。”前者写大漠之中昭君的孤独，说是只有那多情的明月慰解人心，不离不弃地相伴相随，从汉地一直到匈奴。后者同是写孤独，却将那轮空中的夜月写得明亮清彻却冰冷无情，无论是在故乡还是在异域，月亮都一如既往地照耀，毫不理会人的心绪而泻下银白满地。诗人运用同一种意象来抒写昭君的思乡，却从不同的角度，体察出不同的意味，很生动，很真切。其它如李白《王昭君》：“汉月还从东海出，明妃西嫁无来日。”月落月又升，昭君却一去不能还，岂能无悲？张祜《赋昭君冢》：“举头唯见月，何处是长安？”月亮还是那轮月亮，此时的昭君却独在胡地，望月思乡，四野茫茫。王恭《王昭君》：“汉月牵愁思，边尘惨泪痕。”月下思乡的昭君，除了伤心和流泪，又能如何？如果说鸿雁和明月都是借外物为映照而抒情，琵琶则是诗人为昭君设想的怀抱中物，是她抒写思乡之情的凭借。如唐刘长卿的《王昭君》：“琵琶弦中苦调多，萧萧羌笛声相和”；宋王洋的《明妃曲》：“故乡阡陌想依然，马上琵琶向谁语？”也有不少诗人则将诸种意象揉和在一起，如高似孙“西风吹霜雁飞飞，汉宫月照秋砧衣”；黄文雷“痴心唯恐琵琶语，归梦空随鸿雁飞”；浦原“万里毡房明月夜，谁知思汉泣琵琶”：马景约“家国知何在，风沙满目愁，惟余天上月，还似汉宫秋”；王结“妾生不及雁随阳，茕茕终老天一方，琵琶聊写思归意，传与中州能断肠”；等等。这些描写将空中的明月，南飞的雁阵，与昭君独自怀抱琵琶的身影融合到一起，构成一幅清冷的画面，更以诗笔而点出画面里回响着幽怨的琵琶曲，曲声里时不时地夹杂着天外那落队孤雁的断续叫声。古人说画是无声诗，诗是有声画。诗人用文字不仅绘出了画面，更添上了声响，营造出一种凄婉的气氛，让昭君的深沉孤苦和悠长哀伤都从字里行间弥散开来，读此，谁能不被感染呢？谁能不被感动呢？

而诗句之所以能写得如此动情，当然是因为诗人首先因昭君出塞而有深深的感动。

人们说，昭君有异域隔落的悲怨。梅尧臣说："休言羊酪甘，谁喜毡庐开？"王安石说："穹庐为室毡为墙，胡尘暗天道路长。"李纲说："穹庐腥膻厌酥酪，长调幽怨传琵琶。"李祁说："蒙茸胡帽貂鼠裘，谁信宫袍泪痕湿。"都是从生活习俗的隔膜来写昭君悲伤幽怨的感受。人的衣食住行之物，不止是生存的必需，也是生活的记忆，是乡土情感的载体。当昭君由汉地进入匈奴，从农业民族的生活转入游牧民族的生活，弃房舍而入毡帐，吃的是肉，饮的是奶，没有了米食羹汤的熟悉甘香；穿的是裘袍，戴的是皮帽，没有了丝绸棉麻的贴身轻软。进入异族的昭君，或是主动，或是被动，迟早都要逐渐地去适应新的生活环境，但是无论最终的适应情况如何，都无法填补她心中被剥落分离的本乡本土的生活情境。更加上"情语既不通，岂止肠九回"（梅尧臣），"言语不通心尽悲，琵琶琢就弹哀思"（薛季宣），异族生活的沉重绝非一般人可以承受。虽然人到异乡，语言不相通，可以学习；习俗不相同，可以了解，但是，乡音、乡情、乡物、乡事、乡景，毕竟是永远无法遗忘的感情。对于昭君的这种隐深的心理痛苦，诗人们未必有过异域生活的真实体会，却以真诚的同情来作遥想，假设其境，揣摩其心，体贴昭君的困窘，悲伤她的忧苦，既体贴入微，又描写细致，写出了一种面热心寒的他乡人感觉，也令读者对昭君生出无限的同情。

人们说，昭君有绝望的悲怨。和亲出塞，让昭君的身份和地位都发生了巨大的改变，却也让她付出了终生孤苦异域、隔断父母亲情的巨大代价。面对昭君身为单于阏氏的尊贵，苏辙叹息说："不如故乡山上女，夜从东舍嫁邻家。"（《昭君村》）韩驹则警告说："寄语双鬟负薪女，灸面慎无轻离家。"（《题李伯时画昭君图》）许有壬更推广而言："人间生女莫望贵，只可近作田家妻。"（《题友人所藏昭君图》）在诗人们的心中，父母亲人相聚相守的日子，无论多么辛苦和贫寒，都有无可替代的其乐融融，因而用“不如”、“慎无”、“只可”一类词语来设想昭君的悔恨。但是，昭君对自己的命运是没有选择的。即使如《后汉书》所写，她的出塞和亲是“自请”，但是，如果没有入选掖庭之事，就不会有“自请”之举。所以诗人们同情昭君虽然贵为阏氏，却与父母阻隔天涯，终生不得再见，都不约而同地写到了她宁愿做回山民农家女的愿望。可是对于入选掖庭，昭君同样是没有选择的。因此，所谓做回山民农家女，无论是进入掖庭的昭君，还是身为单于阏氏的昭君，都已经成为一种过于奢侈的愿望。诗人只是借着悔恨来抒写她身在异域的绝望而已。

诗人们深深地同情昭君的遭遇，感同身受地为她体察各种情感的痛苦，代她抒写所承受的方方面面的悲怨，自然也进一步地思考历史，发掘原因，代她抒写对毛延寿的愤恨，如崔国辅的《王昭君》:“何时得见汉朝使，为妾传书斩画师！”代她表达对汉元帝的谴责，如白居易《昭君怨》:“自是君恩薄如纸，不须一向恨丹青。”而使昭君的悲怨具有了更加深刻的内涵。

“妾死非关命，祇缘怨断肠。”(顾朝阳《昭君怨》)昭君的悲怨打动了人们的心，故而出现了如此细腻深入的心情和心理的描写。而从这些代抒悲怨之情的诗作来看，《昭君怨》这一自汉代流传下来的乐府题是一个深受文人关注的诗题，并由此而滋生出了《明妃曲》、《明妃怨》、《昭君词》等相关的诗题，历朝历代都有人拟其乐题而写其悲情，自汉末至清亡的千余年间，从未断绝。不仅如此，中国文学史上的许多著名文人，乃至于一代大家，诸如南朝的鲍照，北朝的庾信，隋之薛道衡，唐之李白、杜甫、白居易、李商隐，宋之苏轼、苏辙、陆游、范成大，金之耶律楚材、元好问，明清时代的李东阳、何景明、袁枚、赵翼、王闿运，等等，都有以此为题的诗作。而北宋时期的欧阳修、司马光、梅尧臣、王安石等还曾特别用此乐题作过集体的题咏。这些人皆为社会名流，政治地位高，又有文坛领袖的号召力，他们的唱和之作，不仅在当时影响颇大，更是成为古代文人雅集的佳话，为后人所津津乐道。一个诗题受到这么多的文人乃至于各代大诗人的持续关注，在中国文学史上这是一个非常少见的现象。除了因为同情心而产生的兴趣之外，还有一个非常重要的因素，那就是《昭君怨》唤起了古代文人对于自身命运的同感共鸣，他们对于这一诗题所倾注的热情，实有“借他人之酒杯，浇我胸中之块垒”的意义在。

二、别有块垒

中国古代的文人，也称之为“士”。在士人的抒写中，自汉代以来有一传统的情结，叫做“士不遇”。孔子说：“士志于道。”（《论语·里仁》）士以知识为职业，以传道为担当，因而也以不屈服于权力为高尚。孟子有言：“说大人则藐之，勿视其巍巍然。”（《孟子·尽心下》）在战国纷争的时代，士人可以朝秦而暮楚，齐君不用则之楚，楚君不用则之秦，可以“视去国如脱屣”地傲视于王侯，自尊自贵。但是，进入秦汉之后，志于道而高自尊贵的士人常常在专横的皇权面前碰得头破血流，甚至需要用生命的代价去作抗争以维护道的尊严。故自汉代以来，士人或是感叹没有遇上辨识贤才的明君，或是悲伤没有遇上风云英雄的时代，他们用文笔抒写自己怀才不遇的愤懑，批判忠耿被弃、谗佞得幸的现实，而且不断地触动着后来人的心灵，唤起共鸣，回音不绝，而形成了一种士人的历史情怀，在中国社会里产生了深远的影响。如西汉著名学者董仲舒就作有《士不遇赋》，大史学家司马迁写有《悲士不遇赋》，东晋著名隐士陶渊明也效其慨叹而作《感士不遇赋》，唐代韩愈的名篇《进学解》则是一篇自嘲调侃式的《悲士不遇赋》。这些士人完全明白，不遇的关键并不是自己没有机会，而是他们在机会面前不肯放弃自己坚守的原则——道义与自尊。这些以理想为坚守的士人从现实中看到，相比于自己的贫寒落寞，一些迎合权势而放弃原则者总是青云直上，富贵盈门，骄世傲人。这无疑强烈地刺痛了他们奉为生命的“士志于道”的孔子教诲。既然不肯屈服，他们就要坚决地与卑劣者划清界线，高自标榜，绝俗弃世。所以，贾谊悲叹“鸾凤伏窜兮，鸱鸮翱翔；阘茸尊显兮，谗谀得志；贤圣逆曳兮，方正倒植”（《吊屈原赋》），李白高唱“安能摧眉折腰事权贵，使我不得开心颜。”（《梦游天姥吟留别》）既然现实的另一面是“小人见亲”，古人因而又常常将“士不遇”称之为“贤士不遇”，“正士不遇”，“洁士不遇”，认为不遇者虽然不幸，却自有一种高贵的品格在，并以此来激励正气，勉励坚守者。

王昭君虽然是女性，但在古代士人的眼中，同样是一位怀才不遇者。昭君的美貌绝伦，一如士人的才华盖世；她入宫多年，未得皇帝青睐，一如士人满腹经纶却不被朝廷任用；她的拒绝行贿画工，一如士人的刚正不阿，坚守高洁的品格；她因此而被毛延寿丑化，一如士人遭遇奸臣小人的谗言陷害；而她的出塞远嫁，终老于北方酷寒之地，则与士人的遭遇贬谪、流放天涯一样，因为正直而成为了朝廷的弃逐之臣。士人们从她的传说故事中看到了自己的身影，不仅从内心深处唤起了同情和怜悯，更激起对社会不公的愤怒，对人生坎坷的哀伤。尤其是古代士人恪守着儒家传统的君臣礼仪，既要批判政治，又不可以冒犯君王，直言有违敦厚，婉讽方见修养，那么，借昭君的传说故事来透析人生，来批评政治，来斥责现实，正是一条“发乎情，止于礼仪”的抒写途径。

因此，历代文人对于昭君的传说故事都具有浓厚的兴趣，无论是一代大家还是默默无名者，都会关注到《昭君怨》这一乐府诗题，历朝历代拟作者不绝，原因正如诗人所言：“自古佳人多薄命，亦如才士多流落”（袁燮《昭君祠》）；“古来抱节本难遇，况复蛾眉人所妒”（何景明《明妃行》）；故而“曲中留哀怨，横塞诗人胸”（方苞《明妃》）。文人们在昭君题咏中所表现的不是一种单纯的历史兴趣，而是融合着切身的现实感受，贯穿着士格与权势之关系的历史思考。这一点，就连康熙皇帝也是看到了的，尽管他并不赞成。公元1696年9月，康熙为庆贺战胜厄鲁特和噶尔丹部落的胜利，西巡边地而路过青冢，作过一首《昭君墓》诗。他在诗序中说："昔有不得志于功名，或身遭迁谪，往往托昭君怨而为诗，以写其抑郁"，故而现在皇帝亲临昭君墓，就要打破抒写哀怨的寒士传统，伸张统一国家的威武庄严，以告世人："夫昭君墓何足咏也。"康熙道出了历代文人爱写《昭君怨》的心理实情。但是，皇帝当然是要在诗作中颂赞政治清明的国家功绩，而沉沦的文人仍然只有沉沦的感受。无论康熙皇帝如何表白"恒自缅怀先烈，敢不慎修思永"，但是，只要贤人不用而用人不贤的的政治现状不改变，《昭君怨》的文人哀伤就会一直唱下去。

清人查为仁，字心谷，宛平（今北京市）人，生于1695年，卒于1749年，正是康熙年间人。他放弃科举，一生未仕，以诗文交友娱日。所作《莲坡诗话》第八十二条记载当时文坛名士题咏《青冢图》一事，就是文人借昭君而"写其抑郁"的典型，而这件事就发生在康熙写《昭君墓》诗的当年，可见文人对于现实生活的感受，与皇帝截然不同。先引录如下：

徐芬若从军沙漠，路经青冢，嘱虞山黄遵古鼎绘其图以归。都下名士，競赋诗咏之。竟陵唐赤子建中诗曰：

咄哉徐君真好奇，劝客一饮连十卮。
酒酣手持青冢图，邀客为作青冢诗。
自言边地尽飞狐，青冢犹在边西陲。
世人但闻图经说，我昔从军亲见之。
前临黑河后祁连，黄沙千里胡马迷。
其地万古无春风，但见白草常离离。
一抔独戴中华土，青青之色长不萎。

我时往拜值寒食，系马冢前古柳枝。
此柳亦疑汉官物，枝枝叶叶皆南垂。
下有无名之石兽，上有无主之荒祠。
兽腹依稀青冢字，刻画认是唐人为。
祠中络绎献挏酪，碧眼倒地呼阏氏。
至今牧儿不敢上，飞鸟绝声马不嘶。
却为奇迹人罕见，擅场画手黄生宜。
请看惨淡经营处，山川粉墨无参差。
按图一一为指点，百口称快含嗟咨。
有客引满前致问，先生图斯焉取斯？
呜呼噫嘻！先生之意客岂知？
男子有才女有色，往往自爱如山鸡。
王嫱本是良家子，对镜顾影常矜持。
一朝选入深宫里，风流不数西家施。
谁知承恩亦在貌，君王莫辨妍与媸。
但愿君王辨妍媸，妾辞远嫁呼韩邪。
所以喟然越席起，仰天不复挥涕洟。
五鼎生烹主父肉，马革死裹伏波尸。
古之烈士多如此，高山河水当怨谁？
此意天地为感动，坟草四时回春姿。
徐君之才满一石，白首著书十指胝。
新诗句句在人口，清如珊瑚敲玻璃。
可怜三载饥臣朔，文章酷召数命奇。
虽从王门掌书记，时平不须投毛锥。
非无要路与捷径，丈夫致身羞以赀。

正如明妃恃其貌，倔强不肯赂画师。
人生遭遇有不一，侘傺岂即非良时？
假使明妃宫中死，安得香名流天涯？
披图知君心独苦，别有块垒非蛾眉。
君不见，杜陵《咏怀》生长明妃村，
乃与庾信、宋玉、蜀主、诸葛同伤悲。

徐兰，字芬若，号芝仙，常熟（今江苏常熟）人。能诗擅画，是清初虞山诗派的一位代表诗人。二十岁时出游京城，一时名气大振。但其一生事迹不详，可考知者，一是康熙三十五年（公元1696年），他参加了征讨噶尔丹的战役，一是晚年时流寓通州而不知所终，可以推想他的贫寒境况。

从记载来看，徐兰参加征讨而路过归化城南的青冢，不仅自己写有题咏青冢的诗作，又请著名画家黄鼎据诗而画《青冢图》。徐、黄两位都以才艺著称，诗与画相互辉映，遂引来众多文士加入歌咏。参与者除唐建中之外，已知的还有《桃花扇》的作者，著名的戏剧家孔尚任。唐建中，字赤子，竟陵（今湖北天门）人，官至翰林学士，当时以诗名受称于人。可见这是一件京城名士的雅集盛事，徐兰的名气显然是召集众人参与其中的重要缘由。而参与此事的多位名家诗作，查为仁都不录，单单录下唐建中的这一首，这就表明在查为仁的眼里，唐建中的诗写得最好，能得徐兰之心。

唐建中的诗先叙事，说明原委，然后借客问一句转入议论。试想徐兰参与了一场重要的国家战役，有多少重要的战斗场面可以记录，有多少重要的征程感受可以抒写，然而他所心心念念难以忘怀的却是拜谒昭君坟这样一件私事，不但是自己接连写了好几首诗作，而且还要请来名家绘作图画。如此隆重的举动，唐建中说，这是青冢触动了徐兰怀才不遇的内心情感。诗中以“自爱”来强调昭君自尊自重的品格，以“羞以赀”来刻画昭君拒绝行贿的节气，以“倔强”来形容昭君不屈权势的性格，以“喟然越席”来表现昭君的自请有“古之烈士”之风。诗中所写昭君的种种美德，正是为了映衬徐兰的品格和遭遇，从而揭举出诗的主旨：“披图知君心独苦，别有块垒非蛾眉。”唐建中用这首诗表达了自己对徐兰的理解，其中又何尝没有他自己的“块垒”呢？查为仁在众多诗作中选中这首诗来作记载，其中又何尝没有他自己的“块垒”呢？

诗中“五鼎生烹主父肉，马革死裹伏波尸”一句，连用两个典故。前者出于西汉时期的主父偃，后者出于东汉时期的马援。主父偃仗恃汉武帝的信任而横行无忌，人有批评，则公然宣言：“丈夫生不五鼎食，死即五鼎烹耳。吾日暮途远，故倒行暴施之。”（《史记》卷一百一十二）一副无行而且无耻的嘴脸。马援则为人坚毅，曾言：“丈夫为志，穷当益坚，老当益壮。”他辅助刘秀平定隗嚣，安抚陇西，南下交趾平乱，又以高龄率军北征，宣称：“男儿要当死于边野，以马革裹尸还葬耳！”（《后汉书》卷二十四）当时人即称赞他为“烈士”。骄横的主父偃最终得罪武帝而被族灭；马援则以其品格高尚而得到后人的称赏。唐建中以二人故事对比，鄙薄主父偃的粗浅而赞赏马援的大志，表明不可以一时的盛衰而衡量人的一生，不可以人的富贵而决断人的成就。故而他在诗的最后以昭君的命运起落来安慰徐兰，勉励徐兰：“假使明妃宫中死，安得香名流天涯？”不遇的昭君远嫁塞外，生前命运不济，却以品格的坚守而赢得了历史的认肯，从而在大诗人杜甫的笔下，得以与宋玉、庾信这样的著名文人并列，得以与刘备、诸葛亮这样的政治家同举。周人说“太上立德，其次立功，其次立名”，建功立业是中国士人传统的人生追求。但是，世事复杂，人生难定。所以孔子说“君子疾没世而名不称焉”，孟子说“生与义不可得兼，舍生而取义者也”，都是在教育人们要将生命的价值与道义的担当结合到一起，而人生的价值考量，可以在生前，更重要的却是在身后。所谓盖棺定论，历史评价的真实性要远胜于现实成就的耀眼光芒。这就是唐建中诗末所言的理论依据。然而，虽然有孔孟大师的教育鼓励，虽然有前代人的故事佐证，唐建中对徐兰的这种寄望于后人评说的勉励和安慰，毕竟是一种具有悲壮意味的人生宣言。

“士不遇”的感喟是古代文人的心结，它所反映的是专制政治体制下文人坚守个体人格的艰难。唯其艰难，故而士人或如陶渊明，退出官场而隐居田园；或如晚年的白居易，闲职优游而不问政事；而那些坚持者，大都下场不佳。王安石有感而作《明妃曲》，诗末曰：“君不见咫尺长门闭阿娇，人生失意无南北。”就诗而言，是在安慰王昭君，其实又何尝不是王安石本人的心声呢？美女之在宫中，不为皇帝所眷顾，冷宫独处，忧伤终老，美貌表现于何处呢？贤士之在朝廷，不为皇帝所信用，就无法施展才能，实现抱负，人生价值又何在呢？而要取得皇帝的赏识和信任，在很大的程度上，并不取决于个人的美貌和才华。因此王安石之咏王昭君，不仅引出失宠的汉武帝皇后陈阿娇来作宽慰，更以“汉恩自浅胡自深，人生乐在相知心”的认识来表示，昭君出塞而得到单于的赏识远胜过了被遗弃在汉朝宫廷的无奈。

正是由于这种“士不遇”的心结，古代的文人对王昭君有一种特别的感动，而在题咏昭君的各种诗文创作中，“昭君怨”始终是情感抒发的重点。金人耶律楚材说：“滔滔天堑东流水，不尽明妃万古愁。”（《过青冢用先君文献公韵》）明人徐学谟说：“解得红颜多薄命，古来谁似汉明君。”（《昭君出塞图》）经过历代文人的吟咏，含悲茹怨的王昭君成为了人们最熟悉的人物形象。

[延伸阅读十一]琴曲《昭君怨》的出现时代

北宋初年的学者郭茂倩编《乐府诗集》，按音乐性质而将搜集到的乐府诗作分为十二类，其中，《王昭君》一题属于《相和歌辞》，《昭君怨》则归属于《琴曲歌辞》。郭茂倩引《宋书·乐志》解释说：“相和，汉旧曲也。丝竹更相和，持节者歌。”说明这是从汉代流传下来的旧曲调。石崇有同样的说法。郭茂倩引唐朝吴竞所编《乐府解题》说明《昭君怨》出于蔡邕的《琴操》，故归属于琴曲。但是，他在《琴曲歌辞》的序言中说明汉代流传下来的琴曲只有十二题时，其中是没有《昭君怨》的。蔡邕是东汉人，学界通常认为《琴操》一书出于东晋，只是托名为蔡邕而已。就所存留的资料来看，《王昭君》一曲出于汉代，应无疑问；而《昭君怨》即使是出于蔡邕《琴操》的记录，也是东汉末年以后的事情，要晚于出于民间的汉乐府《王昭君》。

第三章　忠贞昭君

自魏晋以后，昭君出塞渐渐成为文人题咏所关注的一种历史题材。唐代及其以前，人们主要是同情昭君的个人遭遇，代其抒写远离故土的痛苦，思恋亲人的缱绻，下笔情深，感慨系怀，留下了许多动人的篇章。进入宋代以后，文人题咏昭君的热情有盛于前，不仅是题咏作品的数量增多，更有集体的创作活动，表现出文人对这一题材的集中关注。从已知的资料看，北宋时期有欧阳修、王安石诸人的相互唱和，南宋时期则有范成大诸人的集体书卷（详见延伸阅读十二）。而像李公麟、刘松年这些有宋一代的著名画家，都画有《昭君出塞图》，于是招致许多文人题诗。诗因画而流传，画因诗而增色，宋代出现了众多的以昭君出塞为题的题画诗，诗画相映，形象生动，脍炙人口，流布四方。影响传及后世，题画诗遂成为历代昭君题咏中的一个大类。因此，宋代的昭君诗数量骤增，名家众多，在昭君传说故事的传播史上可以称为文人诗作的一个高潮时期。

不同于此前的昭君诗以寄寓同情为主调，宋代的这些诗作，议论多于抒情，评价胜过叙述，史事教训的探讨之外，个人的道德评价也成为了昭君题咏中的一个重要内容。这种风气一直沿袭到明清以后，继之者络绎不绝，抒写之激烈，议论之慷慨，有过之而无不及。

探究宋人开始热衷于昭君的道德评价之所以，主要影响来自于两个方面。

首先是北宋以后，汉族政权面对北方少数民族政权的强大而颇显懦弱。北宋政权已有燕云十六州的失土之痛，朝廷政议每每为之扼腕叹息。南渡之后，北边的女真进入中原，南宋政权守着半璧江山度日，而令许多血气志士仰天长啸而跺脚痛惜。面对失去的北方故土和尖锐的民族矛盾，许多汉族文人热衷于题咏昭君之事，实有历史反思之意。他们借此而讨论汉族政权与少数民族交往的政策问题，并借着发掘昭君有忠君爱国之志而在其中寄托了个人的英雄情怀。宋亡之后的元朝是蒙古族建立的政权，明亡之后的清朝是满族建立的政权。无庸讳言，也都曾经强烈地刺痛过汉族文人的民族感情。因而代表西汉王朝与匈奴和亲的昭君故事在这一时期特别流行，自宋代以来的以道德而评价昭君的诗作更是得到继承与发扬，许多诗人是借着赞美昭君的忠勇精神来表达自己内心的复土志向和民族感情。其次是宋代以后，理学思潮兴起，学者修习，民众浸染，社会影响渐大。元明清三代的科举取士，考试内容在“五经”之外，又增加了“四书”，以理学意识来引导读经求仕的文人，理学观念更加深入人心。理学注重人的道德品格，强调格物致知，强调凡事都有个道理在其中，申理而制情。受其引导，宋代文人喜爱在诗文中议论说理，题咏昭君往往与政治批评相结合，与人生哲理相融汇。风气传承，元明清三代的题咏诗中常常可以见到以道德而论昭君者，或以褒奖，或以贬斥，还引出了一些不大不小的争论。

“忠贞”二字就是宋以后人对王昭君的道德评价。“忠”者，诚也，内尽其心，外尽其力，为国为君，不惧牺牲，代表着公德。“贞”者，正也，守一不变，执节不渝，含辛茹苦，不改初衷，代表着私德。在一些文人眼里，昭君这位受命出塞的和亲女子，身负朝廷的政治使命而表现出忠贞兼具的个人品德。但是，并非所有人都赞同这样的评价，毕竟史籍的记载很清楚，王昭君在呼韩邪单于死后，依循匈奴风俗又嫁给了呼韩邪的儿子雕陶莫皋，新即位的复株累若鞮单于，还与他生有两个女儿。对于注重人伦道德的汉人而言，这是不伦；对于强调女子不事二夫的理学家来说，这是不贞。而不贞者又如何能表彰其“忠”呢？因此，对昭君的道德评价起于宋代，盛行于元明清三代，却一直有着两种不同的意见，表彰者扬之唯恐不高，批评者诋之唯恨不尽。

一、堂堂忠义

王昭君在呼韩邪死后再嫁其子之事，《汉书·匈奴传》记载分明。西晋石崇在所作《王明君》诗中言及此事，是以汉族伦理来作解读而深表同情：“父子见凌辱，对之惭且惊。”而在昭君传说故事的传播史上，《琴操》与《西京杂记》是目前可见的时间最早的文献，两书都出于东晋时期。《西京杂记》所记传说重在表现昭君不屈于索贿画工的高洁品格，《琴操》所记传说则以“积怨”与“自请”的情节来表现昭君刚强的性格和怨愤的感情，两书中的传说都不曾言及再嫁之事。刘宋范晔的《后汉书》以传神妙笔书写昭君出塞之事，虽然颇遭学者批评，却给读者留下了深刻的印象。范晔写道：“及呼韩邪死，其前阏氏子代立，欲妻之，昭君上书求归，成帝敕令从胡俗，遂复为后单于阏氏焉。”（《后汉书·南匈奴传》）范晔所记昭君上书求归与从成帝敕令的情节，在《汉书》中是乌孙公主刘细君的经历，王昭君是否有此一举，《汉书》无载，后人不得而知。所以，这也是学者批评范晔著史不实的例证之一。如南宋韩驹就曾指出：“其言不愿妻其子而诏使从俗，此自乌孙公主，非昭君也。”（《题李伯时画昭君图叙》，《陵阳集》卷一）

但是，如果昭君有上书求归之事，就表明她个人是拘于汉族礼俗而不愿意再嫁呼韩邪之子的，再嫁是不得已的遵令而行；如果没有上书求归事，那就说明昭君的再嫁呼韩邪之子是毫无抗拒地顺从了匈奴的风俗，甚或是尊重匈奴风俗而采取了自觉自愿的依从。正因为《汉书》没有留下只言片语让人们去了解王昭君对待再嫁的态度，所以就给后人留下了想象以至于嫁接的空间。范晔的材料来自何处，今天已无从考证，但是正如那“光明汉宫”的出场描写一样，或者是取小说之言，或者就是范晔本人的推理想象。而《后汉书》之所以这样张冠李戴地记载王昭君有如同乌孙公主一样的上书求归之事，则清楚地表明，汉族人不能理解匈奴人的“收继婚”的风俗，更不能接受“父死妻其小妻”这样的婚姻形式。所以他们希望王昭君是不愿意再嫁呼韩邪之子的，故而相信她“应当”有上书求归之举；他们希望王昭君的再嫁是奉令而行的违心无奈，是不得不从汉匈关系的大局出发而委屈自己，故而相信汉成帝“应当”有过“敕从其俗”的命令。民间传说依据民族文化而以“应当”来作解释，王昭君再嫁呼韩邪之子的事情，就不会损伤她在汉族人心目中的形象，反而使人们认为她的再嫁是牺牲而生出更多的怜悯。范晔无疑同情昭君而将这样的认识作为史事而写进了《后汉书·南匈奴传》。

当宋朝政权面对少数民族政权的威逼之时，当文人们迫急地思考民族关系处理的问题之时，昭君和亲而带给两汉之际数十年间的边境和平无疑成为一个历史的聚焦点。尤其是南宋初年朝廷中主和派与主战派的激烈争论，将政治策略的不同与个人品格的高低混同到一起，来作忠奸之辨，于是素来同情昭君出塞远嫁的人们，便很自然地意识到，出塞和亲确实是一件需要个人具有勇气、敢于承担、不惧牺牲的事情。这种现实的需要遂将人们的目光汇聚到昭君本人的勇气和牺牲精神之上，长期被忽略的昭君自请出塞的情节在宋代受到特别的关注，并在此基础之上出现了一些赞扬昭君有忠义之德的作品，并且迅速地流传开来，在社会上形成一定的影响，得到了人们的支持。

如郭祥正《题昭君图》：“能为君王罢征戍，甘心玉骨葬胡尘。”方夔《明妃曲》：“妾身生死何足道，汉人嫁我为和好。”如郑舜卿《昭君曲》：“但愿夕烽常不惊甘泉，妾身胜在君王前。”如王洋《明妃曲》：“命薄身存有轻重，天山从此静尘埃。”或称“甘心”，或言“但愿”，都以昭君的出塞和亲是自愿行为而表现了一种舍弃个人而保全国家的牺牲精神。陆游曾作题跋：“自张文潜下世，乐府几绝。吾友郑虞任作《昭君曲》，如‘羊车春草空芊芊’及‘重瞳光射掻头偏’之类，文潜殆不死矣。‘但愿夕烽长不惊甘泉，妾身胜在君王前’，能道昭君意中事者。淳熙甲辰三月二十三日，甫里陆某书。”（《渭南文集》卷二十七）郑舜卿，字虞任。陆游的这首题跋就书写在郑舜卿《昭君曲》的诗卷上。他不仅夸奖郑舜卿的诗继承了几近失传的乐府特色，还特别提出“但愿夕烽常不惊甘泉，妾身胜在君王前”二句，认为说出了王昭君甘心为国而不惜捐躯的心意，是此诗最值得称道的地方。在昭君传说故事的传播史上，以牺牲精神来评价昭君出塞并将之提到“忠义”的高度，是此前所未见者，这是宋人对于昭君出塞一事之意蕴的新的开掘。

赞颂昭君出塞的牺牲精神，元明清三代，继之者频频，褒扬弥高。如元人王结《明妃曲》：“南北寝兵心自足，托身异域宁辞辱”：明人邱浚《明妃曲》：“妾身亦何幸，为国靖边尘”；刘炳《明妃曲》：“妾身分得君王忧，万死边尘心亦休”；清人韦谦恒《王昭君》：“边尘如可静，妾命不须论”；祝德麟《王昭君》：“妾身宁足惜，国体得无轻”；刘献廷《王昭君》：“敢惜妾身归异国，汉家长策在和番”；都以“妾身”代昭君自称而表示一己的轻微，都以“宁”、“敢”、“不须”一类词语表现自愿承担国家和君王之重，从而表现昭君舍身报国的大无畏精神。吴雯的《明妃》说：“始知绝代佳人意，即有千秋国士风。”以昭君出塞可媲美于那些为国牺牲的男儿而称誉她为“国士”，慷慨意气溢于辞章。元人赵文《昭君词》称：“大忠与大义，二者俱堂堂。可怜千古无人说，只道琵琶能断肠。”（《青山集》卷三）指责前人只以同情说昭君却遮蔽了她的忠义精神，而大有愤慨不平之意。明代顾景星有一组题咏昭君的诗章，诗前小序说：“妃不得志于中国而远嫁单于，卒使汉受其福，有孤臣义士之隐情焉。”又说：“予幼有王明妃乐府，壮其有忠义之情。”（《白茅堂集》

昭君出塞图　马企周画作

卷三）同样是以“忠义”二字来评价昭君，誉其品格同于孤臣义士，表达了一种由衷的感佩。

正是在这样一种评价的传承里，诗人们对昭君的道德景仰不断提升，进而将她与以忠君爱国而著称的屈原相提并论：如范成大有诗云：“绝代昭君村，惊世屈原宅。东家两儿女，气足豪万国。”（《嘲峡石》）昭君与屈原同出于秭归，范成大认为，昭君的刚强性情一如屈原执著于理想而不从流俗的高洁人格，故以“豪气”称赞二人。王大绅的《王昭君故里》以“忠烈”二字称赏屈原与昭君：“秭归属奥区，忠烈两人存。忠臣死不二，高节仰屈原。佳人难再得，旧有昭君村。”张嵲的《过屈平昭君故宅》说：“万古江山虚秀气，二人贤色皆钟美。天之生此谅应难，一弃单于一沉水。”作者认为，屈原为楚国沉江自杀，昭君为汉朝和亲匈奴，二人同为忠烈，却毕竟遭遇不幸，故对屈原之才华、昭君之美丽抱有无限的惋惜。元人郭天锡则将昭君的品格视作屈原精神的继承：“君不见王昭君，家住子规啼处村。生来进住《离骚》国，悲歌慷慨恶离群。”（《明妃曲》）一方水土养一方人。在诗人眼里，昭君虽然是一女子，身上却流着与屈原一样的楚人血脉，故其品格高洁，性情刚正，爱恶分明，因此李含章盛赞昭君：“大抵美女如杰士，见识迥与常人殊。”（《明妃出塞图》）

宋代之前的昭君题咏之作，或是同情昭君的不幸，或是因为昭君而伤感自己的不幸，哀伤凄凉是诗作的主调。宋代以后，随着道德评价的出现，长期为泪水所浸泡的昭君也有了悲壮慷慨的亮丽。如刘宰的《昭君曲》代抒其情："岂余身兮惮殃，抗风沙兮万里。"出塞的昭君不再是愁眉紧锁的悲苦忧郁，而是迎面风沙，勇往直前，大有壮士一去不回头的气概。如周秀眉的《昭君》："琵琶弹马上，千载壮君名。"如王循的《青冢》："女子英雄泪，琵琶壮士歌。"受到昭君的道德义气的感染，向来被想像为哀怨低回的琵琶乐曲也变得高亢响亮起来。如王大谦《王昭君故里》诗所感叹："吁嗟天地间，多少须眉子，那肯沙场行，但顾生与死。"而昭君则是"一去靖兵戎，大义光青史"，何等英雄，何等悲壮，远胜过怯懦偷生的男儿！经过这样的表彰渲染，出塞的昭君成为国士，成为英雄，形象高大，光洁辉耀，直照出那索贿毛延寿的猥琐、卑劣和丑陋，落入尘埃，人所不屑。于是诗人盛赞："忠节岂劳传画史，巍巍青冢壮胡山！"（戴亨《昭君》）

二、佳人失节

同样是在宋代，伴随着文人对昭君道德品格的高度肯定，质疑之声也开始出现，视点聚焦在两件事情上，一是昭君的自请，一是昭君的续嫁。

当宋代一些文人将昭君的自请出嫁单于解读成是为国纾难、为君解忧时，显然就与《琴操》中"昭君心有怨旷，伪不饰其形容"的记叙发生了矛盾，于是引出"不堪坐守寂寞苦，遂愿将身嫁胡虏"（孔平仲《王昭君》）的批评。有批评，就有辩解回应。周紫芝申辩说："盖士有抱负伟器，块然与俗士同辈，岂能无怏怏不平之意？女子以姿貌取悦于人，慧丽风流而少年委置闺闼，不为当世所赏，其意当复如何？孔子曰：'道不行，乘桴浮于海。'昭君之请行，盖有以哉。"（《太仓稊米集》卷六十五）孔子失意也动过出海远行之念，士不遇赏则难免心积块磊，此乃人之常情，昭君虽是女子，也不例外。周紫芝引孔子之言作证，用贤士之不遇作比，认为昭君的积怨请嫁是可以理解的。这样的辩解很有力，却也可知当时的批评来得厉害。

如果说自请出嫁还可以用贤士之不遇来作辩护，那么，昭君的续嫁就很难替她作辩解了。汉代自尊崇儒学以来，虽然也有崇尚贞洁的女性观念，然而面对艰难流离的生活与女性弱小的现实，人们往往对女子的再嫁采取同情和宽容的态度。比如东汉末年的蔡琰就先后嫁过三次，却并不影响读《悲愤诗》的人因其遭遇而感动下泪，称她为才女。因此，《后汉书》中昭君曾经上书请归而成帝敕从其俗的记载尽管并无实据，却完全可以为昭君续嫁略作回护而取得人们的谅解。但是，当宋代理学兴起，一些学者道德执一，近乎洁癖，对女子的贞节要求也空前增强之时，不仅是《后汉书》的解释在此时受到失实的批评而难以取得文人的信任，即令昭君真有请归之事，在偏执的理学家眼中，也是不可谅解的。如程颐在学生请问孀妇无依故需再嫁时就回答说："只是后世怕寒饿死，故有是说。然饿死事极小，失节事极大。"（《近思录》卷六）主张宁可死，也不可再嫁，方见妇人之节。汉族人本来就不理解匈奴的婚俗，此时又是不事二夫的理学贞节观逐渐兴盛的时代，昭君不仅是再嫁，而且还是嫁给了呼韩邪的儿子，故而遭到宋人的指责，自然是在所难免的事情。如朱新仲就为昭君此举而有无限惋惜："当时夫死若求归，凛然义动单于府。不知出此更随俗，颜色如花心粪土。"（《困学纪闻》卷十八引）直言昭君随俗而嫁呼韩邪之子，便是贪生怕死之人，容貌如花，心如粪土，还不如舍身成义而一死干净。

也许是由于道德评价的初起，今天所见材料，宋人对于昭君自请与续嫁的批评还是比较委婉的，或有恨铁不成钢似的遗憾。而随着理学观念在元明清三代的普及，后来的批评不仅严厉，甚者近于詈骂。如元人刘因《昭君扇头》："自售悬知非静女，汉家当论画师功。"就以昭君的自请为炫色"自售"，斥其非贞静之女，嫁于匈奴乃使汉朝远祸，故当论赏画师之功。其指斥之严厉远过于“不堪寂寞”的批评。高明《昭君出塞图》：“当时国计不足论，佳人失节尤可叹。一从雕陶莫皋立，回首不念稽侯珊。纲常紊乱乃至此，千载玉颜犹可耻。”认为即令昭君和亲有功于汉朝，但是夫死再嫁其子，就是佳人失节的可耻乱行。明代的批评者不但指斥严重，而且语气凌厉，有一种深恶痛绝之感。如程敏政《明妃曲序》：“夫元帝柔仁之主，谓其因女色杀画工，固不可信。而王嫱以无宠自请行，诚一污贱女子耳。”（《篁墩文集》卷六十一）又如顾起元，先作批驳：“昭君之始也，以不得幸御，恚愤不堪而自请入胡，其后呼韩邪死，又不能自守，遂复为后单于阏氏，行此乃淫佚之女，何云以节闻哉？”继而申之说：“学士王达《笔畴》中常责昭君遠嫁匈奴不死于中路，及至见腥膻而后亡，不亦晚乎？不知昭君不惟不死，且不耻为两单于妻矣。太仓陆之箕曾于《笔畴》中笺记之，《金罍子》又备言其详。诗人徒以美艳失身异地，过为闵惜，所谓未见好德如好色也。”（《说略》卷九）顾起元所引王达与陆之箕的言论以及《金罍子》作者陈绛的议论，虽未能见，却可知当时批评昭君失节者不止一二人而已，其言论也具有广泛的影响。同样的批评也反映在题咏诗中，如李有朋作《明妃新曲》，就明白地说：“予病咏明妃者多叙其情，不求其节，节已陨矣，情于何有？为作明妃新曲。”他不满人们在诗中尽是抒写对昭君的同情，故而要赋新篇以为矫正，既以“呼韩宫中毡未尘，雕陶帐前花又春”嘲讽昭君的续嫁，又以“汉家遣色不遣节，徒教边地轻中国”的批评上纲到国家伦理层面，直恨昭君未能自杀守节，致使“嗟嗟墓草青，千载羞遗灵”。认为昭君失节是汉家之耻，就连青冢也成了长存天地之间的羞辱标志，可见愤慨之深切。

昭君是否自请和亲，是一个史书记载含混而留下的难题；昭君再妻呼韩邪之子，新即位的单于，却是《汉书》记载分明的史实。当昭君出塞成为传说故事而广为流传之际，对她的遭遇的同情一直是推动其传说故事广泛传播的主要动力。尤其是在民间的传讲之中，人们在意的是昭君故事所带来的感动，并不那么关注历史的真实性而更愿意相信昭君形象的完美。这种大众的心理期待无疑影响了昭君故事在传播过程中的那些讲述者的行为。他们为了吸引听众而随意添加曲折，为了迎合趣味而着意铺陈描写，对于一些可能挫伤听众的心理期待的历史事实，则或用曲笔，或加隐藏，只求讲一个精采的故事，全无据实求是的约束。比如唐代出现的《昭君变文》，作者集中了大量的笔墨来描写单于对昭君的爱情，既执著真诚，又温柔动人，借以表现昭君的奇美无比，仿佛所讲述的就是呼韩邪和王昭君的爱情故事，而根本不提昭君所嫁本是先后两位单于。尤其是变文里的这位单于，始终只称“单于”而不提名号，完全不告诉听众，这位对昭君一往情深的单于究竟是呼韩邪还是复株累若鞮？问题在于，听众可以不明所以，但是变文的编写者是一定知道原本有两位单于的，不然就不会采取这样不称名号的模糊手法。编写者知道原本有两位单于却只字不提故事中单于的名号，可见是有意地回避昭君曾经再嫁呼韩邪之子的史实。编写者的这种努力，既是为了维护昭君在听众心里的美丽形象，也是为了使变文收获最好的演唱效果，所以刻意地遗漏了历史的真实性。

宋代以后兴起的道德评价，出于熟知历史的文人，凡事喜好论其所以，究其是非，情形就不同了：既然有人据事而发掘表彰昭君的忠义节气，就会有人依据史籍而提出不同的见解；表彰者称其“节义堂堂”，诋毁者谓其“淫佚”、“污贱”。尽管两种意见对立严重，如果只是限于文人之间，自然无妨两存之而继续讨论。但是，随同宋元以后小说戏曲一类通俗艺术的兴起盛行，昭君的传说故事在社会上流传广泛，已经越出文人议论而进入民间娱乐，深受听众的欢迎。但凡事关昭君，社会的关注度就比较高，议论的传播范围就比较广，故而不同的道德评价就会影响到民间故事的传讲。而文人的批评意见既产生了一定的影响，无疑更加带动了听众的兴趣而要一探究竟。听故事的大众出于好奇而需要有一个结论，写故事的文人出于宣讲而需要有一个解释，因此，如何看待昭君的贞节就成为了宋元以后的人们注目关心的一个问题。也许正是这种社会听众的心理需求促成了昭君自杀以守贞洁的戏剧性结局的出现。

元杂剧《汉宫秋》插图

在元代马致远所写的杂剧《汉宫秋》中，当单于带着昭君北行，昭君问身边人："这里甚地面了？"随行者回答："这是黑龙江，番汉交界处，南边属汉家，北边属我番国。"于是昭君要了一杯酒，"望南浇奠，辞了汉家"，跳江而死。这样的戏剧处理当然是作者的虚构。而在虚构的戏剧场景里，强调昭君未曾过江，未曾踏上匈奴的地界，就连跳江自杀也是站在南岸的汉朝地面，凡此种种，无非是为了彰显昭君不仅忠君爱国，而且保护了自己的贞节。这样的情节设计维护了民众心里的昭君形象，并为宋代以来关于昭君失节的批评画上了一个不那么圆满的句号。明清时期众多关于昭君出塞的民间文艺作品，几乎全部采取昭君在界河边自杀以守贞节作为故事的结局。由此可见在中国民众的心里，昭君应该是一个不容有瑕疵的美丽女人。为此，人们不愿意去追究历史，不理睬那些文人的批评，而更愿意相信小说戏曲的美化性讲述。

三、巍巍青冢

正如批评昭君失节的人以青冢为羞辱的标志，而在认定昭君不肯屈节而自杀的人看来，青冢便是她的忠诚节义的证物。青冢是唐代以来出现的传说中的昭君坟墓，与元代以后出现的昭君自杀以守忠贞的情节之间本无直接的联系，但是，在明清时期的人们的心目中，青冢成为了昭君忠贞品德的象征。

当青冢的传说流行于唐代之时，人们不过认定这是昭君坟而已，文人的诗文如此，民间的传讲也无不同。如《昭君变文》中就提到了汉朝使者来祭青冢，却只说昭君是病死，并没有自杀之说。

昭君的自杀说最早见于《琴操》。经搜检，引录昭君自杀说的《琴操》文字，最早见于北宋时郭茂倩所编《乐府诗集》卷五十五："单于死，子世达立。昭君谓之曰：'为胡者妻母，为秦者更娶。'世达曰：'欲作胡礼。'昭君乃吞药而死。"事实上，昭君续嫁的新单于并不是她的亲生儿子伊屠知牙师，她也没有自杀，她嫁给复株累若鞮单于后还生了两个女儿，大女儿居次云还曾经进入汉廷奉侍过王太后。很显然，无论这世达欲妻母而昭君吞药死的说法出于魏晋还是唐代，都只是人们既不理解匈奴婚俗又要维护昭君形象而设计的情节。因此，如果这段文字是《琴操》的原文，也只是民间流传的小说家言，是爱护昭君形象的人们的热心编造。而且，这时昭君的自杀只是抗拒再嫁其子的羞辱，并没有提到青冢，两者还没有被联系到一起。

今传《琴操》是宋人的辑本，哪些是魏晋以来的原文，哪些是流传过程中的添加，难以分辨。南宋人杨伯嵒作《六帖补》称："《琴操》注：昭君伏毒而死，单于举葬之。胡中多白草，而此冢独青。"（卷九）。杨伯嵒称昭君死于自杀，故其坟草终年常青，这就将青冢与自杀联系到了一起。不过，他清楚地说明他的引文是出于后人为《琴操》所作之注，不是《琴操》本来的文字。但是在今天所见的宋人辑本中，这段文字已经是《琴操》的正文了。因此，宋代以后关于昭君自杀与青冢的联系，虽然很难确定是否是《琴操》的原文，却给宋代以后的昭君传说故事的传讲人提供了一种渊源有自的依据。如在马致远的《汉宫秋》中，当昭君在黑河南岸跳江自尽，单于一面惋惜，一面吩咐："罢罢罢，就葬在此江边，号为青冢者。"如此一来，青冢不仅是昭君之坟的奇迹，更成为了昭君忠君爱国、执守贞节的象征。

唐宋时期的文人言青冢，以其代表了昭君死不泯灭的哀怨之思，如白居易“唯有阴怨气，常生坟左右”；胡曾“至今青冢愁云起，疑是佳人恨未销”；如王安石“可怜青冢已芜没，尚有哀弦留至今”；孔平仲“千秋万古恨无穷，坟上春风无寸草”；虽是草色青青，写来总是忧伤笼罩，氛围阴郁，情调凄凉。而明清以后的文人题咏昭君而言及青冢者，多以代表昭君死而长存的节操，如屠隆“骨为胡地白，草是汉宫青”；何梦篆“遥遥千载下，青冢名岂微”；屈大均“不随边地风霜变，芳草青青是妾心”；秋瑾“争似明妃悲出塞，尚留青冢向南朝”，都以赞颂的笔调来作歌咏。青冢之上，不再是愁云笼罩，而是光风霁月，高朗豪放，历冬而恒青的草色不再是永不消减的愁情怨意，而是向世人昭证着昭君的品格光耀天地，辉映万代。于是，本来是坟墓的青冢，在这样的歌唱中，脱尽死亡的阴霾而成为了不朽的精灵和神迹。

由此而更进一步，那些极力表彰昭君品德的文人，便依据青冢来为昭君的忠贞作辩护，甚至不惜曲解史实。如明人陆次云所作《明妃辩》：

> 塞草皆白，葬明妃之地，其草独青；秦草皆青，斩淮阴之地，其草独赤。其赤者，昭淮阴无叛汉之心；其青者，表明妃不忘汉之志。烈士美人之隐，皆赖一草白于千秋。则明妃不从世达之请，其吞药而死也，明矣。
>
> 乃《汉书》所载，呼韩邪死，王嫱求归，成帝勅从其俗，遂复为后阏氏。嗟乎！作史者何不乐成人之美而有是说耶？
>
> 吾谓成帝之勅有之，其为后阏氏必无是也。明妃之请适单于，欲为汉帝纾北顾之忧也。其意以为，和亲之举，以一女子足以代数万甲兵，亦何惮而不往？与老死于长门永巷之中，奚若建功异国之为得乎？故其“秋木萋萋”之诗婉而多风（讽），怨而不怨，皆足徵（证）其情性。至和亲之后，数十年无烽火之警者，谁之力哉？良以曲奏琵琶而声消钲鼓也。

逮其殁，黄茅白苇之中，一抔之土长芳菲而不歇，天地不能易其气，山川不能隐其意，寒暑不能移其情，霜露不能变其色，与文墓之蓍，孔陵之桧，徐君剑形之草，仲卿连理之树，武穆向南之枝，同昭回于千古。而谓从呼韩之俗者能有此哉？可不辩而明矣。

然则汉史曷为有后阏氏之说？其有是说者，殆因成帝之敕，误以为奉诏；否则或为元帝解嘲，附会以书之者也。(《北墅绪言》卷二)

陆次云表彰昭君的忠贞品格而反驳续嫁之事，其理由有三：一是昭君的自请出塞是为君抒忧，并为汉朝赢得了数十年的和平；二是认定昭君不愿续嫁而有请归之举，却因成帝之令而不得已自杀；三是批评写史书者不肯“成人之美”，因成帝有从俗之敕，便以为昭君从令而将续嫁成为后阏氏之事载入史册。而这三点立论所持有的证据便是青冢的奇迹：“一抔之土长芳菲而不歇”！为此，陆次云不仅引汉代韩信含冤被杀而草色长赤的传说以为支持，更引出一系列“感天地，泣鬼神”的传说来作证明，上至周文王和孔子，下至南宋岳飞。陆次云的文章，今天读来，其事荒诞，其心可悯。文中作为引证的自然奇迹，不过是人们表达对历史人物的爱憎情感所作的附会传说罢了。附会传说就是附会传说，历史真实就是历史真实，二者不在同一层面，可以并存而互不交会。我们既不必用历史来考证传说，也不可以用传说来证明历史。陆次云借传说来抒写感情，读者完全理解，但以此来改变真实存在的历史，就走入了歧途，陷入了错谬。陆次云的朋友高士奇为此文写有一段评语：“唐人作明妃诗者不知几几，大约皆为写怨。云士发出他一段忠君爱国之心，千古未及。”陆次云，字云士。高士奇未必赞成此文的观点，却要鼓励朋友的写作，故称赞这是陆次云写出了自己的“一段忠君爱国之心”。言外之意，忠君爱国未必是王昭君的本心。

实际上，虽然陆次云的论点已经主观到了不顾史实的地步，但在明清时期的文人中仍不无影响。清代文人昇寅作《昭君行》，诗末说明："成帝命从胡俗，几同乱命。昭君如欲从俗，必不请归汉矣。以是知为后阏氏生女之说，不可尽信。饮药之说，可以厉俗，是以宗此立论。"（《晋斋诗存》卷下）即认为陆次云所谓昭君未从成帝之令的说法有理，故而采用，并感叹："一抔黄土易消沉，青冢传疑同青史。"（《昭君行》）他承认青冢不无传说之疑，却认为即令如此，仍同青史一样彪炳着昭君的忠贞品格。

如果说陆次云、昇寅是从正面肯定昭君的忠贞节操，那么，明清时期有相当数量的题咏诗都是刻意将青冢与李陵台相对比，通过反衬来显扬昭君的忠贞。

李陵，陇西人，汉武帝时的名将，天汉二年（公元前99年）在与匈奴的战斗中失败投降，单于得之大喜，妻以公主，封为右校王，委以重用。他在匈奴生活了二十余年，最终死在匈奴。实际上，李陵以五千兵力对抗匈奴四万骑兵，弹尽粮绝，救援不至，万不得已才投降。后来他曾告诉坚持不降而被放逐到北海牧羊的朋友苏武，当初自己只是假降，原想进入匈奴得到活路后再寻找机会报答汉朝，重返故国，却不想汉朝因为他的投降而杀了他的老母妻子，绝了他的退路，断了他的思念，这才绝望地留在了匈奴。但在内心深处，李陵说自己既羞且惭，时时想念家乡。于是民间的传说中便出现了李陵台，说那就是留在匈奴的李陵登高望乡的伤心处。

无论李陵的投降有多少理由去争取人们的理解，虽然人们对于李陵的投降也不无同情，然而"自古有死将，而无降将，至于兵败力屈，此正人臣授命之秋，更无他议"（王恽《秋涧集》卷七十三《题汉使任少公招李陵归汉图后》）。在古代的文人的眼里，投降就是投降，投降就是失节，就是叛国。《汉书》卷五十四记李陵投降之后，"陇西士大夫以李氏为愧"。因为李陵的投降，同为李姓的陇西士人羞于姓李，进而改姓，以避免被人误会是李陵的后人——在陇西李姓士人的心里，李陵的投降是永远的耻辱。

据唐人记载，李陵台与昭君坟同在金河县（见杜佑《通典》卷一百七十九），相距不远。在古人看来，昭君忍苦出塞和亲，不仅为汉朝赢得数十年的和平，而且始终心念故国，死后坟上草色常青，是虽死犹存的光荣；而投降匈奴的李陵，虽然故园难忘，时时登台眺望，却毕竟是苟且偷生，心怀羞惭，虽生如死，二者形成了鲜明的对比："汉土不埋降将骨，好留青冢傍明妃。"（祝德麟《青冢》）昭君是弱女子，却身死而精神长存天地；李陵是汉代名将，却是自此而李姓人以为羞耻。昭君坟与李陵台，恰如两座相对而立的历史座标，展现了两种不同的人生选择，代表了两种不同的价值观念。故而诗人或反问："李陵台畔草，何独不青青"（顾夔章《青冢》）；或讥讽："恨煞李陵台上草，春风吹彻不能青"（李映棻《昭君》）：以李陵台的荒芜不毛反衬昭君坟上青青不衰的草色，用阴沉的灰色与葱郁的绿色构成鲜明的对比，以李陵的投降来映衬昭君的品格和精神，长存天地，亘古不灭。或以二地相近而忧心李陵台的恶名污染了青冢的高洁，如陈恭尹《昭君怨》："莫令青冢草，生近李陵台"；如沈德潜《观剧度上作》："李陵碑畔纤纤草，莫遣生连青冢来"；或曰："青冢有魂啼汉月，望乡不上李陵台"（何人鹤《昭君》）；在昭君品德的光耀之下，人们鄙薄李陵，说是即使思乡也只可望青冢而不可登李陵台——以其人之生降匈奴而贪恋富贵，近其地则有沾染污尘的危险，故而避之唯恐不远，斥之唯嫌不厉。因为昭君而诗人感叹："君不见百战生降李少卿，羁留绝域一身轻"（周准《明妃曲》）；因为李陵而诗人赞美："须知志在和戎虏，为国何曾计藐躬"（王德馨《王昭君》）；"和亲辛苦唯妾身，汉家十载无边尘"（时铭《题明妃出塞卷子》）。无论当初的战败有多少客观的原故，毕竟李陵的投降包含着个人得失的计较。所谓情动天地，志传千古，正是这种个人得失的计较反衬出昭君的大义和大勇。昭君以一女子而挺身出塞，敢于牺牲，以柔弱之身而换得边地和平，令李陵一类男儿羞杀而无地自容："总观大节知臧否，谁识女子真英雄"（昇寅《汉明妃冢》）。在热爱昭君的人们心中，青冢巍然立于天地之间，便如同映照丹心的青史一样，成为了昭君的忠贞节操留芳千古的证明。

[延伸阅读十二] 范成大等人的集体题咏

南宋人刘宰作有《楚辞·昭君曲》，诗前小序说明此诗是“读郑虞任所赋及石湖诸贤题卷昭君事”有感而作。见《漫塘集》卷一。南宋著名诗人范成大，退仕后隐居石湖（今江苏苏州），常在居所以诗会友，相互唱和，因以石湖为号。据刘宰此言，他所见到的“石湖诸贤题卷昭君事”，是集合了范成大等人的同题诗作的卷轴，因此将自己的这首《昭君曲》也题写在卷尾。可见范成大诸人曾经有过以昭君事为题的集体题咏并加书写的活动。可惜史料淹缺，诗卷不传，今天已无法考证参与其中的人员和具体诗作。

第四章　使者昭君

古语“使”与“事”相通，故使者，就是为要事而奉命出行的人。在西汉王朝，凡奉皇帝的命令出使，无论是行在国境之内还是去往国境之外，都必须持有皇帝授予的节杖，以代表国家的尊严，以表示使命的神圣。如冯唐曾持节出行云中而代表景帝赦免魏尚；如公孙卿曾持节出行东莱而代表武帝去寻访神仙；如陆贾曾持节出使南越，代表高帝而与赵佗订立和约；武帝时张骞出使大月氏，苏武出使匈奴，宣帝时遣冯夫人传诏命于乌孙，都无不手持节杖以代表汉朝，显明使者的身份。因此，节杖就是使者的标志，使命的象征。

王昭君不是元帝正式任命的国家使者，所以她的出塞没有节杖以代表使命。而这次出塞，留在匈奴生活，终身居于匈奴，就是她的任务，所以她也不能像张骞和苏武一样，完成使命而回国接受朝廷的嘉奖，封侯赐爵。但是，昭君奉元帝之命而出嫁呼韩邪单于，赐号宁胡阏氏，虽无节杖，却以一己之身担起了和亲结好的使命。这一去，她交出了自己的身体以表示汉朝与匈奴交好和亲的诚意，她交出了自己的生活来保证汉朝不会背弃与匈奴的和亲盟约，她更交出了自己的生命向匈奴证明汉朝和亲友好的信义。她去往匈奴，没有手持节杖，却胜似手持节杖。她的整个人，从身体到感情，都投入到汉匈和亲的事业之中。她是汉王朝的代表，是汉王朝长驻匈奴的节杖。正如元人吴师道所言："平城围后几和亲，不断边烽与战尘。一出宁胡终汉世，论功端合胜前人。"(《昭君出塞图》) 王昭君虽然不是朝廷正式任命的外交使者，却是后人心目中安边境、息战事的和亲使者，而且是胜利地完成了使命的一位和亲使者。

一、和亲与联姻

"和亲"一词的本意是和睦亲好，用于形容人与人相处的关系，本没有后来所谓不同民族或国家通过婚姻的方式而缔结盟约的意义。如西周国家的居民管理以五家为比，设"比长，各掌其比之治，五家相受，相和亲"(《周礼·地官》)，这是邻里之间的和睦亲好；朝廷设有象胥之官，"掌蛮、夷、闽、貉、戎、狄之国，使掌传王之言而谕说焉，以和亲之"(《周礼·秋官》)；这是不同民族及国家之间的和睦亲好；《礼记·燕义》讲述宴会礼仪的重要，总结说："是以上下和亲而不相怨也。"这是上下级之间的和睦亲好；《礼记·乐记》讲述音乐的作用说："闺门之内，父子兄弟同听之则莫不和亲。"这是家庭成员之间的和睦亲好。以上文例表明，早期的"和亲"一词，"亲"指亲好，像亲人一样友好，并不指向婚姻所结成的亲戚关系，并没有后来所谓不同民族或国家通过婚姻而缔结政治盟约的意义。"和亲"的词义发生变化，转向今天人们熟悉的与外族联姻，是从西汉娄敬的建议开始。

当汉高祖刘邦困于匈奴进犯而兵力不足以应对之时，娄敬建议以"和亲"为策来缓和两方关系："陛下诚能以適长公主妻之，厚奉遗之，彼知汉適女送厚，蛮夷必慕以为阏氏，生子必为太子，代单于。何者？贪汉重币。陛下以岁时汉所余彼所鲜数问遗，因使辩士风谕以礼节。冒顿在，固为子婿；死，则外孙为单于。岂尝闻外孙敢与大父抗礼者哉？兵可无战以渐臣也。若陛下不能遣长公主，而令宗室及后宫诈称公主，彼亦知，不肯贵近，无益也。”(《史记》卷九十九）刘邦接受了。但是吕后得知，日夜哭泣，不肯以亲生女儿“弃之匈奴”，于是刘邦只得以“家人子”，即刘姓族人所生女儿，顶着长公主的名义而带着厚礼出嫁单于，派娄敬为使者，允诺“岁奉匈奴絮缯酒米食物各有数，约为昆弟以和亲”(《史记》卷一百一十）。娄敬本人则以建议之功，赐邑二千户，封号建信侯，赐姓刘，人称刘敬。

娄敬建议的和亲，即停止武力而表示友好，“和亲”依然是和睦亲好之意。而汉朝表示友好姿态的条款包括两项：一是以公主嫁单于，修“昆弟之亲”，从此汉匈结为亲戚；二是每年赠送匈奴一定数额的钱物，表示情谊。前者相当于人质，故娄敬向刘邦强调一定要送出“適长公主”——即亲生的大女儿才能赢得匈奴的信任。后者则是财物赎买，以金钱换和平。对于匈奴而言，人质固然是信誉的保证，财物更能解决实际问题——匈奴之所以常常侵扰汉朝边境，目的就在于掠夺财物和奴隶。因此，当吕后不舍得让亲生女儿“弃之匈奴”而以宗族女为顶替时，匈奴方面并没有像娄敬所顾虑的那样产生不信任感，或是提出异议，而在财物方面，匈奴不仅仗恃强力而获得汉朝丰厚的礼物，后来更要求汉朝放开边关贸易，以便民间的商贸往来，以使更多的汉地物产输入匈奴，否则就要“绝和亲”。两者对比，可知匈奴对于和亲采取了以联姻为姿态而更重实利的态度。因此，汉匈之间的和亲，并不以嫁女联姻为必要条件。

自高祖刘邦而到元帝刘奭，史书所载和亲事共计十四次，其中与匈奴和亲十一次，有学者就以为西汉有十一位公主出嫁匈奴（详见延伸阅读十三），其实不然。如《汉书》景帝元年“遣大夫青至代下与匈奴和亲”，《史记》则记为“匈奴入代，与约和亲”，泷川资言《史记会注考证》指出：“此称和亲者，非更遣女结亲也，唯修前时姻亲之礼耳。”所以娄敬所言和亲，仍是双方修好而停止战争的意思。这也是在和亲期间，匈奴屡屡破坏和约而史称“绝和亲”的缘故。不过，虽然娄敬所言和亲并不特指嫁女结为姻亲这一件事，嫁女却是其中具有担保意义的一项重要内容。此后的中国王朝几乎都有以婚姻为外交工具的做法，究其所以，正是沿袭了西汉的模式，而始作俑者，就是娄敬的建议。

通过婚姻来缔结政治联盟的行为，在中国有着悠远的历史。古代的婚姻观念，如《礼记·昏义》所言："昏礼者，将合二姓之好，上以事宗庙而下以继后世也。"即认为婚姻的社会功能有二,一是两姓之间，联姻结谊而相互支持，建立更加广泛而牢固的社会关系；二是承继宗祧而生育后代，一家之姓，生生不息而血脉永存。早期的两姓联姻，对于国家的发展与稳定，无疑具有更为重要的作用。先秦时代，姬姓的周、郑、晋、卫等国与姜姓的齐国是世代的婚姻关系，嬴姓的秦国与姬姓的晋国也保持着世代的婚姻关系。商周以来，各国通过婚姻来加强政治联盟已形成传统，沿袭千年之久，以至于今天的汉语中还保留了“秦晋之好”这样的成语，透露出当年的风习。与两姓的世代婚姻相伴，当时如果是郑国君主的女儿要嫁到齐国去，同姓的晋、卫等国君主也会派出自己的女儿作为媵妾一同前往，称为媵妾制。媵，即陪嫁。实行媵妾制的目的就在于将通过婚姻而缔结的两国政治联盟进一步扩大为两姓之间的多国政治联盟。秦汉大一统国家建立以后，媵妾制废除，而以婚姻来缔结或巩固利益联盟的做法则一直保留下来。婚姻而以利益为主导，其实是古今中外一直都存在的通例。通过婚姻来缔结政治联盟，在专制政治社会中更是常见的手段。不过，娄敬的嫁女建议发生在中原的主体民族与边疆的少数民族之间，是运用于两族外交活动的政治手段，在中国，这仍然是开先例的事情。

随着社会的发展，汉族的先民——居在中原的华夏族在迈向文明的进程中步伐大而速度快，成果多，与他族相比，处在经济与文化水平发展的前列。而居在四方的戎夷蛮狄之族虽然进程滞后，却保持了比较强悍的部落作风，抢劫是增殖财富的重要手段，主要目标就是经济相对发达的华夏族。当时的华夷之间，常常发生战争，也常常通过婚姻而互为援助，求得和平相处。所以政治婚姻也发生在华夏族与戎夷蛮狄各族之间。如春秋五霸之一的晋文公重耳，他的母亲就是北狄之女。当重耳在晋国遭遇政治动乱，就逃到身为北狄的舅舅家去避难，一住就是十二年，而狄人还特意去征伐啬咎如，为他抢来两位异族女子作妻子。这种华夷之间的联姻，在民间应该是互往的存在，但是在社会的上层，往往是戎夷族的女子嫁入华夏族，而鲜有华夏贵族的女子嫁往戎夷之族。这种情形与魏晋时期的门阀婚姻相似，高门男子可以娶低门楣的女子，高门女子不可以嫁入低门楣的家族；因为古代的女子必须依附于男性而决定其地位。在华夏族看来，那些嫁入的戎夷女子，因其丈夫而获得身分的提升，但其附属于男性的地位不可改变；而华夏贵族的女子如果要嫁往戎夷，不仅她个人的身分要改变，地位要降低，更因此而连及整个宗族或家族的地位与声誉，这就有辱华夏族的尊严。因此，尽管华夷之间的交流在现实中是相互的，但是在华夏族的观念中，以夷入夏可以接受，以夏入夷则不可以接受。故孟子说："吾闻出于幽谷迁于乔木者，未闻下乔木而入于幽谷者。"（《孟子·滕文公上》）这种强烈的族类优越感，从先秦的华夏一直沿续到后来的汉族，进而成为尊贵于四方各族的大汉族主义在婚姻选择上的表现。所以那些嫁入华夏的夷族女子往往都特别艳美，却也受到特别的排斥，不可居于主位，否则，就被视为祸乱的萌芽。如周襄王为了取得狄人的兵力去战胜郑国，不惜立狄女为后来讨好狄人，为此他不仅遭到了大臣的强烈反对，还最终酿成了失位的内乱。又如重耳的父亲晋献公，不仅娶北狄的女子为妻，晚年又娶骊戎的女子为妻，因为宠爱骊姬之子而废太子，逐杀成年的儿子们，最终酿成晋国的内乱。史家将此记载下来，提醒后人："夫婚姻，祸福之阶也。"（《国语》卷二）因此，当婚姻作为政治工具而加以运用时，其中必有对双方强弱地位的计较，而在华夏族，还有对接纳或者俯就的尊严计较，并非简单地你来我往。承华夏而起的汉族，身为大国，在相当长的时间里都很重视这种计较，对此甚至有一种强烈的感情反应。故宋代王炎的《明妃曲》开篇即言："天生胡汉族类异，古无汉女为胡姬。"

娄敬的时代距春秋战国不远，他的建议沿袭了先秦时代早已存在的华夷通婚，却有一大变化与此前的政治婚姻相区别，那就是以自诩为文明大国的汉朝将公主嫁给被视作野蛮落后的戎狄之国的君主——匈奴单于。因此，自刘邦开和亲之例，面对匈奴难题，西汉的朝廷上常有和亲还是征战的争论，反对者的一个重要论据就是有伤大国尊严。

这一点，相距千余年后，司马光在评说娄敬的建议时还批评说："盖上世帝王之御夷狄也，服则怀之以德，叛则震之以威，未闻与婚姻也。"（《资治通鉴》卷十二）后世人题咏昭君出塞，往往使用"下嫁"一词，娄敬也因此屡被后人批评，表现的就是这种大国心理。

不过，娄敬的建议毕竟在相当程度上缓和了汉朝与匈奴的冲突，建立了一个通过联姻来解决民族争端的渠道。史载："后魏道武时，引吏部尚书崔玄伯讲《汉书》，至娄敬说汉祖欲以鲁元公主妻匈奴，帝善之，嗟叹者良久。是以诸公主皆厘降于宾附之国。朝臣子弟，虽名族美产，不得尚焉。"（《册府元龟》卷九百七十八）北魏是鲜卑人建立的政权，道武帝拓跋圭学习汉高祖刘邦之策，以嫁公主为和亲，与属下的各族首领联络感情，建立联盟，收效良好。隋唐时期，以公主为和亲的政策几乎成为处理民族矛盾的通则。据统计，隋文帝时曾六次嫁女，与突厥、高昌、吐谷浑的首领和亲；唐代则先后有三十位皇室女子出嫁回纥、契丹、吐蕃、南诏等国君主，行和亲之事，其中还包括肃宗、德宗、宪宗的亲生女儿，被称之为"真女"（据崔明德《中国古代和亲史》，人民出版社 2005 年版）。唐朝凡言和亲，即送嫁公主前往异域，为表慎重，皇帝还要委任专门的和亲使来执行送嫁和引导婚礼的职责。可以说，这时的"和亲"，已经成为不同民族的政权之间以婚姻为外交工具的专用词汇，与西汉所言“和亲”不可简单地等同。

当“和亲”已经成为中原政权处理与它族外交关系的通例时，虽然民间仍有维护大国尊严的声音，而政治家们总是从现实的利害来考虑问题，对于以婚姻和亲一事不仅表示理解，更认为是权衡利害而退求其次的良策。宋真宗时所编《册府元龟》专立“和亲”名目，总结历代和亲之举，以求为执政者提供历史的借鉴和现实的指导。其序言称：“戎狄之国，世为边患，礼义不能革其贪，干戈不能绝其类，故上自虞夏商周，固不程督，虽有穷兵追击，而亦亡失略等，所谓兽聚鸟散，从之如抟景者也。是以圣人用权变之道，远御不绝而已。汉高始纳奉春之计，建和亲之议，岁用絮缯酒食奉之，非惟解兵息民，亦欲渐而臣之，为羁縻长久之策耳。高后文帝至于宣元，皆用是道，故得呼韩朝于北阙之下。及魏道武读汉史，至欲以鲁元妻匈奴，为之掩卷太息，于是以诸女皆厘降于宾附之国。此乃深识从权济时之略焉。《易》曰：‘惟几也，故能成天下之务。’其是之谓乎。”这是一种以“和亲”为权变之道的主张。与司马光的尊严批评不同，主张者取功利立场，认为“和亲”虽然有损汉族尊严，却可以减少人员的牺牲，通过婚姻的联络以求长远的臣服，故而不仅赞同，还搜集和记载历代的和亲之事，建立起有经典依据、有历史验证的结论。后来元朝和清朝的执政者都赞同和奉行这一主张，两朝以婚姻和亲的事例更多，婚姻和亲成为了稳定民族关系的一个重要政策。

西汉由娄敬建议而开始的与匈奴的和亲之策，断断续续地维持到汉武帝开始征战匈奴而告结束。在此期间，西汉嫁往匈奴的公主，见于《汉书》记载者共计四位，在高帝、惠帝、文帝和景帝时送出，分别嫁与匈奴的冒顿、老上、军臣三位单于。这四位公主都是宗室刘姓女子，都没有留下名字。经过武、昭、宣三代，到汉元帝即位，匈奴已经衰落，实力完全不足以与汉朝抗衡。而此时的汉朝，新获斩杀郅支的胜利，士气大振，西域归附，人心所向。当呼韩邪主动向汉朝表示希望和亲，并请求成为汉朝女婿时，汉元帝没有选择乘胜打击以解决两国的长期争端，而接受了呼韩邪提出的和亲，应当说这是一个英明的决策。于是汉匈双方再修和亲，王昭君奉命出嫁匈奴，“是时边城晏闭，牛马布野，三世无犬吠之警，黎庶亡干戈之役”(《汉书》卷九十四)。“三世”，即昭君出塞后的元帝、成帝、哀帝三代。这一次的和亲，真正实现了汉匈双方的和睦亲好，而且持续了数十年之久。相比于此前那四位嫁给单于的汉家女儿，王昭君这一位和亲使者，成功地实现了汉朝与匈奴的亲好，其影响力延续到她的儿女子婿而有所发扬光大，直到西汉王朝结束。

因此，王昭君是西汉王朝与匈奴实行和亲政策以来伴随着近二百年的和战交替而最终获得成功的使者。这也是《册府元龟》的编纂者在“和亲”一节的序言中要以呼韩邪来证明和亲政治可以成功的原因。清人查景璠《明妃曲》云：“匹马和亲去，安边仗此身。”描画昭君出塞的慷慨风貌宛若一位马上驰骋的将军，盛意地称赞她是一位勇敢的和亲使者。

二、牺牲与功臣

汉高祖刘邦采纳娄敬的建议，以嫁女联姻为手段，与匈奴停战修好，开和亲之先例。随着历史的发展，与异族联姻而缔结联盟逐渐成为中原政权的一个重要的外交方式。而各个时代的政治情势不同，和亲政策常常引起人们不同的看法，或批评，或赞扬。王昭君是汉代实行和亲外交中承担任务的代表人物，因而人们在讨论国家的和亲政策时，不仅常常以她为例证而加以议论，也常常谈及她在和亲政治中的作用而加以评价。批评者认为和亲是朝廷“计拙”，那么，王昭君就是牺牲；赞同者认为和亲是国家“长策”，那么，王昭君就是功臣。两种意见，两种评价，各执一端，互不相容。这也是昭君文化传播接受史上很值得关注的现象。

唐朝是中国历史上国力强盛而风气开放的一个王朝，与周边少数民族政权的交往多，冲突也多，和亲作为外交政策的运用相当频繁，促动着人们的思考。在今天可见的材料中，最早从和亲政治的层面来评价昭君出塞的就是唐人。如武则天时代的东方虬："汉道方全盛，朝庭足武臣。何须薄命妾，辛苦事和亲？"（《昭君怨》）如宪宗时代的张仲素："仙娥今下嫁，骄子自同和。剑戟归田尽，牛羊绕塞多。"（《王昭君》）前者反对和亲而同情昭君远嫁，后者赞同和亲而颂扬昭君带来了和平。两宋王朝与周边少数民族政权的冲突更加激烈，和亲也是朝廷之上常常议及的政题。在唐宋两朝，虽然赞同与批评的两种声音同时存在，但是批评者无疑是多数。在批评和亲政策的声音中，唐代戎昱的意见颇具代表性。《唐才子传》记载："宪宗时，边烽累急，大臣议和亲。上曰：'比闻一诗人姓名稍僻者为谁？'宰相对以冷朝阳、包子虚，皆非。帝举其诗，对曰：'戎昱也。'上曰：'尝记其《咏史》云："汉家青史上，计拙是和亲。社稷依明主，安危托妇人。岂能将玉貌，便拟静胡尘。地下千年骨，谁为辅佐臣。"'因笑曰：'魏绛何其懦也。'"在朝廷议政之时，唐宪宗李纯不赞同和亲之策而举出戎昱的诗作为论据，并借此而嘲笑春秋时期弃战和戎的晋国将军魏绛，足见这一种意见的影响之大。此后如胡曾《咏史》："何事将军封万户，却令红粉为和戎"；汪遵《昭君》："猛将谋臣徒自贵，蛾眉一笑塞尘清"；宋人如刘次庄《王昭君》："薄命随尘土，元功属庙堂"；吕本中《明妃》："丈夫不任事，女子去和亲"；智圆《昭君辞》："静得胡尘唯妾身，汉家文武合羞死"；基本上都沿袭了戎昱的看法，批评和亲而同情昭君。

这些批评和亲政策的意见有两点重要的依据，一是和亲有损大国的尊严，一是和亲有损男性的权威。自华夏而延续秦汉的民族尊严，是许多汉族士人内心敏感而强烈的感情，他们面对和亲政治，常有一种屈辱感。刘邦在白登被围，最后采用陈平之计才得以脱身。但是陈平之计的具体内容之所以在相当长的时间里一直为汉朝史家所讳言，就是因为陈平的计谋是通过厚礼而求得阏氏劝说冒顿单于解围讲和。在男尊女卑的古代社会里，男性政治而借助于女人之力，汉人引以为耻。而和亲嫁女是将自居文明的汉族女子送入被视为蛮夷戎狄的少数民族来解决政治争端，这就更加让民族优越感很强的汉族士人有降低身份之感，认为这不是文明大国所应该使用的正当手段。所以，李中要责问："谁贡和亲策，千秋污简编"；戎昱要愤怒："地下千年骨，谁为辅佐臣"；黄裳要叹息："当时将相若为策，岂意安边用颜色？"

王昭君　清代山西侯马年画

元代以后，赞同和亲者的声音渐渐大了起来，但是批评者的情绪也表现得更为激烈。如许有壬："和亲纳侮号上策，建议贻谋娄敬责"（《题友人所藏明妃图》）；斥和亲是受侮。如张宪："嫁女媚夷狄，良为中国羞"（《昭君怨》）；斥和亲为献媚。如戚继光："王兵不治堕军容，却将颜色下深宫"（《明妃曲》）；斥和亲是自损士气。如刘墉："远谋竟何有？无策始和亲"（《明妃曲》）；斥和亲是无奈之举而非长治良策。在这种情绪之下，人们对于昭君的同情也更加强烈，他们愤怒地责问：女子出塞和亲，男人都去哪儿了？如王元节："汉家多少征西将，泉下相逢也合羞"（《青冢》）；陈宜甫："君王岂是无奇策，闲却将军用女郎"（《昭君出塞图为姚承旨赋》）；如揭潜铭《昭君》："独使妇人规远略，何如将相尽羣珈"；顾夔章《昭君》："庙算无人斩郅支，竟教女子塞垣驰"；林篆《昭君》："果是安边无别策，忍教红粉度龙沙"；程湞《昭君》："汉廷臣子应增愧，塞上和戎藉女人"；陆次云《如梦令·明妃》："遣妾去和戎，试问将军何在？"这些诗句充满悲愤，斥责汉家让弱女子的昭君承担如此重责，真是满朝文武臣尽在，却无一人是男儿！进而人们以昭君比拟那用作防御的长城："万里长城是妾身"；"万里长城在女子"；"万里长城凭粉黛"；"万里长城倚妇人"；讽刺之深，挖苦之极，酸辛愤怒，尽在其中。

另一方面，赞同和亲的声音虽然同样始于唐代，但就整理出来的资料看，则要到明清以后才有比较多的拥护者，才有比较大的影响。这种情况或许与元、清两朝是少数民族建立的中央政权有关：长期的民族共处和权力治理，缓和了人们的民族情绪，而昭君出塞带来的和平与安宁从来就是人们内心的渴望，也在一定的程度上抚慰了人们的民族情绪。所以从一开始，这些赞同者就是从停止战争的角度来评说和亲政策，评价王昭君的历史作用。如唐人崔涂说："免劳征战力，无愧绮罗身"；宋人方夔说："妾身生死何须道，汉家嫁我结和好"；元人吴师道说："一出宁胡终汉世，论功端合胜前人"；明人吴光说："安边长策是和亲，白草黄沙满地春"；清人徐志鼎说："和亲人去洗甲兵，巾帼当为一时重"；都是落眼于停战讲和、修好安边而称赞昭君有功于国，有勋于民。因此，赞同和亲者往往主张应当为昭君图画肖像而进入麒麟阁：如"见说君王思汉将，麒麟端合写昭君"（潘滋《题昭君图》）；"留妾画图麟阁上，呼韩为妾不称王"（张士焕《明妃词》）；"汉家倘肯归功汝，麟阁先当画汝形"（王彭泽《明妃曲》）；"他年重画麒麟阁，应让蛾眉第一功"（葛季英《题明妃出塞图》）。

麒麟阁是西汉皇宫里的楼阁。汉宣帝刘询幼年遭遇家乱，流落民间，赖霍光等大臣辅佐得登大位，不仅改变了个人命运，也稳定了汉朝政权，避免了政治危机，造就了内修外平的治绩，史称"中兴之主"。甘露三年（公元前51年），匈奴呼韩邪单于的入朝拜贺，成为了宣帝时期国内安宁、边境和平的标志性事件。而宣帝认为，自己所取得的治理成绩是因为有霍光等十一位大臣的协助和努力，于是特意请宫庭画师为他们画像，并将这十一人的图像悬挂在未央宫中麒麟阁上，作为表彰。从此以后，图画肖像而进入宫阁就成为帝王表彰大臣的一种殊荣。如东汉明帝为表彰当年辅佐其父刘秀打天下的功臣，请画师为邓禹、吴汉等二十八位战将画像，并悬挂于南宫云台阁；唐太宗李世民为表彰魏征等辅佐功臣，将其图像悬挂于宫中的凌烟阁；唐肃宗为表彰平定安史之乱的郭子仪等八人，也是将他们的图像送进凌烟阁；这都是历史上皇帝表彰功臣的佳话，最为人所向往。因此，在古人的心目中，图像进入麒麟阁，就是一个人功成名就而光宗耀祖的最大荣誉。

宣帝图画麒麟阁之事的起因是呼韩邪的入朝，而元帝又继续着宣帝的事业，将昭君嫁给了呼韩邪，从此汉匈和亲而走得更近，边境安宁而无烽烟之警，就汉匈关系而言，王昭君有功焉。在人们看来，如果说由于霍光等人的辅佐而汉朝取得了内政外交的决策胜利，那么，王昭君的出塞就是以个人的生命去实践汉朝的和亲政策，从而实现了汉匈关系的友好，实现了边境的和平。因此，尽管昭君出塞是宣帝之后元帝时期的事情，但是论功议赏，昭君应在其中。

宫阁画像是中国历史上政府表彰的最高级别。古代政治从来就是男人的事情，无论是哪一个朝代的表彰功臣，都从来没有女子进入其中。而这些诗人用麒麟阁事来评说昭君的功勋，可谓是推尊崇尚，登峰造极。清代女子郭润玉作《明妃》诗曰："琵琶一曲干戈靖，论到边功是美人。"不仅是从和亲政治取代兵戈相争而赢得胜利的角度极高地评价了昭君的历史作用，而且同为女子，赞美之中，洋溢着骄傲和向往。

昭君和亲　年画

汉朝自实行和亲政策以来，有多位女子充当了和亲使者，而王昭君无疑是担负和亲使命者中最为成功的一位，故得到的历史关注最多。但是，无论是以她为牺牲，还是以她为功臣，这些议论和评价都是因为和亲政治而发，与她个人的行为其实关系并不大。而且，和亲是朝廷议决的国家政策，在古代社会中，女性本无独立的地位而只能依附于男性而存在，那么，无论人们如何评价和亲政治，这些被送去和亲的女子都只是和亲外交的工具，她们本人是没有任何选择的，既不是想去就可以去，也不是想拒绝就可以拒绝的。如乾元元年（公元 758 年），唐肃宗与回纥和亲，将次女宁城公主嫁给毗伽阙可汗，肃宗率文武大臣及兄弟姊妹一起送宁城公主出长安。分手时依依不舍，宁城公主泣不成声地说："国家事重，死且无恨。"闻此，连肃宗本人也不禁泪水涟涟，悲伤不已。可以想知，和亲远嫁对于汉族女子个人来说，其实就是一种牺牲。不过，在注重群体价值的古代社会中，个人为国家而牺牲，是光荣，是高尚，是幸运。所以在题咏昭君的诗文中，也可以读到这样的赞赏："夫始之不以色进，有班姬辞辇之贤；继之不以难委，有冯女当熊之勇，至其去后宫而赴绝域，偶殊类而辑边陲，有翁主和戎、木兰从军之义"（陆燿《王昭君辞序》），可谓推赞之不遗余力。因此，古人对于昭君身为和亲使者而有两种绝然不同的评价，其实是出于不同的角度：立足于昭君的个人生活而持同情态度，则以为牺牲；站在国家立场而求安宁边境，则以为功臣。

而这种评价的状况，再次揭示出昭君出塞是一个内蕴丰富的历史话题，是一个价值多维的现实话题，因而总是能在不同的时代激动人们的情感，激发人们的想象，引出不同的议论和看法。在中国长达二千年的古代社会中，正是这些说不尽、道不完的历史与现实交织的话语，使昭君出塞从一个简单的历史事件而演化形成内容丰富的昭君文化，一直存留到今天。

[延伸阅读十三] 西汉的和亲并不等于联姻

如张长明《试论西汉的汉匈关系及和亲政策》:“高帝九年、惠帝三年、文帝六年、景帝元年和五年先后遣送公主给单于做阏氏。”(《江淮论坛》1983年第6期)如王兰锁《在西汉和亲中一共嫁出几位公主》:“从汉高帝七年(公元前200年)十月刘邦平城(今山西大同市东)之败刘敬首次提出和亲,到汉宣帝神爵二年(公元前60年)九月止,西汉在对匈奴和乌孙的和亲中,共嫁去了十三位公主。此外,汉元帝竟宁元年(公元前33年)正月还将良家子‘待诏掖庭王樯(昭君)为(单于)阏氏’。”(《文史知识》1983年第12期)二文都错将史书所称西汉的“和亲”等同于“联姻”、“嫁女”了。

我们不妨以史书记载为例来作分析。比如景帝元年的和亲,是因为匈奴进入代郡掳掠,于是派出大夫陶青至代郡与匈奴订立城下之盟,停战和亲,直到景帝五年才有嫁女之事。这是一。第二,如果凡言和亲,就是嫁女给匈奴,和亲的主动方就只能是汉朝,因为不嫁女,就不能和亲。如果是这样,《汉书》中屡言“匈奴绝和亲”,又说“匈奴求和亲”,就无法理解了。实际上,当时匈奴之“求和亲”就在于可以不费兵力而获取财物,之所以要“绝和亲”,则是以此为威胁而向汉朝索要更多的财物。故汉匈之间的和亲,匈奴同样有主动权,主张时就与汉朝协商条件,断绝时就直接侵扰汉朝边境。第三,班固分析西汉和亲政策的利弊,说是匈奴“侵掠所获,岁钜万计,而和亲赂遗,不过千金”,这就无怪乎单于“弃其爱子,昧利不顾”,而撕毁和亲之约。这就说得很清楚,嫁女是和亲,奉物是和亲,和亲只是双方缔结友好和约而已。何况元帝以后,双方的强弱地位发生了变化,于是匈奴送子入汉为质,取代了以前汉朝嫁女为质的做法,同样称为和亲。所以西汉时期的“和亲”,不等于嫁女。

崔明德《中国古代和亲史》附录二《中国古代和亲简表》,同样是凡史言

"和亲"者，一概误认作有嫁女之事。所列出的西汉与匈奴的十二次和亲中还包括宣帝神爵二年事，而此事，《汉书·宣帝纪》说得很清楚："匈奴单于遣名王奉献，贺正月，始和亲。"分明是衰落的匈奴向汉表示友好，于是汉与匈奴再开和亲往来。此时的汉朝完全掌控了与匈奴交往的主动权，决无主动嫁女之事。如后来王昭君的出塞和亲，就是汉元帝应允了呼韩邪单于的请求，不同于高、惠、文、景四帝时期主动嫁女送礼以抚慰匈奴的做法。

昭君出塞图　姜耀南画作